beck^Ische reihe

b^{sr}

Der religiöse Anteil am Alltagsleben der Amerikaner ist auffallend größer als in den Gesellschaften Westeuropas: der deutsche Tourist, der unvermutet auf Schwierigkeiten beim Einkauf von Flaschenbier stößt, die skandinavische Austauschschülerin, die ihrer Gastgeberfamilie widerstrebend zum Sonntagsgottesdienst folgen muss, der britische TV-Konsument, den die religiösen Bekenntnisse und Gefühlsentblößungen amerikanischer «Promis» peinlich berühren – sie alle erleben punktuell Ausdrucksformen dieses Unterschiedes. Warum aber ist der Einfluss der Religion in den U.S.A. so anders als in Europa? Rainer Prätorius geht dieser Frage in seinem Buch nach und erläutert ebenso sachkundig wie differenziert die Rolle der Religion in der amerikanischen Gesellschaft und Politik.

Rainer Prätorius ist Professor für Verwaltungswissenschaft an der Universität der Bundeswehr Hamburg und lehrt als Gastprofessor am Department of Political Science der University of Minnesota.

Rainer Prätorius

In God We Trust

Religion und Politik in den U.S.A.

Verlag C. H. Beck

Originalausgabe

© Verlag C. H. Beck oHG, München 2003
Satz: Fotosatz Reinhard Amann, Aichstetten
Druck und Bindung: Druckerei C. H. Beck, Nördlingen
Umschlagabbildung: © dpa-Fotoreport
Umschlagentwurf: +malsy, Bremen
Printed in Germany
ISBN 3 406 49471 4

www.beck.de

Inhalt

Vorbemerkung

Die U.S.A. machen es ihren Freunden manchmal nicht leicht. Die ersten Jahre des 21. Jahrhunderts haben das gerade aus Sicht der Westeuropäer wieder einmal bestätigt. Diesseits des Atlantiks wuchsen die Irritationen über den Stil der amerikanischen Politik, über das Maß des nationalen Machtanspruches, über Eigenheiten der Kultur und der Gesellschaft. Häufig wurde in diesem Kontext die Meinung vertreten, dass vieles, was an den U.S.A. Befremdung hervorruft, etwas mit der besonderen Rolle der Religion im öffentlichen Leben und mit ihrem Einfluss auf das politische Denken zu tun hat.

Dieses Buch will die Ursachen des Befremdens nicht schönreden. Es ist aber insofern aus der Sicht eines Freundes geschrieben, als es auch zum Verstehen beitragen will: Warum ist der Einfluss der Religion auf die Politik in den U.S.A. so anders, nämlich gleichzeitig heikler und vitaler, als in unserem Kulturkreis?

Das Empfinden der Freundschaft entwickelt man allerdings primär zu konkreten Menschen, allenfalls in zweiter Instanz zu abstrakten Gebilden wie Kulturen, Gesellschaften und Nationen.

Für mich steht für diese Erfahrung Minneapolis, das mir im Laufe der Jahre zur «zweiten Heimat» wurde. Vorstudien und große Teile dieses Buches entstanden während wiederholter Gastaufenthalte am Department of Political Science der University of Minnesota. Ich danke für die vielfach erlebte Gastfreundschaft – privat und institutionell. Insbesondere die Gespräche mit meinen Kollegen und Freunden John Freeman, Phil Shively und Frank Sorauf haben mir viele Anregungen gegeben.

Auch in Hamburg habe ich wertvolle Unterstützung erfahren. Adelheid Knop und Johanna Elo-Schäfer schafften es mit großer Geduld, meine handbeschriebenen Blätter in ein druckreifes Resultat umzuwandeln. Dr. Annette E. Töller und Dipl. Pol. Susanne Uhl lasen die verschiedenen Fassungen des Textes und halfen mit kritischen Hinweisen. Ihnen allen sei hier herzlich gedankt – verbunden mit der üblichen Klausel: Wem das Buch missfällt, der/die möge allein mich kritisieren.

1. Einführung

1.1. Religiosität – ein amerikanischer Sonderweg?

«Amerika ist anders» – wer hätte diese Einsicht nicht schon oft gehört, vielleicht sogar selbst ausgesprochen? Gemeint ist natürlich nur ein Teil des amerikanischen Kontinents, die U.S.A., und das «Anderssein» entstammt dem Vergleich mit dem uns Vertrauten: deutschen und westeuropäischen Verhältnissen. Dieses Buch widmet sich einem Aspekt, bei dem kein Streit darüber aufkommt, ob es für diesen Kontrast Belege gibt.

Der religiöse Anteil am Alltagsleben der Amerikaner ist auffallend größer als in den westeuropäischen Gesellschaften: der deutsche Tourist, der unvermutet auf Schwierigkeiten beim Einkauf von Flaschenbier stößt, die skandinavische Austauschschülerin, die ihrer Gastgeberfamilie widerstrebend zum Sonntagsgottesdienst folgen muss, der britische TV-Konsument, den die religiösen Bekenntnisse und Gefühlsentblößungen amerikanischer «Promis» peinlich berühren – sie alle erleben punktuell Ausdrucksformen dieses Kulturunterschiedes.

Die U.S.A. gelten durchaus auch in langfristiger sozialwissenschaftlicher Betrachtung als ein «Sonderfall» (vgl. Greely 1991): Sie sind eine Nation, die stets eine Vorreiterrolle bei der Industrialisierung, bei der Verbreitung von Demokratie, Massenkonsum, von moderner Kommunikation und Unterhaltungskultur, beim Wachstum großer Städte und bei der Zentralisierung des Kapitalismus eingenommen hat. All diese Tendenzen haben in vergleichbaren Ländern Europas und des Pazifiks einen Prozess der «Säkularisierung» begünstigt. Das Wort steht hier in Anführungszeichen, weil seine Bedeutung eigentlich erst noch beleuchtet werden sollte. Für den Anfang mag aber ein recht grobes Verständnis genügen: Bedeutungsverlust der Religion, besonders in ihrer organisierten Form, für das Bewusstsein der Menschen und die Routinen des Alltags. In vergleichender Sicht ist dieser Bedeutungsverlust für die U.S.A. zu verneinen, auch wenn manche Amerikaner in historischer Sicht (also im Vergleich zu «früher») im eigenen Land die Religion auf dem Rückzug sehen. Die Perspektive aber prägt die Maßstäbe: In unseren Augen verträgt sich Religiosität in den U.S.A. mit den oben aufgezählten Modernisierungstendenzen immer noch verblüffend gut.

Diese pauschale Aussage reizt freilich alsbald zum Widerspruch. Als eine der wichtigsten Errungenschaften des modernen, demokratischen Verfassungsstaates gilt, dass er eine klare Trennlinie zwischen seiner eigenen, politischen Sphäre und den Autoritätsansprüchen der organisierten Religion zog. «Gottesstaaten» und religiöse Häupter, die gleichzeitig letzte Rechtssprechungsinstanz sein wollen, erscheinen uns heute als – gelinde gesprochen – vormodern. Aber auch in unseren Breiten hat die Einsicht, dass gemäß einem englischen Sprichwort «gute Zäune gute Nachbarschaft schaffen», nur auf Umwegen das Verhältnis zwischen Religion und Politik geprägt. Gut erinnerlich ist noch, dass der Heilige Stuhl zunächst den Italienern die Teilnahme an der Politik überhaupt untersagen wollte, weil die nationale Einigung auf Kosten des Vatikanstaates ging; sobald aber das katholische Engagement in der Politik offiziell wurde, stand die Kirche häufig im Verdacht einer übermäßigen oder illegitimen Einflussnahme. Die anglikanische Hochkirche hat noch bis in das frühe 20. Jahrhundert hinein darüber mitbefinden können, wem in England Karrieren an Universitäten oder in bürokratischen Spitzenämtern verschlossen blieben. Im Falle der Konflikte Serbiens mit seinen Nachbarn konnten wir noch vor wenigen Jahren miterleben, welche gefährliche Mischung aus einer politisierten, orthodoxen Kirche und einem aggressiven Nationalismus entstehen konnte; die Rolle des kroatischen Katholizismus im vergangenen Jahrhundert ist auch nicht ersprießlicher. Dies sind nur wenige Beispiele dafür, dass sich der «alte Kontinent» schwerlich mit einer Vorreiterrolle bei der Befreiung der Politik aus religiöser Umklammerung brüsten kann. Weit eher scheinen die Vereinigten Staaten dieser Rolle gewachsen: Vorreiter sind sie nicht nur als erste Nation mit einer sowohl dauerhaften wie auch demokratischen Verfassungsgeltung, sondern auch in der Grenzziehung zwischen Religion und Politik, die mit dieser Verfassung gelang.

Die Proklamationen von Freiheit und Unabhängigkeit, die dieser Verfassung vorausgingen, hatten einen ihrer wichtigsten Ecksteine in dem Insistieren auf religiöser Freiheit, verstanden als Abwehrrecht gegen absolute Herrscher, die sich nur zu gern mit Staatskirchen verbanden. Thomas Jefferson ging in die Geschichtsbücher als Autor der amerikanischen Unabhängigkeitserklärung von 1776 ein, ein Jahr später verfasste er aber auch die Garantie religiöser Freiheit für den Staat Virginia, die ihm wichtig genug war, um sie später auf seiner selbstgewählten Grabschrift erwähnen zu lassen. In diese Gesetzesvorlage, die erst 1786 Geltung erlangte, hat er viele Argumente der bürgerlichen Emanzipationsbewegung beiderseits des Atlantiks auf den Punkt gebracht: Einen Menschen wegen seiner religiösen Überzeugungen von Staats wegen zu benachteiligen, ist nichts anderes, als ihn ob seiner Meinungen über Physik oder Geometrie abzustrafen. Eine Religion, die von der Staatsautorität verankert wird, lässt einen Menschen, der seiner eigenen Vernunft folgt und seine Naturrechte ausübt, nicht zu; Religionsfreiheit ist somit das Fundament der Meinungsfreiheit und diese der Schlüssel zu allen Bürgerrechten (Jefferson 1990, S. 20f.). Und schließlich – so Jefferson – nehme auch der Glauben Schaden, wenn er der Staatsgewalt als Stütze seiner Autorität bedürfe.

Sind also die U.S.A. gar nicht die Ausnahme im modernen Säkularisierungsprozess, sondern vielmehr dessen historische Antriebskraft? Denn immerhin waren Jeffersons Erwägungen nicht etwa die unzeitgemäßen Gedankenspiele eines einsamen Genies; sie fanden ihren vermittelten Ausdruck auch in der Bill of Rights, also den Zusatzartikeln, die eine Annahme der Bundesverfassung durch die Staaten erst ermöglichten. Der erste Halbsatz des ersten (angenommenen) Zusatzartikels lautet: «Congress shall make no law respecting an establishment of religion, or prohibiting the free exercise thereof» – die sogenannte «Establishment-Clause», die politische Kontroversen um die Trennung von Staat und Religion bis heute strukturiert. Die nachfolgende «free exercise»-Garantie leitet direkt in die Gewährleistungen der allgemeinen Meinungsfreiheit im zweiten Teil des Artikels über.

Die Verfassungsväter, zu denen Jefferson nicht zählte, nahmen also sehr wohl seinen Kerngedanken auf: dass nämlich die freie Religionsausübung eine Voraussetzung jeglicher staatsbürgerlicher Freiheitsrechte ist und dass diese Freiheit in Gefahr gerät, wenn sich politische Autorität die «richtige» Religionsausübung zum Anliegen macht.

Wenn wir also die Frage nach einem «amerikanischen Sonderweg» im Verhältnis zwischen Religion und Politik aufwerfen, dann sollten wir uns auch dieser Seite des Themas zuwenden. Einerseits erscheinen die U.S.A. heute als eine auffallend religiöse Kultur und Gesellschaft, was natürlich auch seine Spuren in der Politik hinterlässt. Andererseits besteht aber *auch* ein amerikanischer «Sonderweg» darin, dass diese Nation früher und nachhaltiger als alle vergleichbaren Nationen eine scharfe Trennung zwischen Religion und Politik markiert hat. Dies ist keineswegs nur eine historische Reminiszenz: der erste Verfassungszusatz von 1791 ist auch heute noch unmittelbar geltendes Recht; die Beschwörung der Verfassungsgrundsätze aus der Gründungszeit prägt den politischen Streit in den U.S.A. bis in die Gegenwart in einem Maße, dass manche Skeptiker im Kult um die Verfassung selbst schon wieder so etwas wie eine «Ersatzreligion» sehen (Lazare 1996).

Jedenfalls sollte uns das bewusst bleiben: Das Thema Religion und Politik ist in den U.S.A. stark historisch befrachtet, Auseinandersetzungen darüber finden vor einer Kulisse statt, in der verfassungs- und ideengeschichtliche Bezüge eine Rolle spielen, die für uns gewöhnungsbedürftig ist. Das hochnäsige Klischee von den «geschichtslosen Amerikanern» lässt sich hier ganz gewiss nicht bestätigen.

Es bleibt allerdings selten beim bloß rhetorischen Beschwören der Verfassung. Kontroversen um Religion und Politik landen häufig tatsächlich vor Gericht. Gelegentlich kann man in bitterem Ton lesen, die U.S.A. seien nicht so sehr eine Nation «under God» als eine Nation «under lawyers» (Glendon 1994); der adversiale Stil, also der Streitaustrag zwischen Gerichtsparteien, reiche bis tief in die Lösung politischer Probleme hinein. Wir werden an unserem Thema sehen, dass diese Diagnose durchaus einige Plausibilität besitzt. Zugleich werden wir feststellen, dass in die Verrechtlichung des Streites um Religion und Politik über die Verfassung auch erhebliche Komponenten aus der Politikgeschichte einfließen. Beides soll uns nachfolgend beschäftigen, da es sich um «Sonderwege» handelt, die für die U.S.A. auch über unseren Themenbereich hinaus kennzeichnend sind.

Eine kleine Warnung ist hier allerdings erforderlich. Wer die geschichtlichen Bezüge des Themas «Religion und Politik» umfassend thematisieren will, kann gleich die gesamte Geschichte der U.S.A. nacherzählen: es gibt praktisch keine Wegmarke in der Entwicklung dieser Nation, an der Religion *nicht* einen bedeutenden Einfluss ausgeübt hat. Da hier kein historischer Leitfaden, sondern eine gegenwartsbezogene Problemdarstellung entstehen soll, wird der Umgang mit Geschichte deshalb sehr punktuell und selektiv ausfallen. Wir beginnen somit in der Gegenwart und hier bei zwei Beispielen für die Behauptung, dass Fragen von Religion und Politik häufig vor Gericht kommen.

1.2. Zwei Urteile – zwei Tendenzen?

Entrüstung bereitet ein wohliges Gefühl, wenn man sich dabei in Übereinstimmung mit einer breiten Mehrheit der sich als «normal» empfindenden Mitbürger sieht. Dann kann der Empörte sich auch sicher sein, dass viele Politiker ihm schulterklopfend zur Seite stehen und «überparteilich» dem Volksempfinden Stimme verleihen. So geschah es, als am 27. Juni 2002 sich Repräsentanten und Senatoren des U.S.-Kongresses einer Demonstrationsform bedienten, auf die so mächtige Menschen eigentlich selten zurückgreifen müssen. Sie versammelten sich auf der Freitreppe vor dem Kapitol und bekundeten in einer öffentlichen Rezitation mit der *Pledge of Allegiance* ihre unerschütterliche Treue zu der gemeinsamen Nation und der Bundesflagge. Das dabei zelebrierte Gelöbnis, das bei vielen öffentlichen Anlässen im Militär, Bildungswesen, selbst beim Sport Anwendung findet, hat den Wortlaut: «I pledge allegiance to the flag of the United States of America and to the Republic for which it stands, one nation under god, indivisible, with liberty and justice for all.»

Stand diese Verbundenheit der ehrenwerten Damen und Herren etwa in Frage? Keineswegs. Vielmehr wollten die Parlamentarier sich wählerwirksam von jener Entrüstungswelle tragen lassen, die zuvor die Gemüter erregt hatte (vgl. «Newsweek» 08.07.2002, S. 20–25). Stein des Anstoßes war ein Urteilsspruch, der wenige Tage zuvor im fernen San Francisco gefällt wurde. Das dortige Bundesappellationsgericht für den 9. Bezirk befand, dass eine Zeile des Treuebekenntnisses – «one nation under god» – verfassungswidrig sei, wenn die Gelöbnisformel an staatlichen Schulen von Kindern kollektiv und «pflichtgemäß» zu leisten sei.[*] Geklagt hatte ein Atheist, dessen

---

[*] U.S. Court of Appeals for the Ninth Circuit, No. 00-16423 («Newdow v. U.S. Congress»). Im Netz: www.caselaw.lp.findlaw.com/data2/Circs/-9th/00/642p.pdf

Tochter zwar die allmorgendliche Zeremonie nicht mitsprechen, aber ihr zuhören musste. Der vorsitzende Richter pflichtete der Besorgnis des Vaters bei: Allein schon dies genüge, um die staatliche Institution dafür zu missbrauchen, eine Glaubensaussage aufzuzwingen. Menschen, die keiner monotheistischen Religion anhängen, müssten sich genauso indoktriniert fühlen, als würde der Unterricht mit einem Gelöbnis zugunsten einer Nation unter Jesus, Mohammed oder Vischnu eröffnet.

Der oberste Gerichtshof, der Supreme Court, hat sich zu einer derart radikalen Aussage bislang nicht vorgewagt, ja, er hat bislang überhaupt nicht förmlich über die Gelöbnisformel entschieden. Lediglich individuelle Richteraussagen liegen vor, dass die Worte «unter Gott» eine «noch akzeptable» Formel bei öffentlichen Anlässen sei. Der Supreme Court hätte allerdings auch Glaubwürdigkeitsprobleme, würde er strikter entscheiden. Er öffnet doch selbst seine förmlichen Beratungen tagtäglich mit den Worten «God save the United States and this honorable court» – ein Umstand, auf den auch der Sprecher des Präsidenten Bush anlässlich der Kontroversen hinwies (MST 27.06.02).

In der Tat lassen sich dem weitere Beispiele hinzufügen: So beschäftigt der Kongress mehrere Hausgeistliche, die aus dem Bundeshaushalt fürstlich bezahlt werden und die Sitzungstage mit einem gemeinsamen, überkonfessionellen Gebet für die Parlamentarier eröffnen. Konsequenterweise hat Michael Newdow, der Kläger von San Francisco, sich diesen Tatbestand für seinen nächsten Rechtsstreit ausgewählt: Er sieht auch hier eine verfassungswidrige Propagierung von Religion durch den Staat (WP 30.08.02). Mit dieser Sicht dürfte er sich in den U.S.A. allerdings in einer sehr einsamen Position befinden. Die meisten Amerikaner haben keinerlei Probleme mit den genannten Traditionen oder auch mit der Tatsache, dass die Landeswährung den Aufdruck «In God We Trust» trägt. Im Gegenteil: Die allgemeine Aufregung über das Gerichtsurteil belegt, dass die Bezugnahme auf Gott bei öffentlichen Anlässen, selbst das Gebet in öffentlichen Institutionen, von vielen Amerikanern als selbstverständliches Kulturgut angesehen werden. Ein Angriff darauf wird schnell zur Schmähung des «american way» umgedeutet. So berichten bekennende Atheisten häufig, dass im Kontakt mit Mitbürgern gelegentlich ihr Patriotismus in Zweifel gezogen wird (MST 21.08.02). Wer nicht an Gott glaubt, begibt sich in die U.S.-

Gesellschaft ins Abseits, weil er offenbar etwas aufkündigt, das zum Wir-Gefühl eines verbindenden «Nationalcharakters» gehört.

Darin könnte ein maßgeblicher Grund für die so lautstarken und scharfen Reaktionen auf das Urteil von San Francisco liegen: dass es nämlich an einen wunden Punkt im gelebten Selbstverständnis der Nation rührt. Die Tatsache, dass die förmliche Trennung von Staat und Religion eine so altehrwürdige Verfassungstradition genießt, verhindert nicht, dass die Durchdringung des öffentlichen Lebens mit religiösen Versatzstücken eine nicht nur akzeptierte, sondern weithin liebgewonnene Gewohnheit geworden ist. Selbst der Supreme Court hat sich der normativen Kraft des Faktischen gebeugt und Dinge für unbedenklich erklärt, einfach weil sie offenbar auch bei der Bevölkerung seit jeher auf keine Bedenken stoßen. Dies dokumentieren beispielsweise mehrere Entscheidungen zu den erwähnten Geistlichen des Kongresses, so der Urteilsspruch «March vs. Chambers» aus dem Jahre 1983. Die Ansicht, dass eine öffentliche Inszenierung von Glaubensbekenntnissen selbst im zentralen Parlament den Staat nicht zum (verfassungswidrigen) Propagandisten von Religion mache, stützt sich auf ein zweifaches Verständnis von Religion, das bei all diesen Debatten anscheinend wirksam ist – wenn auch oft nur unterschwellig.

Das eine Verständnis, das wir plakativ «Religion 1» nennen wollen, bezieht sich auf die organisierte Glaubenspraxis in einer spezifischen, konfessionellen Gemeinschaft – sagen wir: der Baptisten, der Reform-Juden oder auch der Buddhisten. Es dürfte wohl kaum ein Widerspruch dagegen vorzufinden sein, dass es nicht Aufgabe des Staates sei, einer solchen Glaubenspraxis Vorschub zu leisten. Weder bei Juristen noch in der allgemeinen Bevölkerungsmeinung wird man markante Stimmen hören, die etwa das Recht eines Bundesstaates fordern, seinen Bürgern den baptistischen Glauben vorzuschreiben und dies dann auch noch durch Verordnungen etc. an den Schulen durchzusetzen. In diesem Sinne ist die Trennung von Staat *und Kirche* ein weitgehend akzeptierter Traditionsbestand in den U.S.A.

Schwieriger gerät die Einschätzung, wenn es um die Trennung von Politik, öffentlichen Institutionen *und Religion* geht und wenn dabei ein anderes Religionsverständnis anklingt, das hier «Religion 2» heißen soll. Dieses Verständnis erstreckt sich auf eine allgemeine religiöse Grundhaltung, auf einen Glauben an Gott, auf bestimmte überzeitliche Prinzipien, die für das Christentum charakteristisch, aber nicht auf dieses beschränkt sind. Am häufigsten wird ein Dwight Eisenhower zugeschriebenes Zitat als Beleg für dieses Religionsverständnis angeführt. Dieser soll als Präsident in den fünfziger Jahren des vorigen Jahrhunderts gesagt haben, die amerikanische Nation sei sinnentleert, wenn sie nicht in einem tief empfundenen, religiösen Glauben verankert sei – wobei es ihm egal sei, welcher Glaube das sei (Hutcheson 1989, S. 52).

Der Verweis auf diese angebliche Aussage ist so populär, weil ihr Inhalt populär ist. Viele Umfragen belegen, dass eine Mehrheit der Amerikaner eine größere Rolle der Religion im öffentlichen Leben wünscht; unter den so Denkenden waren 2001 76%, denen es ebenfalls nicht wichtig war, welcher *konkreten* Religion ihre Mitbürger dabei anhängen (Pew Forum 2001b, S. 41). Jene Menschen, die sich über das Urteil von San Francisco so erregen, haben dabei offensichtlich diese konsensgetragene «Religion 2» im Sinn. Eine allgemeine Ausrichtung auf Glauben und eine Anrufung Gottes kann nach diesem Verständnis niemandes Rechte verletzen, da ja keine *bestimmte* Auslegung der Glaubensinhalte vorgegeben und an eine Hoffnung auf Gottes Schutz appelliert wird, die schließlich alle «normalen» Amerikaner teilen.

In den letzten Jahren gewann diese Sichtweise an Boden – in der Bevölkerung, aber auch unter den Politikern. Nur so ist es zu deuten, dass das Repräsentantenhaus am 16. Oktober 2001 ohne Gegenstimme eine Resolution verabschiedete, durch die öffentliche Schulen ermutigt wurden, die Parole «God Bless America» sichtbar anzubringen: Die Zeiten terroristischer Bedrohung wurden als Anlass interpretiert, die Nation im Appell an eine einende, wenn auch diffuse Religiosität zusammenzuschmieden (Pew Forum 2001b, S. 41). Das öffentliche Rezitieren der *Pledge of Allegiance* macht deutlich, dass die Politiker des Kongresses in diese Richtung weiter voranschreiten wollen. Sie werden darin bestärkt durch den gegenwärtigen Präsidenten, der kaum eine Gelegenheit auslässt, seine persönliche Religiosität herauszustreichen (CSM 06.09.02), und der seine Amtsführung gern unter Gottes Segen und Gebote gestellt sieht.

Die Erregung um das «Pledge»-Urteil gab dem Präsidenten eine weitere Chance, diese Position zu untermauern: Am 13. November 2002 unterzeichnete er rechtswirksam eine Gesetzesvorlage, die im Senat einstimmig und im Repräsentantenhaus mit nur 5 Gegenstimmen verabschiedet worden war. Damit wurde die «under God»-Formel sowie das nationale Motto «In God We Trust» ausdrücklich vorgeschrieben, und es wurde auch neu geregelt, wie die *Pledge of Allegiance»* abzuleisten ist. Männer nehmen demnach jegliche nichtreligiöse Kopfbedeckung ab und legen die rechte Hand auf das Herz (AP 13.11.2002).

Wer hierin nur eine oberflächliche Inszenierung vermutet, liegt falsch. Die Terroranschläge des 11. September 2001 haben den öffentlichen Appell an religiöse Werte noch wesentlich verstärkt. Seither meint eine Bevölkerungsmehrheit nicht nur, dass die Rolle der Religion im öffentlichen Leben ausgebaut werden *sollte*, sondern dass genau dies auch tatsächlich jüngst *geschieht*. 78 % der Befragten bestätigten diese Einschätzung in einer Umfrage des November 2001, während in den meisten Jahren zuvor die «religiösen Pessimisten» überwogen: Ein Rückzug der Religion aus dem öffentlichen Leben wurde gerade von jenen diagnostiziert, die das nicht begrüßten (Pew Forum 2001 c, S. 1). Es ist die Auffassung von «Religion 2», die es vielen Menschen erlaubt, diese Entwicklungen als unproblematisch oder gar selbstverständlich aufzufassen. Vielleicht machen sie es sich damit aber etwas zu leicht. Denn bislang fehlt immer noch eine allgemeinverbindliche Klärung darüber, was das Spektrum dieser nicht-ausschließenden und nicht-bevormundenden, allgemein akzeptierten Religiosität ausmacht; wahrscheinlich ist eine solche Klärung auch unmöglich. Solange das so ist, besteht jedoch die Gefahr, dass einerseits Politiker öffentlich für «Religion 2» eintreten, andererseits aber staatliche Institutionen dafür missbraucht werden, «Religion 1» zu begünstigen.

Der allgemeine, gottesgläubige Konsens wird nämlich durchaus unterschiedlich definiert; dabei sind auch Versionen in Umlauf, die bei abweichenden Weltanschauungen reale Befürchtungen auslösen müssen. Im fundamentalistisch-christlichen Spektrum wird beispielsweise immer noch eine sehr eigene Interpretation der Gründungsgeschichte der U.S.A. hochgehalten (auf die wir noch zurückkommen werden): diese sei nicht etwa als weltanschaulich neutrales Staatswesen ins Leben gerufen, sondern als «christliche Nation», die einem bestimmten Wertekanon folge, der auch heute noch der Politik verbindliche Grenzen setze. Bedeutet das, dass Juden in einer so verstandenen Nation sich als allenfalls tolerierte Außenseiter auffassen müssen? In der Tat hat sich die Idee der «christlichen Nation» in der Vergangenheit auch schon bisweilen mit antisemitischen Ressentiments verbunden, aber heute haben auch strenggläubige Christen in der Regel keine Schwierigkeiten mehr mit einer neueren, weiter ausgreifenden Formel: Man spricht gerne von der «judeo-christlichen» Traditions- und Wertegemeinschaft, die für die politische Kultur der U.S.A. prägend sei (vgl. Prätorius 1999, S. 395). Müssen sich davon aber nicht wieder die Muslime ausgeschlossen fühlen? Nicht unbedingt: Jene Befragungen, die auf einen religiösen «Aufschwung» nach dem 11. September 2001 hindeuten, belegen, dass es bei den Amerikanern keineswegs zu einer Ausgrenzung des Islam kam. Im Gegenteil, die bekundete Wertschätzung nahm zu, auch wenn der Wissensstand gerade der Christen über diese Religion vermutlich gering ist (Pew Forum 2001 c, S. 4). Als monotheistische und abrahamitische Schriftreligion scheint der Islam, solange er friedfertig in den USA praktiziert wird, für viele Amerikaner durchaus seinen Platz in dem Spektrum von «Religion 2» zu haben.

Aber selbst wenn diese drei Weltreligionen zueinanderfänden, blieben immer noch genügend Glaubensrichtungen, die sich potentiell in einer Außenseiterposition befinden könnten: nicht-monotheistische und Naturreligionen, synkretistische Glaubensrichtungen, alle Atheisten und Agnostiker, aber auch jeder religiöse Mensch, der die Vermischung von Politik und Religion gerade aus Glaubensgründen entschieden ablehnt. Wir können also festhalten: «Religion 2» umfasst ein dehnbares Verständnis, und diese Dehnung kann sich in eine Richtung bewegen, die den Unterschied zu «Religion 1» kaum noch erkennen lässt. Minderheiten können manches, was der Mehrheit wie eine kulturelle Selbstverständlichkeit oder wie eine harmlose Floskel erscheint, durchaus als religiöse Provokation oder Indoktrination empfinden.

Für diese Interpretation spricht auch, dass in der Geschichte der U.S.A. das, was als «Religion 2» im öffentlichen Leben akzeptiert wurde, niemals festgezurrt war: Es unterlag vielmehr stetigen kulturellen Wandlungen und auch offenem, politischem Streit. Ein Beispiel dafür ist selbst der Konfliktgegenstand des erwähnten Prozesses in San Francisco. Die *Pledge of Allegiance* als Gelöbnisformel ist keineswegs ein altehrwürdiges Verfassungsdokument. Sie war lange Zeit nur informelles Brauchtum, das erst im Jahre 1942 durch den Kongress mit förmlichem Beschluss als verbindlicher Text für öffentliche Anlässe übernommen wurde.

Dieser Text allerdings enthielt die kontroversen Worte «under God» noch nicht. Erst während der frühen fünfziger Jahre, also in den Zeiten des Kalten Krieges und des McCarthyismus, warben einzelne Politiker und Initiativen für diesen Zusatz, um die U.S.A. von den atheistischen Systemen des «realen Sozialismus» abzuheben. Der letztliche Erfolg wird weitgehend einem Pastor in Washington D.C. zugeschrieben: Rev. George M. Docherty nutzte am 7. Februar 1954 eine Predigt, bei der auch Präsident Eisenhower zugegen war, um die Bezüge auf Gott in Lincolns *Gettysburg Address* und in der Unabhängigkeitserklärung hervorzuheben. Er konstruierte so eine Kontinuität, ohne die das Treuegelöbnis eines sei, das das spezifisch Amerikanische dieser Loyalität nicht erkennen lasse. Der Präsident war offenbar beeindruckt, denn er wurde hinter den Kulissen zur treibenden Kraft einer entsprechenden Gesetzesänderung, die schon am 14. Juni desselben Jahres Rechtsgültigkeit erlangte (WP 06.07.02).

Historische Parallelen sollte man nicht überstrapazieren, aber in mancher Hinsicht erinnert die Zeit, in der «under God» in die *Pledge of Allegiance* kam, an die Gegenwart, in der diese beiden Worte zum Streitgegenstand gerieten. In beiden Phasen gab es eine bedrohliche Außenwelt, einmal den Kommunismus, beim zweiten Mal den islamistischen Terrorismus, der gegenüber die eigene Identität, die «Innenwelt» also, kämpferisch herauszustreichen war. Gestärktes Selbstbewusstsein für eine Nation, die eine weltweite Führungsrolle gegenüber einer herausfordernden Ideologie beansprucht, erwächst leichter mit dem zusätzlichen Motivationsschub, der aus der geglaubten Sonderrolle in Sachen Frömmigkeit stammt. Das war freilich in der Konfrontation des Kalten Krieges ein etwas plausibleres Bild: standen die U.S.A. hier doch tatsächlich einer Macht gegenüber, die sich selbst als atheistisch verstand. Die islamistischen Selbstmordattentäter hingegen beziehen ihren Hass und ihre Entschlossenheit daraus, dass sie sich selbst als Gottgerechte im Kampf mit der Führungsmacht der Ungläubigen wähnen. Für die so Angegriffenen könnte darum ja eine *mögliche* Reaktion darin bestehen, Skepsis gegen einen zu starken Einfluss der Religion auf das menschliche Handeln zu entwickeln.

Von dieser Möglichkeit haben aber in den U.S.A. keine Politiker von erwähnenswertem Einfluss Gebrauch gemacht, auch die Trends der öffentlichen Meinung neigten in die exakt entgegengesetzte

Richtung. Wenn also so wenig Bereitschaft in den U.S.A. herrschte, ein «Zuviel» an Religion als Problemursache auch nur zu erwägen, dann war vermutlich ein längerfristiger Trend am Werke. Die Ereignisse des 11. September mögen die Neigung zu öffentlichen Bekundungen, in denen sich religiöse und patriotische Aussagen vermischen, merklich verstärkt haben. Diese Neigung kann aber kaum aus dem Nichts heraus so auffällig geworden sein. Schon vor den Anschlägen wurde eine Tendenz zur Stärkung der Rolle der Religion im öffentlichen Leben beobachtet (Gallup Poll Releases 29.03.2001). Dies ist keine neue Erfahrung für die U.S.A.: in der Geschichte hatte es immer wieder Phasen des religiösen Enthusiasmus und Bekennertums gegeben, die sich mit eher nüchternen und «weltlichen» Epochen ablösten. Wenn heute manchmal die Gegenwart ernsthaft in die Reihe der «great awakenings» gestellt wird (Tiryakian 1993, S. 46), so mag das übertrieben sein, doch die Übertreibung kennzeichnet gleichwohl eine Grundstimmung, zu der das Urteil von San Francisco so gar nicht passen wollte.

Da schien ein anderes Urteil, das nahezu zeitgleich gefällt wurde, schon viel eher im allgemeinen Meinungstrend zu liegen: Der Supreme Court entschied mit der knappen Mehrheit von 5 zu 4 Richterstimmen, dass im Bundesstaat Ohio über ein Gutscheinsystem («vouchers») auch konfessionelle Schulen in den Genuss öffentlicher Gelder kommen können («Zelman vs. Simmons-Harris»).*

Für die Einordnung dieser Entscheidung sind einige Hintergrundinformationen erforderlich. Konservative Gesellschaftspolitik, wie sie z. B. seit geraumer Zeit von prominenten Politikern der Republikanischen Partei vertreten wird, favorisiert Subjektförderung über Objektförderung. Das bedeutet nach Lesart der Vertreter dieser Richtung: Statt soziale Einrichtungen und die sie verwaltenden «Sozialbürokraten» zu unterhalten, sollte die öffentliche Hand besser den Abnehmern und Klienten die Möglichkeit geben, sich selbst passende Angebote im Sozialsektor auszusuchen und damit auch Nachfragemacht zugunsten von Qualitätssteigerung auszuüben. Die fundamentalste und konsequenteste Subjektförderung ist in dieser Sicht natürlich die Steuersenkung: Sie soll die Bürger mit einem wirt-

---

* Zelman, Superintendent of Public Instruction, et. al. v. Simmons-Harris et. al., No. 00-1751, arg. Feb. 20, 2002, decided June 27, 2002. Im Netz unter: www.supremecourtus.gov/opinions/01 pdf/100-1751.pdf.

schaftlichen Spielraum ausstatten, der sie gar nicht erst unter die Fuchtel jener «Sozialbürokraten» geraten lässt; wenn sie – so zur Selbstversorgung stimuliert – dann trotzdem Sozialleistungen (z. B. Kinderbetreuung oder Gesundheitsdienste) wahrnehmen wollen, dann kann keine staatliche Bürokratie den zahlungskräftigen Nachfragern mehr vorschreiben, wie diese Leistungen auszusehen haben.

Es bleiben freilich Menschen, die gar nicht erst den Einstieg in ein geregeltes und dauerhaftes Erwerbsleben finden oder die so wenig verdienen, dass auch eine Steuersenkung irrelevant für sie wäre. Auch solchen Menschen soll geholfen werden, indem ihre Nachfragemacht gestärkt wird: indem sie nämlich aus öffentlichen Mitteln mit Gutscheinen ausgestattet werden, die es ihnen erlauben, soziale Leistungen (von der Berufsförderung bis zur Drogentherapie) zu beanspruchen.

Was hat dieser sozialpolitische Ansatz aber mit dem Verhältnis von Religion und Politik zu tun? Der Zusammenhang ist sehr einfach: Indem der Staat nicht mehr nur sozialpolitische Leistungen produziert, sondern auch Nachfrager unterstützt, schmälert er selbst seine eigene Dominanz auf der Anbieterseite. Der Gutscheinbesitzer kann sich auch an andere Sozialagenturen wenden – und hier spielen Religionsgemeinschaften eine große Rolle.

Für Konservative hat dieser Förderungsweg darum eine doppelte Attraktivität. Er orientiert sich am selbstversorgenden Wirtschaftssubjekt als Idealbild, appelliert also an Werte der reinen Marktordnung. Außerdem bringt er religiös geprägte Träger von sozialen Leistungen stärker ins Spiel. Bei vielen Republikanern, aber auch bei manchen Demokraten, herrscht die Meinung, dass diese den weltanschaulich neutralen überlegen sind. Wer in Not gerät, brauche nicht nur Geldleistungen, sondern oft auch moralischen Beistand und spirituelle Ermutigung. Ob diese angebliche Überlegenheit religiös geprägter Sozialleistungen wirklich immer dem Realitätstest standhält, wird später noch genauer zu betrachten sein. Zunächst wollen wir uns einem Sektor zuwenden, in dem die «vouchers»-Kontroverse vor einer breiten Öffentlichkeit ausgefochten wurde und in dem es unbestrittene Belege für den Erfolg religiosgebundener Angebote gibt: den Schulen.

Konfessionsschulen sind nämlich durchaus beliebt bei zahlreichen Eltern, die hier nicht nur eine Übermittlung von Werten und ethischen Normen erwarten, sondern sich auch geordnetere und angenehmere Lernumfelder als an den manchmal chaotischen Schulen der Innenstädte erhoffen. An diesen häufig überforderten, öffentlichen Schulen sammeln sich aber gerade die Kinder ärmerer Schichten, die zu ihrer allgemeinen Benachteiligung dort auch noch schlechtere Lernbedingungen erfahren. Dagegen haben die besser geführten und ausgestatteten konfessionellen Schulen oft eine «handverlesene» Schülerschaft, denn nur begüterte Eltern können sich die erforderlichen Schulgelder leisten. (Allerdings kommen einige Schüler auch über Stipendienprogramme in solche Schulen.)

Die Strategie der Objektförderung würde aus dieser Ungleichheit die Schlussfolgerung ziehen, die öffentlichen, innerstädtischen Schulen seien so mit Geld auszustatten, dass sie sich der Qualität der Konfessionsschulen annähern können. Vertreter der Subjektförderung sehen darin ein Fass ohne Boden und kritisieren, dass auch dann den Eltern vorgeschrieben werde, an welche Schule sie ihre Kinder zu schicken haben. Wäre es da nicht besser, so wird argumentiert, wenn auch Eltern in schlechten Wohngebieten die Nachfragemacht erhalten, um bessere Schulen für ihre Kinder auszuwählen? Würden dann nicht auch langfristig die öffentlichen Schulen besser werden, wenn ihnen die Schüler nicht mehr einfach bürokratisch zugeordnet würden, sondern sie sich werbend und konkurrierend um sie bemühen müssten?

Die Gegenseite in dieser Diskussion (als Einführung in die Debatte z.B. Jost 2002) fragt, wie die öffentlichen Schulen aus dem Stand heraus konkurrenzfähig werden sollen, wenn sich ihr unattraktiver Standort nicht ändert und wenn zudem das Geld, das dem «Objekt» Schule zukommen könnte, aus dem Bildungsetat abgezogen wird, um die Subjektförderung über Gutscheine einzuleiten? Weiterhin wird der Verdacht geäußert, dass es auch gar nicht um die innerstädtischen, öffentlichen Schulen und um die benachteiligten Schüler geht, sondern dass das Mittel hier selbst der Hauptzweck ist. Es gehe darum, einen Weg zu finden, Steuergelder in die Budgets privater und konfessioneller Schulen fließen zu lassen. Das entsprechende Programm in Cleveland, Ohio, fand aber gleichwohl die Billigung des obersten Gerichts. Dieses ließ sich von zwei Kerngedanken anleiten: dass die Entscheidung zugunsten der konfessionellen Schule erstens nicht durch den Staat, sondern durch die Gutscheine vergebenden Eltern getroffen werde, und dass diese zweitens auf eine pluralistische Angebotsstruktur treffen würden.

Die Entscheidung, geschrieben vom obersten Verfassungsrichter Rehnquist, gründet in einer sehr engen Auslegung der «Establishment Clause» des ersten Verfassungszusatzartikels. Gemäß diesem Verständnis schließt der Satz «Congress shall make no law respecting an establishment of religion» vor allem den Zwang zu einer bestimmten Religionsausübung seitens der Staatsautorität aus (also «Religion 1»), nicht jedoch die Förderung religiöser Organisationen und die Zusammenarbeit mit diesen. Ein Zwang aber sei nicht gegeben, da ja die Nutzer der religiösen Bildungsangebote ihrer eigenen Wahlfreiheit nachkämen. Daraus folgt nun allerdings, dass auch eine Auswahlchance fortbestehen muss: Das Gericht entschied im Cleveland-Fall positiv, da es genug staatliche und religiös neutrale Schulen in Reichweite der betroffenen Eltern gab. Hinzu kam für das Gericht ein weiteres Argument: «secular purpose» (Newsday 09.07.2002). Die Förderung erfolge nicht mit dem *Ziel*, mittels Staatsgeldern religiöse Ansichten zu verbreiten, sondern mit dem *Wunsch*, mehr Menschen Wahlfreiheit zwischen unterschiedlichen Schulen und damit bessere Bildungschancen zu ermöglichen.

Ohne Zweifel: dieses Urteil passt besser in die religionsfreundliche Stimmung der Gegenwart als die Entscheidung von San Francisco. Es findet offenbar nichts Bedrohliches in einer Staatsaktivität, die den Zugriff auf religiöse Angebote für die Bürger *ermöglicht*, ja sogar erleichtert. Ohne dies wörtlich zu sagen, bestätigt die Richtermehrheit damit offenbar eine Sicht der Bevölkerungsmehrheit: Solche staatliche Ermöglichung gebe nur einer kulturellen Selbstverständlichkeit statt, nämlich der öffentlichen Gegenwart praktizierter Religiosität. Die Konfessionsschulen fallen aus dieser Sichtweise dann letztlich in dieselbe harmlose Kategorie wie die «under god»-Gelöbnisse und die Parlamentsgeistlichen ...

Es könnte also der Eindruck entstehen, dass das Supreme-Court-Urteil diametral in die entgegengesetzte Richtung der in San Francisco getroffenen Entscheidung zielt. Nicht nur (aber auch) weil die Schulentscheidung von dem höheren Gericht ausgesprochen wurde und letztinstanzlich ist, scheint diese den derzeit obsiegenden Trend auszudrücken. Eine derart «kämpferische» Interpretation dramatisiert aber beide Urteile und überbewertet sie auch ein wenig. Auf den nachfolgenden Seiten soll einer solchen Lagerbetrachtung entgegengewirkt werden. Ziel ist es zu verdeutlichen, dass es in den U.S.A. nicht um das Ringen klar abgegrenzter Blöcke – «pro» oder «anti», «religiös» oder säkular» – geht, sondern dass die Frage der politischen Rolle von Religion auf komplizierte Weise in gesellschaftliche Interessenlagen verwoben ist.

1.3. Gibt es eine Lagerbildung?

Betrachten wir dazu zunächst noch einmal das Supreme-Court-Urteil. Der Richterspruch erlaubte den Gutschein-Einsatz ja nur, *weil* bestimmte Voraussetzungen im konkreten Fall erfüllt waren. Das kann und muss so gedeutet werden, dass künftig indirekte Förderung religiöser Schulen nur statthaft sein wird, *insofern* eben diese Voraussetzungen gegeben sind. In Cleveland gab es genügend Wahlmöglichkeiten für die Eltern – also kann demnach eine Gutscheinregelung nur dort eingerichtet werden, wo die öffentliche Hand durch Förderung nicht-konfessioneller Schulen ebenfalls hinreichend Alternativen gewährleistet. Die Verfassungsmäßigkeit von «voucher»-Programmen entscheidet sich demgemäß unter Umständen von Ort zu Ort jeweils neu. Staatliche Untersuchungen sind dafür notwendig und gegebenenfalls daraus folgende Ausgleichsmaßnahmen. Das ist gewiss nicht das, was die Verfechter der Subjektförderung im Sinn hatten: ging es ihnen doch um die Zurückdrängung der Staatsadministration zugunsten einer gestärkten Bürger-Nachfragemacht.

Der Verdacht nicht beabsichtigter Effekte kommt noch aus zwei weiteren Gründen auf. Der erste dieser Gründe ist die «secular purpose»-Klausel. Zahlreiche Vertreter religiöser Organisationen befürchten, dass diese Klausel sich als trojanisches Pferd für sie erweisen könnte: Einerseits erlaube sie konfessionellen Einrichtungen einen Zugang zu staatlichen Förderprogrammen, andererseits eröffne sie aber den staatlichen Stellen dann auch die Möglichkeiten, religiöse Leistungsanbieter zu inspizieren und an politischen Ellen zu messen. Es wird sogar bereits befürchtet, dass dies dann Auswirkungen haben könnte auf den zweiten Bestandteil des ersten Verfassungsgrundsatzes: die «free exercise»-Garantie.

Anlass für diese Befürchtung gibt ein früherer Gebrauch des «secular purpose»-Arguments durch den Supreme Court. Im Jahre 1990 befand er in der Entscheidung «Employment Division vs. Smith»[*] ein

---

[*] Employment Div., Ore. Dept. of Human Res. v. Smith, 494 U.S. 872 (1990). Im Netz unter: http:// lawis.findlaw.com/US/494/872.html

Gesetz des Bundesstaates Oregon für verfassungsgemäß, das den Klamath-Indianern den religiösen Gebrauch des Rauschmittels Peyote untersagte. Auch hier war ausschlaggebend, dass die Verbotsmaßnahme angeblich nicht dem Zweck einer Diskriminierung einer Religion diente (so wie die Gutscheinpolitik angeblich keiner Förderung einer Religion diente), sondern dem säkularen Ziel einer gleichmäßigen Durchsetzung von Strafgesetzbestimmungen verpflichtet war.

Das macht manche Menschen nervös, die um die Unabhängigkeit der Religionsausübung besorgt sind (Newsday 07.09.2002). Wenn wir es dem Staat erlauben, als Geldgeber religiöse Einrichtungen zu inspizieren und zu zensieren, so fragen sie, erleichtern wir es ihm dann nicht auch, «secular purpose» nicht allein als Zuckerbrot, sondern auch als Peitsche einzusetzen? Werden dann nicht vielleicht manche religiöse Praktiken als mehr, andere als weniger konform mit dem öffentlichen Normensystem eingestuft? Dabei kann es dann gewiss nicht zum Trost gereichen, wenn dieses öffentliche Normensystem in geteilten religiösen Überzeugungen wurzelt. Es kann dann nämlich die begründete Furcht aufkommen, dass der staatliche Apparat dafür genutzt wird, eine etablierte Mehrheitsauffassung von Religion gegen abweichende Minderheitskonfessionen zu bevorzugen: also exakt das zu produzieren, was die «Establishment-Clause» zu verhindern trachtete.

Wer diese Überlegungen nachvollzieht, wird vielleicht verstehen, dass es in den U.S.A. *auch* tiefreligiöse Menschen gibt, die eine Annäherung von Politik und Religion mit großer Sorge betrachten. Es ist jedenfalls keineswegs so, dass alle säkular ausgerichteten Menschen das Urteil von San Francisco gutheißen und dass das religiöse Publikum unisono dem Spruch des Supreme Court applaudiert. Zustimmung und Ablehnung zu beiden Entscheidungen verteilen sich über beide Lager, wenn auch insgesamt ungleich: Einen markanten Platz wünschen die meisten Amerikaner für die Religion im öffentlichen Leben (Farkas u. a. 2001) – nur die genaue Lage dieses Platzes bleibt fortdauernd ein Streitgegenstand.

Wenn also auch bei religiösen Wählern eine staatliche Förderung von Konfessionsschulen keine Zustimmung garantiert, dann liegt es nahe, nach weiteren Motiven für die Parteinahme im Streit um «school vouchers» Ausschau zu halten. In der Tat gibt es solche Gründe, die zusätzlich dazu dienen, die Weichenstellung durch das Supreme-Court-Urteil weniger dramatisch zu sehen.

Die Republikanische Partei vermutet die Anhänger einer stärkeren Durchmischung von Religion und Politik bei weißen, vorzugsweise männlichen und halbwegs wohlhabenden Mittelschichtsangehörigen, die auf dem Lande oder in der Peripherie der Städte wohnen. Damit mögen die Parteistrategen recht haben – sie müssen aber damit rechnen, dass dieser generell konservative Wählerstamm auch noch einige weitere Interessen hat. Ein solches Interesse ist, relativ ungestört unter «seinesgleichen» zu leben: Darum ziehen viele Familien in die begrünten Eigenheimsiedlungen der Vororte, denn hier erwarten sie Nachbarn aus der eigenen Schicht, Schulen ohne ethnische Vielfalt, Distanz von den sozialen Problemen und Spannungen der Innenstädte.

Wer so empfindet, den mag die sozialpolitische Anpreisung der «voucher»-Programme eher irritieren. Auch wenn er die Förderung religiöser Schulanbieter begrüßt, so wird er diesen Unterricht doch lieber auf die Kinder in seiner eigenen Nachbarschaft beschränkt sehen. Konservative Weiße könnten wenig enthusiastisch darauf reagieren, wenn plötzlich in den Klassenräumen ihrer suburbanen Konfessionsschulen die mit Gutscheinen ausgestatteten, schwarzen Kinder aus den Innenstädten auftauchen. Hier also finden wir den zweiten Fall eines nicht beabsichtigten Effekts. Dies ist keine pure Spekulation, denn derartige Überlegungen haben in der Republikanischen Partei tatsächlich schon Skepsis darüber genährt, ob «school vouchers» wirklich das konservative Patentrezept sind, als das sie sich in der Theorie ausnehmen. Vielleicht erklärt sich aus dieser Unsicherheit auch die Vehemenz, mit der sich die Republikaner zeitgleich des «pledge of allegiance»-Urteils annahmen: Hier wenigstens konnten sie hoffen, die Erwartungen ihrer konservativen Stammwähler hundertprozentig zu treffen (vgl. «Newsweek» 08.07.2002 S. 24 f.).

Hinzu kommen rechtliche Probleme. Viele Bundesstaaten haben Verfassungsbestimmungen, die wesentlich deutlicher in ihren Trennungsgeboten sind als die Bundesverfassung – bis hin zu ausdrücklichen Barrieren gegen öffentliche Finanztransfers an religiöse Adressaten. Auf der Grundlage einer solchen Bestimmung hat bereits ein Gericht in Florida ein entsprechendes «school voucher»-Programm einstweilig gestoppt (WP 06.08.2002). Eine flächendeckende Einführung dieser Politik würde in zahlreichen Fällen eine Änderung von Staatsverfassungen erfordern. Ob dafür es stets die hinreichenden, qualifizierten Mehrheiten in den Staatsparlamenten geben wird, darf bezweifelt werden, seitdem auch die Unterstützung im Bundeskongress zu bröckeln beginnt (The Columbus Dispatch 22.09.2002, S. 5 c).

Die beiden Gerichtsentscheidungen wurden an dieser Stelle so ausführlich gewürdigt, weil sie eine Versuchung in sich bergen, der es zu widerstehen gilt. Gerade ein ausländischer Beobachter erlebt in den USA das öffentlichkeitswirksame Auftreten lautstarker und klarer Positionen zum Thema «Religion» und Politik». Besonders glaubensfeste, fundamentalistische Christen fanden bislang dabei große Aufmerksamkeit. Sie stehen im pauschalen Verdacht, die gesamte Politik ihren Glaubensgrundsätzen unterordnen zu wollen. Wenn nun markante Gerichtsentscheidungen fallen, die das eine Mal den heftigen Protest dieser Glaubensstarken herausfordern, das andere Mal sie scheinbar in ihrem Ansinnen bestärken, dann könnte dies als ein klar konturierter Lagerkampf verstanden werden: Eine starke Strömung in den U.S.A. will Politik und Kultur «verchristlichen», eine schwächere Gegenströmung widersetzt sich dem.

Die voranstehenden Ausführungen sollten zeigen, dass eine solche Grobzeichnung (wie jede Vereinfachung) zwar auch Teilwahrheiten trifft, dass aber die Wirklichkeit komplizierter ist – und der Holzschnitt somit auch verzerrt. Religiöse und Säkulare greifen beide auf einen Bestand amerikanischer Politiktraditionen zurück, der in sich selbst spannungsreich ist. Eine solche Tradition, die Spannungen erzeugt, nämlich die Verankerung des Trennungsgebots in der Verfassung, treibt die Interessenkonflikte um die öffentliche Rolle der Religion immer wieder vor die Gerichte.

Gerichte aber sind Instanzen des Interessenaustrags. Darum kann es nicht überraschen, wenn in den Streit um Religion und Politik auch andere Konfliktmaterien einfließen. Das führt zu *überlagerten* Konstellationen: eher unwahrscheinlich ist es, dass bei einem Streitpunkt nicht auf *jeder* Seite der Streitfront mehr oder weniger Religiöse, diese oder jene Konfessionen zu finden sind. Selbst der Streit um die politische Rolle der Religion liefert dafür Anschauungsmaterial: Das Insistieren auf dem Trennungsgebot zwischen Religion und Politik ist keineswegs nur ein Privileg der Säkularen. Es gibt Tiefreligiöse, die eine Vermischung von Staat und Kirche beispielsweise bei der Finanzierung von Konfessionsschulen für extrem gefährlich halten, weil es ihr Ideal einer staatsfernen Glaubenspraxis anficht. Umgekehrt gibt es sicherlich sehr viele Säkulare, die dasselbe Phänomen gelassen und vielleicht sogar mit einer positiven Einstellung beobachten, weil sie auf verbesserte Auswahlchancen hoffen, wenn es um die passende Schule für die eigenen Kinder geht. Kurzum: Politisch-religiöse Streitfragen stehen in einem *allgemeinen* politischen Kontext, und da in sie regelmäßig auch andere Interessen, Erwartungen und Machtverhältnisse einfließen, wird es nur selten dazu kommen, dass die Menschen zu ihnen in starren, scharf abgegrenzten Blöcken Stellung beziehen.

Die Grundannahmen des soeben gezeichneten Bildes lassen sich schlagwortartig als «Pluralismus» bezeichnen. Sie enthalten einen kräftigen Zug Optimismus, der bei ihrem amerikanischen Ursprung nicht überrascht. «Pluralistische» Deutungen der U.S.-Gesellschaft verstehen sich primär als Beschreibung und Analyse, können allerdings auch normative Beimischungen enthalten (vgl. Prätorius 1997, S. 103 ff.). Sie werden keineswegs auf das Verhältnis Religion und Politik allein angewandt, doch die voranstehenden Ausführungen treffen den gemeinsamen Kern: Konkurrenz zwischen Gruppen kann zu einem stabilen, allgemein akzeptablen Gleichgewicht führen, weil die Positionen zu verschiedenen Streitfragen auch innerhalb der Gruppen gemischt sind. Es ist unklug, wenn eine Gruppe ihre Position in einer Hinsicht (z.B. Religiosität) verabsolutiert, wenn sie bei anderen Fragen (z.B. Steuern) auf die Unterstützung von Gruppen mit abweichender Weltsicht angewiesen ist. Das Ergebnis sind Kompromisse, auf die auch die repräsentierenden Politiker ihr Geschick verwenden, da nur der Ausgleich eine breite und diffuse Unterstützung für die Kandidaten gewährleisten kann.

Man muss nicht übermäßig «ideologiekritisch» sensibilisiert sein, um zu erahnen, dass in den letzten Sätzen ein harmonisches Idealbild gezeichnet wurde, das von der Wirklichkeit häufig weit entfernt ist.

Eine Voraussetzung für ein Funktionieren des pluralistischen Modells ist es, dass eine Struktur existiert, die von allen Beteiligten als Grundlage und Spielregel aufgefasst wird und die neutral gegenüber den Gruppen bleibt, die in das Macht- und Konsensspiel eintreten. Im Politischen wird diese Leistung von der Verfassung und den durch sie etablierten Institutionen erbracht. Seit ihren ersten Geltungstagen war die U.S.-Verfassung aber auch Zweifeln hinsichtlich dieser Leistung ausgesetzt: Sie war das Produkt eines nur sehr kleinen Segments der damaligen Gesellschaft und brachte den gezielten

Ausschluss vieler Menschen vom politischen Prozess (Frauen, Sklaven, eingeborene Völker) mit sich. So schuf sie Institutionen, deren Repräsentativität gegenüber der Gesellschaft bis heute häufig kritisiert wurde (zu alledem beispielhaft: Dahl 2001).

Bei dem religiösen Pluralismus lässt sich leicht eine Parallele zu diesen politischen Kontroversen ziehen. «Religion 2» mag in den Augen vieler Amerikaner wie eine neutrale Grundordnung erscheinen: ein allgemeiner Konsens der Gottesgläubigkeit und der geteilten, fundamentalsten Werte, in dem die vielen Ausprägungen von «Religion 1» koexistieren können, ohne dass einzelne dieser Ausprägungen eine indoktrinierende Dominanz über andere gewinnen. Wir sahen aber zuvor, dass auch eine andere Erfahrung dieses Konsenses denkbar ist, nämlich die Ausgrenzung von Minderheitspositionen, wie auch die Institutionen der Verfassung aus mancher Sicht nicht als neutrales «Spielfeld», sondern als diskriminierende Ausgrenzung erfahren werden.

Ein weiterer, bekannter Einwand gegen pluralistischen Optimismus ist der Hinweis auf die ungleiche Chancenverteilung. Die Spieler um Macht und Kompromisse betreten die Szene nicht mit gleichen Ressourcen. Wer mehr einzubringen hat (z.B. materiellen Reichtum, Anhänger oder rechtliche Veto-Positionen), kann auch günstigere Konsensergebnisse für sich erzielen. Das lässt sich ebenfalls auf die religiöse Landschaft übertragen: Manche Glaubensrichtungen sind länger und tiefer in der amerikanischen Kultur verankert als andere, manche haben Vorteile durch die exponierte gesellschaftliche Stellung ihrer Anhänger, wieder andere durch die Einbindung in weltweit wirksame Organisationen und Hierarchien. Auch kleinere Gemeinschaften können jedoch einflussreich sein, wenn sie besonders abgestimmt, einmütig und zielgerichtet auftreten (sowie vielleicht noch in räumlicher Konzentration).

Jedenfalls müssen wir uns den religiösen Pluralismus als einen Pluralismus unter Ungleichen vorstellen – dass es dabei auch Benachteiligte geben wird, sollte uns nicht überraschen.

1.4. Weitere Fragen

Wir werden also nach dem Verhältnis von religiösem und politischem Pluralismus zu fragen haben. Beide sind historisch eng verzahnt: Die U.S.A. entstanden als eine Nation, die zunächst einmal dem Ziel huldigte, ein spannungsfreies Nebeneinander von Glaubensrichtungen zu ermöglichen. Diese Pluralität war allerdings stets aufgehoben in einer grundsätzlich positiven Bewertung von Religiosität schlechthin. Die Neigung, aus dieser allgemeinen Religiosität eine spezifische Programmatik zu machen, die für die gesamte Gesellschaft verbindlich sein soll und die Außenseiter als «unamerikanisch» abstempelt, lässt sich historisch immer wieder nachweisen. Hat also das Insistieren auf freier Religionsausübung eher zur Offenheit und Vielfalt des politischen Prozesses und der Gesellschaft beigetragen oder wurde es auch für Bestrebungen dienstbar, die Pluralität und Entfaltungsfreiheit hintertrieben? Es ist klar, dass diese Frage nicht pauschal beantwortet werden kann, sie muß vielmehr je nach Kontext und Zeitpunkt erörtert werden.

Der Ansatzpunkt der Religionsfreiheit lenkt die Aufmerksamkeit zudem auf das schwierige Verhältnis der Amerikaner zum Staat. Religionsfreiheit ist zunächst einmal ein Abwehrrecht *gegen* den Staat. Das gilt historisch allemal, denn die Besiedlung der amerikanischen Ostküste erfolgte ursprünglich durch Europäer, die aus Ländern mit Staatskirchentum kamen und dort zum Teil Verfolgung erfuhren. Aber wir sahen auch bereits, dass der Staat ebenso bereitwillig für die Wahrung religiöser Positionen in Anspruch genommen wird: Das gilt vor allem für die dritte Gewalt, die Justiz, vor der viele religiös-politische Konflikte überhaupt erst ihre scharfen Konturen erhalten. Wie verträgt sich eine Religiosität, die ihren Freiraum und ihre Kontemplation in Abwendung von einem bevormundenden Staat sucht, mit einer Religiosität, die für ihre Lebensformen und Wertvorstellungen im öffentlichen Raum (also unter Benutzung staatlicher Instanzen) streiten will? Wir können davon ausgehen, dass beide Ausrichtungen gleichzeitig bei identischen Gruppen und Personen auftreten. Bei diesen Menschen erscheint im Verhältnis «Religion/Staat» dann ein allgemeines Dilemma der amerikanischen Kultur: Einerseits leben sie in einer politischen Tradition, die Wert auf individuelle Autonomie und Handlungsfreiheit in Abgrenzung *gegen* den Staat legt, andererseits leben sie auch in einem *politisierten* Gemeinwesen. Politik bedeutet aber auch Interessendurchsetzung durch Indienstnahme staatlicher Institutionen. – Das wird uns weiterhin begleiten: dass nämlich das Verhältnis von Religion und Politik von der allgemeinen politischen Kultur nicht getrennt werden kann.

Diese Aussage gilt auch für eine weitere Spannung, die am religiösen Leben studiert werden kann: nämlich die Spannung zwischen Individualismus und Gemeinschaftsstreben. Wer für religiöse Freiheit vor Gericht zieht, verficht in der Regel *Individual*rechte. Das Rechts- und Institutionensystem der U.S.A. ist darauf ausgerichtet, eine solche Interessenverfolgung zu ermutigen. Auch die religiöse und politische Kultur steht dazu nicht im Widerspruch: Besonders die protestantischen Glaubensausrichtungen, die während der Gründungsgeschichte der U.S.A. dominierten, betonten die individuelle Suche nach dem guten und gottgerechten Leben. Das Seelenheil war nach diesem Verständnis weniger durch Ritus und Sakrament zu erlangen als durch Gnade, durch persönliche Glaubensstärke und daraus angeleitetes, sittliches Handeln.

Aber natürlich waren auch die protestantischen Kirchen stets zugleich Glaubensgemeinschaften, was in noch stärkerem Maße für den Katholizismus und die Kirchen der Schwarzen gilt. Die protestantische Individualethik mag sich in der Erfolgsgeschichte gerade der amerikanischen Wirtschafts- und Leistungsgesellschaft als günstig erwiesen haben, doch die praktizierte Religiosität lässt sich nicht darauf reduzieren. Ihr entsprangen immer auch Manifestationen der Philanthropie, des Gemeinschaftsgeistes, des Ausgleichs und der Solidarität. Zudem sind alle Religionsgemeinschaften schon rein praktisch Einrichtungen der Begegnung und der sozialen Einbindung. Wir müssen also fragen, wie sich diese Balance zwischen Individualismus und Gemeinschaftsstreben jeweils austariert und in welche Richtung die Waage sich gegenwärtig neigt.

Schließlich gilt es, das Stichwort «Pluralität» zu problematisieren. Die Pluralität von einst ist sicher nicht mehr die Pluralität von heute. Die amerikanische Unabhängigkeit und Verfassung sollte ein anderes religiöses Spektrum schützen, als es in der heutigen Landschaft auffindbar ist. So stellt sich die Frage, ob das den überkommenen Pluralismus sichernde Institutionengefüge und der dazu zugehörige Grundkonsens nicht etwas rückwärts gewandt sind angesichts der gegenwärtigen Erscheinungsvielfalt. Für die Beantwortung dieser Frage ist freilich erst einmal eine Bestandsaufnahme notwendig.

An Fragen herrscht also kein Mangel. Wir wenden uns ihnen schrittweise zu. Der erste Schritt ist ganz unoriginell: Er gilt einigen historischen und konstitutionellen Grundlagen.

2. Ideengeschichtliche und konstitutionelle Grundlagen

2.1. «E pluribus unum»

Die nordamerikanischen Staaten gelten als Geschöpf religiöser Dissidenten. In dieser Zuschreibung steckt allerdings auch ein gutes Stück interessengeleitete Geschichtsdeutung. Nicht die Pilgerväter der «Mayflower» gründeten die erste feste Siedlung englischer Herkunft. Vielmehr waren es eher Abenteurer, die bereits 1607 auf dem Gebiet des heutigen Virginia das Jamestown-Settlement etablierten. Zu diesem Zeitpunkt unterhielten die Spanier auf dem Territorium der heutigen U.S.A. bereits feste Siedlungen – etwa im heutigen Florida und Kalifornien. Auch in diesem Fall war keineswegs religiöse Dissidenz der Grund für die Kolonisierung. Nicht aber diese Vorläufer, sondern die Ankunft der «Mayflower» im späteren Massachusetts steht im Mittelpunkt der gängigen Mythen, die sich um den Ursprung der U.S.A. ranken. Warum? Die Missachtung der Spanier erklärt das angelsächsische Selbstbild. Doch die Zelebrierung der *Pilger*väter verrät noch eine weitere Facette dieser stilisierten Gründungsgeschichte, die bis hin zu einem so zentralen Bestandteil der Alltagskultur wie dem Thanksgiving Day nachwirkt. Wenn sich jährlich am letzten Donnerstag im November die Familien versammeln, um einen opulenten Truthahn mit stets gleichen Beilagen zu verspeisen, wiederholen sie den Akt, mit dem die Pilgerväter angeblich für ihre erfolgreiche, erste Landnahme gedankt hatten. Darin steckt eine interessante Kombination aus drei Komponenten: die Zelebrierung der Familie, der elementaren Keimzelle jeder weiteren Sozialordnung, die dankende Anrufung Gottes und die Sanktionierung dieser Praxis in Gestalt eines offiziellen, *nationalen* Feiertages. Dies ist keine Außensicht, sondern entspricht der Darstellung in vielen Feiertagsreden, dem Selbstverständnis vieler Amerikaner oder auch der Verklärung in den populären Bildern eines Norman Rockwell. Natürlich ist der Thanksgiving Day offiziell kein religiöser Feiertag; die Verfassung lässt einen solchen eigentlich* nicht zu. Aber das nationale, kollektive Gedächtnis hebt an den zelebrierten Pilgervätern Handlungen hervor, die eine interessante Mischung von Religiösem und Politischem beleuchten.

Da ist zunächst natürlich der Familienkult selbst, der für die längste Zeit der U.S.-Geschichte der Kult einer *patriarchalisch* geprägten Familie war (darum ja auch die Rede von den Pilger*vätern*, die wohl gewiss nicht allein den Atlantik überquerten). Norman Rockwells berühmtes Bild, in dem ein gütiger Vater für die gesamte Familie zeremoniell den Truthahn aufschneidet, zeigt eine hierarchisch geordnete und selbstgenügsame kleine Gemeinschaft, die sich ihrer Werte gewiss ist. Die Projektion auf die Pilgerväter glorifiziert deren Welt als eine solche dezentrale Keimzelle, aus deren Kraft heraus eine größere und komplexere Ordnung nach oben wuchs.

Dieses Idealbild einer organischen Staatsgenese «von unten nach oben», genährt aus der Glaubensgewissheit festgefügter, dezentraler Gemeinschaften, ist nicht nur eine populäre Mystifikation. Es wurde auch von dem berühmtesten Analytiker der U.S.-Gesellschaft zum Ausgangspunkt seiner Betrachtungen gemacht, nämlich von Alexis de Tocqueville. Der junge französische Adelige veröffentlichte 1835 den ersten Band seiner politischen Systemanalyse, die auf Erfahrungen einer Amerikareise des Jahres 1831 basierte. Er legte jedoch schon auf den ersten Seiten klar, dass für ein Verständnis der amerikanischen Politik unmittelbare, gegenwärtige Anschauung nicht ausreichend sei, dass vielmehr historische Hintergründe zu bedenken seien, die weit vor die Zeit des Unabhängigkeitskampfes und der Verfassungsentstehung zurückreichten.

Die Wurzel der *gesamten* Staats- und Gesellschaftsentwicklung identifizierte Tocqueville in Neuengland und bei den sich dort im 17. Jahrhundert ansiedelnden Puritanergemeinden. Dabei interessierte er sich wenig für die theologischen Doktrinen des Puritanismus, seine Aufmerksamkeit galt vielmehr den *praktizierten* Lebens-

---

* Das Wort «eigentlich» erscheint hier, weil der 25.12., also ein christliches Fest, ein offizieller, nationaler Feiertag in den U.S.A. ist. Dieser offenkundige Verstoß gegen die «Establishment Clause» wird aber widerspruchslos hingenommen: einerseits weil sich kein «Kläger» findet, der dieses liebgewonnene Fest abschaffen will, andererseits weil Weihnachten immer mehr dem primär Christlichen entkleidet und zum reinen «Familienfest» stilisiert wird. Auf die Bedeutung, die dem jüdischen Hanukkah-Fest in diesem Zusammenhang zukommt, werden wir noch näher eingehen.

formen dieser frühen Einwanderer (Hancock 1991, S. 382). Diese Praxis war zunächst einmal gekennzeichnet durch strikten *Lokalismus*, bedingt durch die Verteilung kleiner, landwirtschaftlich gestützter Ansiedlungen, zwischen denen riesige Territorien unbeherrschter Wildnis lagen. Der Lokalismus wurde positiv angenommen, denn er erforderte Autonomie, und diese harmonierte gut mit einem Grundzug des religiösen Lebens: dem *Congregationalismus*. Die Siedler Neuenglands hatten Entbehrung und lebensbedrohende Risiken auf sich genommen, nur um in Gemeinden leben zu können, die nach ihren eigenen Idealen und moralischen Normen geordnet waren (de Tocqueville 1976, S. 38 u. 49) – sie waren darum nicht gewillt, ihre religiöse Praxis einem fernen Bischof oder einer klerikalen Hierarchie zu unterstellen. Der oft strikten Unterwerfung unter harsche Alltagsnormen ging in der Regel eine willentliche Gründung solcher Gemeinden voraus, die bereits so etwas wie einen Gesellschaftsvertrag kannten und die in der politischen Gemeinde (die auf die religiöse aufbaute) bereits Wahlen und Abstimmungsdemokratie im 17. Jahrhundert aufwiesen. Während also die Kolonien noch dem monarchischen Mutterland anhingen, entwickelte sich in ihrem Schoße auf Gemeindeebene schon die republikanische Regierungsform (de Tocqueville 1976, S. 47). Die Religion, die sich in ihren Moralvorschriften oft rigide gab, erscheint dabei in ihrem Freiheitsstreben gegen zentrale Bevormundung als Träger dieser Vorformen von Demokratie (de Tocqueville 1976, S. 49). Zugleich wird die Kombination beider als etwas ungemein Praktisches erfahren, denn sie bewährt sich durch das Überleben in den gefährdeten, dezentralen Gemeinschaften (Tocqueville kommt später vielfach auf das Fortleben dieser Erfahrung zu sprechen: Bei den Amerikanern verbinden sich tiefe Religiosität und politische Leidenschaft mit einem soliden, praktischen Sinn in allen Lebensfragen; vgl. de Tocqueville 1976, S. 502 f., 519 u. 529 f.).

Dass die Demokratie aus der Bewältigung des dezentralen Gemeindelebens erwuchs, lange bevor sie den nationalen Maßstab erreichte, und dass die Religion dabei den Kitt für diese Schicksalsgemeinschaften abgab, sind für Tocqueville die beiden, lang fortwirkenden Schlüsselerfahrungen in der Vorgeschichte der U.S.A. Darum fühlt er sich wohl auch berechtigt, abweichende Aspekte dieser Vorgeschichte recht großzügig zu übergehen. Die Congregationalisten Neuenglands waren nämlich keineswegs die einzigen, die

in den nordamerikanischen Kolonien ihre mitgebrachte Glaubenspraxis ausübten und so die politisch-kulturellen Traditionen langfristig beeinflussten.

So dominierte an der mittleren Atlantikküste und vor allem in den
Hügellagen landeinwärts eine andere, calvinistische Glaubensrichtung – die Presbyterianer. Sie stammten fast durchgängig aus Schott-
land und hatten von dort eine überörtliche Kirchenorganisation mit
Hierarchien und Synoden mitgebracht (Kelly 1984, S. 71 f.): Hier,
nicht in den calvinistischen Ideen von Sünde und Gnade, lagen die
Differenzen mit den Glaubensbrüdern der nördlichen Kolonien.
Noch näher an traditionell-europäischen Kirchenstrukturen hielten
sich die Anhänger der anglikanischen Hochkirche, stark vertreten
z. B. in Virginia, das einen Großteil der Eliten der Revolutionsjahre
stellte. Schließlich gab es auch kleine Keimzellen des katholischen
Glaubens, beispielsweise im heutigen Maryland (Gillis 1999, S. 54 f.),
die sich allerdings fühlbarer Ausgrenzung und Benachteiligung ausgesetzt sahen. Eine Schätzung für das Gebiet der rebellischen Kolonien zählte unter den (freien) Amerikanern im Jahre 1775 575 000
Congregationalisten, 500 000 Anglikaner, 410 000 Presbyterianer,
200 000 Anhänger deutscher Kirchen und Gemeinschaften, 75 000
holländische Reformierte, 25 000 Baptisten, 25 000 Römisch-Katholische, 5000 Methodisten und 2000 Juden (Burns 1983, S. 7).

Es gab also am Beginn der U.S.A. einen ebenso bunten religiösen
Flickenteppich wie in der Gegenwart – wenn auch mit deutlich anderen Verteilungen. Warum also konzentrierten sich Tocqueville
und alle, die ihn immer wieder als Autorität zitierten, so sehr auf nur
eine Erscheinungsform? Dafür kann die Tatsache ins Feld geführt
werden, dass der «revolutionäre Funke» zunächst in Neuengland
entsprang, auch wenn das Zentrum der Staatswerdung sich später
dann nach Süden (Pennsylvania, Virginia) verschob. Im Rahmen der
in Neuengland vorherrschenden Gemeindefrömmigkeit mit Laien-
predigern und lokaler Selbstorganisation konnte das Autonomiestreben leichter aufkommen, das den anglikanischen Plantagenbe-
sitzern des Südens mit ihrem aristokratischen Habitus vielleicht anfangs noch fremd war. Das Autonomiestreben richtete sich jedoch
nicht von Beginn an auf die ferne englische Krone, sondern fand
durchaus Herausforderungen in der eigenen, nächsten Umwelt.
Schon früh kam es unter den Siedlern zu religiösen Zerwürfnissen,
die Abspaltungen zur Folge hatten.

Die puritanische Besiedlung der Massachusetts Bay Colony, geführt durch John Winthrop, erlebte schon 1631, also im ersten Jahr des Bestehens, die Anfechtung durch einen neu eingetroffenen Dissidenten: Roger Williams, der 5 Jahre später durch die Gerichtsbarkeit der Gemeinde verbannt wurde, war im Grunde nur ein radikalerer und konsequenterer Calvinist als seine Glaubensbrüder (vgl. Kramnick/Moore 1997, S. 46–66). Er vertrat die strikte, calvinistische Auffassung, dass alle Menschen ursprünglich mit Sünde behaftet sind und dass dennoch nach Gottes unerschließbarem Willen einige durch Gnade errettet werden. Den Puritanern in der Massachusetts Bay, die sich auf Grund eines königlichen Briefes dort ansiedelten, warf er vor, diese *politische* Ordnung unter Berufung auf ihre Idee eines gottgerechten Lebens eingerichtet zu haben – also sich eine Einsicht in Gottes Plan anzumaßen und daraufhin das Staatswesen illegitim religiös zu okkupieren. Nicht obwohl, sondern *weil* er tief religiös war, forderte Williams eine Trennung von Politik und Religion. Er fand Gelegenheit, diesem Ideal nachzugehen, als er nach seiner Vertreibung mit Rhode Island eine neue Kolonie gründete, die der politischen Ordnung nur die Reglementierung der Alltagsbedürfnisse auftrug und das Recht zur Religionsausübung von dieser fernhielt. (Das Ideal wurde zu Williams Zeiten bedingt verwirklicht.)

Diese Episode (der weitere Beispiele anzufügen wären) enthielt eine doppelte Lehre für die frühen Siedler: einmal, dass die Vermischung von Politik und Religion destabilisierend wirken kann. Nicht immer ist dabei garantiert, dass die schon etablierte religiöse Gemeinschaft obsiegt: Sie könnte ja auch (statt von einem einsamen Dissidenten) von einer starken politischen Macht von außen angegriffen werden. Zum anderen ist auch die Lösung des Konfliktes lehrreich: Sie bestand in der Gründung einer anderen Ansiedlung, die ihre abweichenden Grundsätze *neben* den ersten Puritanern praktizierte. Konfliktlösung durch ein Ausweichen im Raum ist eine Konstante der amerikanischen Kultur geblieben (vgl. Prätorius 1997, S. 124f., 160–162), doch hier interessiert zunächst einmal ein anderer Aspekt, der sich auch mit Tocquevilles Deutungen trifft. Es gab seit den frühen Tagen der Besiedlung parallel zwei Motive, die Religion zumindest von der *zentralen* Staatsmacht fernzuhalten: zum einen die inhaltliche, religiöse Überzeugung (wie bei Roger Williams), zum anderen das aus Risikoscheu geborene Motiv, die

staatliche Macht könnte der «falschen» Religionsauffassung anheimfallen und dann das Glaubensleben stören, das man dezentral aufge-
baut hatte (vgl. Perry 1944, S. 346). Das erklärt die zitierte Beobachtung des Besuchers aus Frankreich: dass Gemeinden, die nach innen
ein autoritäres, allumfassendes Reglement betreiben, nach außen
Duldsamkeitsprinzipien als Abwehr gegen eine staatlich gestützte
Einheitsreligion reklamieren.

Die Grenzziehung zwischen einer glaubensgeprägten Haltung
und einer politisch-taktischen Erwägung fällt natürlich bereits dem
Historiker schwer, wenn er vergangene Manifestationen gegen die
Verschmelzung von Kirche und Staat zu interpretieren hat. Dem
Analytiker gegenwärtiger Verhältnisse geht es darin nicht besser:
Wie in der Vergangenheit dürfen wir auch heute damit rechnen, dass
beide Motivationen durchaus vermischt oder in Koalitionen auftreten. Die taktische Motivation dürfte dann besonders stark zu Buche
schlagen, wenn es zahlreiche kleinere Glaubensgemeinschaften gibt,
unter denen jede für sich nicht erwarten kann, selbst durch Instrumentalisierung des Staates die Dominanz zu erlangen.

Eine derartige Zersplitterung charakterisierte – wie wir sahen –
die Lage in den vorrevolutionären Kolonien, außerdem kannten die
Siedler aus Europa das sie abschreckende Bild eines verordneten
Staatskirchentums katholischer oder protestantischer Provenienz.
Und schließlich kannten sie sich selbst: Ob Winthrop oder Williams,
ob schottische Presbyterianer oder deutsche Täufergemeinden – der
religiöse Enthusiasmus war unter ihnen allen stark vertreten und
auch der Wunsch, in der Neuen Welt ein exemplarisches Leben zu
verwirklichen. Wer aber ein Exempel für die Menschheit setzen will,
wer sich gar gottgesandt glaubt, wird leicht unduldsam gegen jene,
die sich von dieser Inspiration nicht mittragen lassen. Religiöse
Enthusiasten hatten also allen Grund, die Staatsmacht fernzuhalten
von Menschen, die genauso enthusiastisch waren wie sie selbst ...

Wenn wir diese, durch Tocqueville angeregte Argumentationslinie
weiter fortführen, entsteht unweigerlich das Bild der U.S.A. als
einer Nation von Sektierern. Menschen, die sich ihrer Werte und
ihrer Lebensformen so unerschütterlich gewiss sind und die isolierte
Gemeinschaften für deren Praktizierung suchen, scheinen dieses
Etikett durchaus zu verdienen. Aber Vorsicht ist geboten: die Gemeinschaften blieben nicht klein und isoliert, sie wuchsen schon im
18. Jahrhundert zu eigenständigen Territorialorganisationen (den

späteren Staaten) zusammen; dabei erwiesen sich die Siedler sehr wohl als kooperationsbereit gegenüber anderen Konfessionen.

Nun ist das Etikett «Sekte» kein reines Größenkriterium, auch die schiere Rigidität in der Glaubenspraxis kann zur Bestimmung nicht hinreichen. Der berühmte Theologe und Religionssoziologe Ernst Troeltsch hat eine Definition des Sekten-Phänomens vorgetragen, die er an den Abspaltungen aus der römisch-katholischen Kirche vor der Reformation (z. B. Waldenser etc.) entwickelte. Für Troeltsch unterscheiden sich Sekten von der hierarchischen, anstaltlichen Kirche in mehrfacher Weise: Sie haben eine Abneigung gegen die Überformung des Lebens durch das «technische» Recht (sei es kanonisch, sei es staatlich), sie bleiben demgemäß indifferent gegen den Staat, sie wenden sich auch von den disziplinierenden Geboten der herrschenden Ökonomie ab: Liebesprinzipien, Armutsideale und Solidarität in der Bescheidung verdrängen die Fügung in Arbeit und Erwerb. Urchristliches Leben wird idealisiert, das Neue Testament zur unmittelbar geltenden Rechts- und Normenquelle erhoben (Troeltsch 1912/1994, S. 371). Diese Abwendung vom irdischen Recht ist den Neuengland-Siedlern ganz gewiss nicht zu attestieren (vgl. Tiryakian 1993, S. 49): Schon im «Mayflower-Compact» legten die Pilgerväter fest, dass sie nicht nur den eigenen Glaubensgrundsätzen folgen, sondern auch die aus England mitgebrachte Rechtspraxis wahren und anwenden wollten.

Die Rechtspflege mit «Magistraten», Laien- und Schiedsgerichtsbarkeiten war für Tocqueville eine ebenso wichtige Quelle selbstbewusster Lokalautonomie wie die Gemeindefrömmigkeit (de Tocqueville 1976, S. 46 f. und 88). Diese Judikatur sah sich aber nicht als Begründung einer neuen Rechtsordnung, sondern nur als konsequente Fortentwicklung des englischen «common law»; allenfalls im Strafrecht entwickelte sie früh ihre Eigenheiten. Der Puritanismus war – wie Tocqueville (1976, S. 40) zutreffend anmerkte – nicht nur eine theologische, sondern auch eine eminent politische Doktrin: «pur» sollten nach seiner Sicht vor allem die englischen Gemeinden, aber auch die rechtlichen und politischen Institutionen sein, indem sie von jeglichen Relikten des Katholizismus zu reinigen waren. Die englische Politik erlebte in dieser Hinsicht ihre Rückschläge in der Restauration; die anglikanische Hochkirche konnte gewiss nicht als vollständig «gereinigt» gelten, wenn man ihre Hierarchien und ihre Liturgie bedenkt.

Insofern konnten in dieser Sicht die kolonialen Siedlungen als das «purere» England gelten. Das enthält wieder den exemplarischen Anspruch, der durchaus an Sektierertum gemahnt; doch legt man Troeltschs Definition zugrunde, dann muss die Abkehr von Staat, Recht und institutionellen Traditionen weitgehend verneint werden.

Ähnliches gilt für die Abwendung von der dominanten Wirtschaftsordnung. Viele der nordamerikanischen Gemeinden waren in der einen oder anderen Weise durch calvinistische Prinzipien geprägt. Unter allen Glaubensrichtungen wird dem Calvinismus seit jeher immer wieder die größte Affinität zu den frühen Ausprägungen eines kapitalistischen Erwerbs- und Unternehmensgeistes zugeschrieben. Diese Sichtweise (für die Max Weber berühmt wurde, die aber nie sein Privileg war) hat exzessive Diskussionen ausgelöst – beispielsweise darüber, ob andere Konfessionen ebenso produktiv zur Entfaltung des Frühkapitalismus beitrugen, oder auch über die Wirkungsketten: Stimulierte die religiöse Ethik den Kapitalismus oder passte sie sich ihm nur an? Derartige Debatten (zur Einführung z. B. Eisenstadt 1979, S. 236–252; Wuthnow 1994, S. 625–628) müssen uns hier nicht zentral beschäftigen. Als Ausgangspunkt für unsere Betrachtungen genügt die eigentlich unstrittige, oben angesprochene Beobachtung: Im 17. und 18. Jahrhundert waren die calvinistisch geprägten Gemeinden in Nordamerika sehr wohl in der Lage, eine aktivistische, leistungsorientierte und meritokratisch-individualistische Wirtschaftsethik auszubilden, die gut zu einem expansiven, gelegentlich auch rohen Frühkapitalismus passte.

In dieser Beobachtung steckt etwas Verwunderliches, das Werner Sombart (1913/1988, S. 227) sogar dazu veranlasst hat, die Calvinisten dieser Epoche für verrückt zu erklären. Deren Prädestinationslehre gründete nämlich in dem Glauben, dass Gottes Urteil über das Seelenheil des einzelnen Menschen als ein für diesen unbegreiflicher Gnadenerweis bereits zu Lebenszeiten feststeht. Warum soll sich also ein solcher Mensch um eine bestimmte, ethische Lebensführung bemühen, wenn sie dann doch für die göttliche Gnade irrelevant ist? Die Antwort ist eine doppelte: Einmal gilt es, zum Ruhme eines Gottes, der als furchteinflößend und strafend porträtiert wird (Sombart 1913/1988, S. 225 f.), zu leben – und zwar geordnet und rational (Weber 1969, S. 331), sodass im Diesseits zur letztlich unbegreiflichen Transzendenz ein Gegengewicht geschaffen wird. Die zweite Motivation folgt aus der Idee des Zeichens. Der bangende

Calvinist wollte bereits im hiesigen Leben einen Hinweis dafür erhalten, dass er vor Gott Gnade finden wird: Nicht nur einzelne gute Taten, sondern das Gelingen einer «methodischen», dem irdischen Erfolgsstreben gewidmeten Lebensführung gibt ihm laut Max Weber (1969, S. 332 f.) diese «certitudo salutis». Wichtig dabei ist, dass diese Heilsgewissheit eine *sichtbare* Segnung der individuellen, materiellen Lebensführung darstellen sollte, sich also nicht in einer kontemplativen Besinnung des Einzelnen erschöpfen konnte, sondern auch für die Mitmenschen sinnfällig werden musste.

Hier kommt nun wieder die Gemeindefrömmigkeit ins Spiel, die sich auf den ersten Blick aus dieser Gedankenwelt verflüchtigt hatte. In der calvinistischen Vorstellung findet das Individuum *direkt* vor Gott Gnade – oder scheitert darin. Jedenfalls helfen ihm dabei keine Fürbitten durch Priester und keine Sakramente. In diesem Punkt trifft sich das Bild, das Weber von den Neuenglandgemeinden zeichnete, durchaus mit der allgemeinen Charakterisierung, die Troeltsch anhand der früheren Sekten entwickelte: «Die Kirche verwaltet die Sakramente unabhängig von der Würdigkeit der Priester, die Sekte misstraut den kirchlichen Sakramenten, lässt sie durch Laien vollziehen oder macht sie abhängig von der Würdigkeit des Spendenden oder beseitigt sie ganz; ihr Individualismus drängt nach unmittelbarem Verkehr des Individuums mit Gott und ersetzt daher oft genug die kirchliche Sakramentslehre wieder durch die urchristliche Lehre von Geist und Enthusiasmus.» (Troeltsch 1912/1994, S. 377)

Auch wenn praktisch die Mitglieder vieler nordamerikanischer Gemeinden schon als Kinder in diese hineinsozialisiert wurden, herrschte in ihnen doch zumindest als Fiktion das Organisationsprinzip des *Voluntarismus*: Der Mensch tritt aus eigenem Entschluss einer Gemeinschaft gleichen Glaubens bei, um mit dieser Gottes Ruhm zu mehren und sich dieser würdig zu erweisen. Da in jener Gemeinschaft das Laienprinzip gilt, müssen sich *alle* dem Ziel unterwerfen, ein Leben zu erstreben, in dem Gottes Gnade sichtbar wird – aller Augen sind somit auch auf alle gerichtet.

Diese Anordnung verzichtet insofern auf die entspannenden und entlastenden Elemente, die eine anstaltliche Kirche anzubieten hat. Letztere präsentiert beispielsweise «Spezialisten» religiöser Vortrefflichkeit (Mönche, «Heilige»), die stellvertretend die Bürde des exemplarischen Lebens auf sich nehmen; sie honoriert einzelne gute Taten als Ausgleich für Sünden, sie gewährt Vergebung und Sakramente, und sie stützt emotional in dem liturgischen Erleben eines gemeinsamen Weges zu Gottes Segen (vgl. Taylor 2002, S. 10 u. 23 f.). Ritus, Sakrament und Huldigung an Symbole und religiöse Lebensformen: Durch diese Einrichtungen wird der Druck auf den einzelnen Gläubigen, stets auf dem richtigen Pfad zu wandeln, etwas zurückgenommen, da die Institution dies für ihn «übernimmt» und ihm Korrekturmöglichkeiten bei Verfehlungen anbietet.

Der Blick, den die Gleichgestellten in einer calvinistischen Glaubensgemeinschaft auf den Einzelnen richten, ist hier weit unbarmherziger. Natürlich gibt es auch dort eine kollektive Glaubenspraxis, da jede Konfession ihre gemeinsamen Ausdrucksformen braucht: ihre religiöse «Semantik» und die Inszenierung ihrer Zusammengehörigkeit. Aber die Zugehörigkeit erleichtert nicht die ethische Beweislast, die auf dem Einzelnen liegt. Diese Beweislast hatte Max Weber besonders scharf hervorgehoben: Er interpretierte das Leben in den nordamerikanischen, protestantischen Gemeinden als *Kredit*beziehung. Diese Aussage darf sowohl übertragen als auch wörtlich verstanden werden. Der Einzelne gab durch seine («voluntaristische») Zugehörigkeit der Gemeinde ein implizites Versprechen: dauerhaft ein Leben zu führen, das zum Ruhme Gottes Zeugnis ablegt und das den positiven Stempel der Prädestination trägt. Die Gemeinde gewährt gewissermaßen einen «Kredit», denn sie stützt sich auf die Prognose, dass es beim Mitglied auch dauerhaft so bleibt, da ja nicht die einzelnen Taten zählen, sondern nur das stimmige Gesamthandeln. Diese «Kreditwürdigkeit» muss ihr gegenüber immer wieder bestätigt werden: Bestehen in der Gemeinde bedeutet ständige Bewährung, stets neue Qualifizierung durch einen entsprechenden Lebenswandel. Da die Bewährung aber vor allem in einer erfolgreichen ökonomischen Tätigkeit sinnfällig wurde, waren die Kreditbeziehungen auch wörtlich zu nehmen: Der vorgeschossene Glauben war gut angelegt bei jemandem, der zur allgemeinen Prosperität beitrug. Doch Prognose und Beurteilung setzten Bekanntheit voraus, daher folgte aus diesem Gemeindetyp neben dem voluntaristischen Beitritt (und der korrespondierenden Aufnahme) als weiteres Prinzip das der Überschaubarkeit und Dezentralität (vgl. Weber 1920/1988, S. 211 f.; sowie S. 226 f. für Europa).

Über die Abfolge darf füglich gestritten werden, denn dezentral und kleinräumig war das Gemeindeleben der frühen Siedler aus schlicht geographischen Gründen sowieso; vielleicht hat das eher in umgekehrter Kausalität bestimmte Formen der religiösen Selbstorganisation begünstigt. Weber zeigt auch, dass die nordamerikanischen «Sekten» sehr früh schon zu überregionaler Organisation ihres Vertrauensverbandes fähig waren, indem sie reisenden Glaubensbrüdern Geleitbriefe der Kreditwürdigkeit ausstellten (Weber 1920/1988, S. 232); Geschäftsverkehr über die eigenen Gemeindegrenzen war ohnehin erlaubt und erstrebt.

Doch nicht die Dezentralität steht hier zur Debatte, sondern der disziplinierende Einfluss auf das Individualverhalten. Hier ist Webers Urteil scharf und eindeutig: Keine anstaltliche Kirche, auch nicht das Luthertum, kann ihren Mitgliedern soviel Askese, normative Rigidität und vor allem wirtschaftliches Leistungsstreben abnötigen wie diese «voluntaristischen» Laienorganisationen* es können. Wir können zunächst einmal festhalten, dass die besondere Aufmerksamkeit, die seit Tocqueville der spezielle Protestantismus der Neuenglandgemeinden immer dann fand, wenn es galt, die Herkunft amerikanischer Politiktraditionen zu erklären, gut nachvollziehbare Gründe hat. In dieser Frühphase prägte sich eine eigenartige Kombination aus, die auch späteren Reisenden europäischer Herkunft auffiel: eine strenge, manchmal bigotte Frömmigkeit verbunden mit einem ausgeprägten Sinn für den ökonomischen Erfolg; ein starkes Pochen auf politische Eigenständigkeit, das Reklamieren von Freiheitsrechten gerade gegen zentralisierte, überregionale Machtansprüche; dazu eine sehr stark auf das Individuum zugeschnittene Glaubenspraxis, der eine Neigung zum Moralisieren entspringt.

Nur wenige Siedler hingen utopischen oder archaischen Lebensidealen an – und solche kamen meist vom europäischen Festland. Die englischen und schottischen Abkömmlinge wollten lieber in Institutionen weiterleben, die sie aus dem Mutterland kannten. Dies betraf gerade aus englischer Sicht die Anknüpfung an die Rechtstraditionen wie z. B. das «common law» (Bailyn 1967, S. 194), das sich

---

* Da Weber das Prinzip der voluntaristischen Assoziation über die Religion hinaus als prägend erkannte für die U.-S.-Gesellschaft seiner Gegenwart, sah er dort eine stärkere «Leistungskultur» als im anstaltlich-zentralisierten Europa. Er prognostizierte daraus auch, dass die U.S.-Universitäten die deutschen überflügeln würden (vgl. Mommsen 1974, S. 84 f.).

als so praktikabel erwies, wenn es darum ging, Individualrechte auf Eigentum im Alltag auszugestalten. Das leitet über zu einem anderen ideengeschichtlichen Einfluss, denn vom Schutz der Individualrechte (kristalliert im Eigentumsrecht) her argumentierend entfaltet sich auch das politische Denken John Lockes, das nachweislich großen Einfluss auf den Entstehungsprozess der amerikanischen Verfassung hatte. Lockes Gedanken fielen in den nordamerikanischen Kolonien auf fruchtbaren Boden – nicht allein, weil sie im legitimen Eigentum die Materialisierung der individuellen *Arbeit* behaupteten, sondern weil diese Bestätigung der Persönlichkeit und ihrer Rechte bei Locke zugleich als eine Bestätigung von *Gottes Plan* erschien (Ryan 1984, S. 23, 31 u. 45).

Die Amerikaner schätzten an Locke aber nicht nur, dass sich bei ihm eine Art ‹Prädestinationslehre› fand, die sich im Eigentumserwerb exemplifizierte. Sie schlossen sich auch einigen seiner akzentuierteren Betrachtungen zur Rolle der Religion im politischen Zusammenleben an. Sein berühmter «Brief über Toleranz», einer der theoretischen Versuche, aus den europäischen Glaubenskämpfen den Weg in eine friedliche Koexistenz zu weisen, versprach keineswegs bedingungslose Toleranz für *alle* Glaubensrichtungen; für Atheisten war in Lockes Idealstaat kein Platz, da er sich ohne Rückbezug auf Gott keine Einhaltung von Gesetzen und Verträgen vorstellen konnte, die ein Gemeinwesen zusammenhalten (Locke 1975, S. 94 f.). Aber auch für Katholiken hält Locke eine schlechte Nachricht bereit: Es gehe darum, eine souveräne Staatsordnung aufzubauen, in der sich die Glaubensangehörigen darauf einlassen, wechselseitig Toleranz zu gewähren und diese rechtlich zu schützen. Dies könne nur in einer gemeinsamen Rechtsordnung geschehen und könne eines gewiss nicht ertragen: dass eine Glaubensgemeinschaft aus religiösen Gründen einer externen Staatsautorität und Rechtsordnung gehorche. Locke wählte als Beispiel zwar die «Mohammedaner» (Locke 1975, S. 92–94), doch seine amerikanischen Leser wussten die Botschaft in ihrem Sinne zu entziffern: Gemeint war auch der Vatikan.

Dieser Gedanke half vielen der Gründer der U.S.A., mit ihrem eigenen «Staatskirchentum» ins Reine zu kommen. Eine der dominierenden Konfessionen vor der Unabhängigkeit war nämlich die anglikanische: Diese Kirche stellte sogar die Mehrheit unter den Unterzeichnern der *Declaration of Independence* (Wood 1997,

S. 180). Die anglikanische Kirche war auch in einigen Kolonien (z.B. in Virginia um 1750) als «offizielle» Religion rechtlich vorgeschrieben. Allerdings handelte es sich um eine eher «milde» Form des Staatskirchentums (so wörtlich: Bailyn 1967, S. 248), das abweichende protestantische Glaubensgemeinschaften auf Antrag lizensierte und auch gegenüber Katholiken und Juden einigermaßen duldsam blieb.

Diese Voraussetzungen und Lockes Argumente erlaubten es den amerikanischen «Gründungsvätern» gewissermaßen zwischen «guten» und «schlechten» Staatskirchen zu differenzieren. Duldsamkeit, so der Kerngedanke, kann nur erwarten, wer auch Duldsamkeit gewährt. Der anglikanische Glaube wurde dem kulturellen Hauptstrang des religiösen Individualismus zugerechnet, in dem die Bewährung des Einzelnen vor Gott, nicht die Unterwerfung unter eine Institution im Zentrum steht. Zudem gehörte er zu der politisch-rechtlichen Tradition, die von den Nordamerikanern nicht verworfen, sondern nach ihren Freiheitsidealen weiterentwickelt werden sollte. Dagegen wurde der Katholizismus häufig als Manifestation einer *fremden* Vermischung aus Religion und Politik gebrandmarkt und als eine undurchschaubare, transnationale Hierarchie betrachtet, die der Entfaltung des Individuums im selbst geschaffenen Institutionengefüge Riegel vorschiebt.

Die geistesgeschichtliche Forschung hat seit Tocquevilles Tagen immer wieder bestätigt, dass diese Abwehr einer *bestimmten* Okkupation der Politik durch Kirchenmacht keineswegs bedeutete, dass die Nordamerikaner Religion schlechthin aus dem öffentlichen Leben heraushalten wollten. Die Freiheit des Individuums, die es gegen amtskirchliche und monarchische Machtanmaßung zu behaupten galt, war in den Augen vieler Protestanten des 18. Jahrhunderts vor allem die Freiheit, *das Richtige zu tun*. Das bedeutete zunächst natürlich in erster Linie, als Individuum den Idealen eines gottgerechten Lebens nachzustreben und so Gnade und Auszeichnung zu erfahren. Es bedeutete aber auch, dies in einem *politisch* geordneten Kontext anzustreben, in dem Gleichgesinnte die angemessene Ordnung für ein solch gottgerechtes Leben sahen. Verfassungstradition begann auf dem Boden der U.S.A. nämlich nicht erst mit der Bundesverfassung von 1787. Schon vorher hatten lokale Gemeinschaften sich durch innere Verträge («compacts») konstituiert, hatten sich Kolonien als «Commonwealthes» (so Massachusetts, Virginia, Pennsylvania) etabliert;* in beiden Fällen war der Bezug auf die göttliche Ordnung sehr ausdrücklich, denn «commonwealth» hatte im Denken des 18. Jahrhunderts vor allem eine Zielrichtung: das zu erreichen, was als ohnehin richtig, durch überzeitliches und überirdisches Gesetz vorgegeben war.

Das darin enthaltene Streben nach Vervollkommnung enthält – wie wir bereits sahen – etwas Missionarisches. Auch wenn es zunächst einmal um das Seelenheil jedes Einzelnen geht, so steht dem doch nicht entgegen, dass in der Suche nach diesem Heil ein kollektives Schicksal gesehen werden kann, denn schließlich äußert sich die Glaubensstärke ja auch in dramatischen Kollektiventscheidungen: Auswanderung, Ansiedlung in der Wildnis, Aufbau von Gemeinden mit selbstgewählter Gesetzlichkeit. In der Konsequenz dieser Erfahrung deuteten viele der frühen Amerikaner das gemeinsame Schicksal als eine *Auserwähltheit* durch Gott: als das Berufensein nicht nur zu exemplarischem Individualleben, sondern auch als Errichtung einer Kollektivordnung im Sinne des göttlichen Auftrags. Das spätere Staatsmotto «E pluribus unum» (Einheit aus der Vielfalt) darf nicht so missverstanden werden, dass es einem Pluralismus im Sinne der Beliebigkeit oder unter Einschluss atheistischer Postionen das Wort redete. Die «Pluralität», die die politischen Eliten des 18. Jahrhunderts erstrebten, war sicherlich ein Spektrum mit solidem christlichem Hintergrund. Viele Gedanken waren noch fundamentalistischer ausgerichtet: In der Wunschwelt manch eines Amerikaners sollte eine wirklich «Neue Welt» entstehen, in der das politische Leben so geordnet und inspiriert war, dass es von Gottes Größe und der Auserwähltheit des Volkes Zeugnis ablegte. Dabei sollten die eingeschlagenen Wege der verschiedenen, dezentralen Gemeinschaften in ihrer Eigenart geschützt bleiben («pluribus»), sofern die christliche Grundentscheidung («unum») gewahrt wurde.

Dass vielerorts im Amerika des 18. Jahrhunderts so gedacht wurde, bedeutet aber noch nicht, dass die Verfassung und die politische Ordnung, die der Unabhängigkeit entsprangen, exakt diesem Geist entsprachen. Oder anders ausgedrückt: die Tradition, ein «commonwealth» mit einem ausdrücklichen Appell an religiöse Legitimationsgrundlagen zu errichten, mag *eine* politische Tendenz in

---

* Die drei genannten Staaten sowie Kentucky bezeichnen sich auch heute noch als «Commonwealthes».

der Entstehungsgeschichte der U.S.A. gewesen sein. Sie hatte Einfluss und sie wird auch heute von interessierter Seite gern wieder hervorgehoben. Aber es gilt auch, abweichende Tendenzen im Blick zu behalten.

2.2. Ein Bund – mit wem?

Steven Spielbergs *Indiana Jones*-Trilogie begann mit einem Film, der in den deutschen Kinos unter dem Titel *Jäger des verlorenen Schatzes* lief. Das war eine irreführende Übersetzung des Originaltitels, doch es ist auch leicht zu erahnen, warum die Marketingstrategen sich zu einer solchen Abwandlung veranlasst sahen. Der deutsche Titel verspricht eine traditionelle Abenteuergeschichte für jung gebliebene Gemüter – etwa in der Tradition Karl Mays oder H. Rider Haggards. Der Film enthält gewiss reichlich von diesem Sujet, doch der amerikanische Titel «Raiders of the Lost Ark» beinhaltet eine *religiöse* Referenz*, die man offenbar für unverdaulich für deutsche Kinobesucher hielt, obwohl darin ein ebenfalls zentrales Thema des Films anklingt. Für das amerikanische Publikum bedurfte es wenig zusätzlicher Erläuterung, um klarzumachen, dass die Abenteurer dieser Geschichte nicht einer beliebigen Truhe mit Goldmünzen nachjagten, sondern der «Ark of the Covenant», jener Bundeslade, die Moses nach dem neuen Bund des Volkes Israel mit Gott auf dem Sinai anfertigen ließ, die dann mit verheerender Wirkung um die Mauern Jerichos getragen wurde und die das verlorengegangene Allerheiligste in Salomos Tempel bildete.

Dieser biblische Bezug ist den Amerikanern leicht einsichtig, weil sie schon in der Sonntagsschule als Kinder viel darüber hören. Außerdem hat es in der politischen Geschichte der U.S.A. viele Beispiele dafür gegeben, dass der Weg der eigenen Nation in biblischen Allegorien gedeutet wurde. Man denke nur an die Spirituals der Schwarzen, in denen der Auszug der Israeliten aus der ägyptischen Sklaverei oder aus der babylonischen Gefangenschaft die eigene Befreiung aus dem Elend symbolisierte und in denen der Übertritt über den Ohio (also in sklavenfreies Gebiet) mit dem Überschreiten des Jordan gleichgesetzt wurde.

---

* Auch die beiden folgenden *Indiana Jones*-Filme hatten religiöse Bezüge im Titel: «Temple of Doom»/«Last Crusade».

Auch die frühen Siedler deuteten ihr eigenes Schicksal alttestamentarisch, manche von ihnen durchaus nicht nur in allegorischem Sinne. Der Puritanerführer John Winthrop wollte mit Boston eine leuchtende «City on the Hill» errichten, ein neues Jerusalem, das als gesegnete Stadt den gefundenen Weg zum Heil besiegeln sollte. Die Wanderung des Volkes Israel durch die Wüste wurde mit dem eigenen Leben in der Wildnis verglichen, womit sich die frühen Siedler auch als «Gottesvolk» aufwerteten (Kreutzberger 1992), das zunächst Prüfungen und Fährnisse zu bestehen hat, um dann in das ihnen zugewiesene, gelobte Land zu gelangen. Die Exodus-Analogie enthält allerdings eine wirklich makabre Parallele: Auch die Stämme Israels erhielten von Gott ja schließlich kein leeres Land zugewiesen, sondern eröffneten ihre Besiedlung zunächst mit einem grausigen Genozid an den Kanaanitern, die keine andere «Schuld» traf, als zur falschen Zeit am falschen Ort zu sein.

Den eigenen Umgang mit den eingeborenen Völkern interpretierten die Siedler allerdings nicht in der Jericho-Allegorie – nicht nur, weil sie sich nicht als Völkermörder sehen wollten. Sie ordneten vielmehr die «Wilden» der Natur zu, die es urbar und untertan zu machen galt; insofern waren sie entweder Schutzbefohlene, oder es galt, sie aus dem kolonisierten Raum zu verdrängen.

Diese Natur aber war in den Augen der Siedler wüst und herrenlos, ganz so wie der Sinai, durch den die Israeliten irrten, um danach erst der göttlichen Gnade gerecht zu werden. Der sichtbare Ausdruck der Gnade schließlich war das *Land*, das nicht als einförmiges Ganzes an das Volk fiel, sondern in spezifischer territorialer Zuweisung an die einzelnen Stämme. Seine Erschließung, das Unterwerfen der rohen Natur, schafft die Identität der dort Siedelnden. Das Land war aber nicht nur so zentral für diesen Gedanken, weil es die Analogie zur biblischen Landnahme begründete, sondern auch weil es eine sehr fundamentale Rechtfertigung des Privateigentums mitlieferte.

Der Gedanke ist recht einfach: Ein Eigentum, das entsteht, indem der tätige Mensch sich ein bislang rohes, herrenloses Land durch Arbeit erschließt, ist ganz anders legitimiert als jenes, das seine Herkunft anderen Menschen verdankt – sei es durch Kauf, feudales Lehen oder monarchische Schenkung, sei es gar durch Raub. Im so aus der frei zugänglichen Natur erschaffenen, ursprünglichen Eigentum vergegenständlicht sich das gottgerechte Streben des Einzelnen: Das

Land ist die durch Gott zugewiesene Materie, in der sich die Einzelnen durch Eigentumserwerb als Freie bestätigen. Da dies aber in einer gefährdeten und feindlichen Umwelt geschieht, bedürfen sie des Zusammenschlusses, um sich auf ein *gemeinsames* Ziel zu verpflichten, das sich dann wiederum im individuellen Erfolg niederschlägt.

Solche Gedanken fanden Eingang in die «covenant»-Tradition, die – wie der Politologe Daniel J. Elazar nicht müde wird zu betonen (vgl. besonders Elazar 1998) – einen starken Strang im amerikanischen politischen Denken des 18. und 19. Jahrhunderts darstellte. Die biblischen Analogien sind nicht nur ein Schmuck für dieses Denken, sondern tragende Säulen. Der «covenant» ist ein Pakt, der drei Kräfte vereint: Gott, das Volk und das Land (Everett 1997, S. 17) – so jedenfalls stellt sich der ursprüngliche Bund auf dem Sinai dem Bibelleser dar: Gott verheißt das Land in Verbindung mit der Unterwerfung unter das göttliche Gesetz, welches das Volk durch wechselseitig bindenden Beschluss annehmen muss (Elazar 2000a, S. 6). Die tiefsten Grundlagen dieses Bundes bleiben im Geheimnis verborgen: Darum zeigt sich Gott Moses (als letzter biblischer Gestalt) nur noch im brennenden Dornbusch, und die «Dokumentation» der Gesetze sowie des Bundes ist den Sterblichen in der unberührbaren Bundeslade entzogen. Der Gotteswille erreicht das Volk nur noch durch Moses vermittelt – die Verfassung ist der Wille, der nicht mehr unmittelbar offenbart, sondern der durch einsichtige Menschen aufgenommen wird und auf den sie sich wechselseitig verpflichten. Sobald mit dem Tod des Führers Moses die Hierarchie des privilegierten Zugangs zu Gott verschwunden war, trat die Verfassung in dieses Vakuum ein (Wildavsky 1984, S. 96). Indem sich die Menschen auf den «covenant» einlassen, versichern sie sich wechselseitig, dass Gott in ihrem Leben durch das eigene, verfassungsgebundene Handeln wirkt, ohne dass er selbst intervenierend sichtbar wird.

Der verborgene, aber wirkende Gott war eine geistige Brücke, über die religiöse Menschen der amerikanischen Gründungszeit gehen konnten, um ihren Theismus mit den akut anstehenden politischen Gestaltungsaufgaben ihrer Gegenwart in Einklang zu bringen. Wenn nämlich kein glaubhafter Prophet mehr als Bote des göttlichen Willens zur Verfügung steht, dann stellt sich selbst einem Volk, das sich durch sein erfolgreiches Besiedlungsprojekt als «auserwähltes» begreift, eine schwer zu beantwortende Frage. Warum soll ein Gott, der als allmächtig begriffen wird, der durch sein vorheriges Wirken einen Heilsplan offenbart hat und der potentiell stets in die Geschichte eingreifen kann, überhaupt noch auf Willensfreiheit bei den Menschen setzen? Warum soll er darüber hinaus dieser Willensfreiheit ein so kompliziertes Konstrukt wie ein «covenant» anheim stellen, in dem das Volk unter Gott über das Land verfassungsförmig verfügt?

Diese an ein Grundproblem des Theismus (vgl. Mackie 1982, S. 160ff.) rührende Frage war in der zuvor beschriebenen calvinistischen Tradition recht stringent beantwortbar. Der Mensch kann nur in *Freiheit*, also auch in der Anfechtung durch Sünde und Verfehlung, *Gnade* vor Gott finden, denn sonst würde Gott ja sein eigenes Wirken richten. Die Gnade zeigt sich gemäß der Prädestinationslehre im gerechten Leben vor den Augen anderer, freier Menschen: Diese müssen sich eine auf dieses Ziel verpflichtete Ordnung geben, um den Rahmen des individuellen Strebens unter Gott zu garantieren. Die Freiheit der zum «covenant» Berechtigten materialisiert sich wiederum im Eigentum, dessen wesentlichste Dimension das Land ist, zu dessen Erschließung der Bund dient. Da der Bund im Namen Gottes geschlossen ist, kann er nicht individuell aufgekündigt oder nachverhandelt werden wie ein privatrechtlicher Vertrag: Eingangs zwar freiwillig eingegangen, verlangt der «covenant» Unterwerfung unter seine tragenden Prinzipien und konstituierenden Gesetze.

Die «covenant»-Gedanken stellen somit ein recht geschlossenes Gebäude dar, auf das man sich nur einlassen kann, wenn man auch die tragenden religiös-sittlichen Grundüberzeugungen teilt. Die freien Willen kommen darin überein, nicht nur einen gemeinsamen *politischen* Weg zu gehen, sondern auch ein gemeinsames, religiös begründetes Verständnis des richtigen Lebens zu praktizieren. Ein Austritt aus dem Bund ist darum nicht nur die Aufkündigung eines Vertrages, sondern letztlich gotteslästerlich.

Weil die Bindung so schwerwiegend ist, kann der Gedanke des «covenants» nur da attraktiv sein, wo die Menschen sich in starker religiöser Homogenität wissen oder zumindest wähnen. Dort allerdings kann ein politischer Zusammenschluss erwartet werden, der eine stärkere Kohärenz und Autorität verspricht als ein säkularer Staatsvertrag, was in krisenhaften Zeiten für den «covenant» spricht.

Das Zusammentreffen *beider* Aspekte erklärt, warum in den Kolonien auf dezentraler Ebene der «covenant»-Gedanke Anwendung in lokalen Statuten und Staatsverfassungen fand (Elazar 1998), wohingegen sein Einfluss auf dem Weg zur Bundesverfassung verblasste. In diesem späteren Stadium bestand zwar reichlich Anlass, weiterhin auf festen Zusammenhalt zu setzen – der revolutionäre Krieg mit der englischen Krone war gewiss Grund genug. Aber die Erwartung religiöser Homogenität war nicht mehr plausibel. Auch dies erklärt, warum der covenant-Gedanke sich mit dem Insistieren auf dem Föderalismus als politischem Gestaltungsprinzip verband. Die Wachsamkeit, die es erfordert, sich unter gemeinsam leitenden religiösen Prinzipien gebunden zu wissen und diese auch den Mitmenschen abzuverlangen, kann nur in überschaubaren, einander verpflichteten Gemeinden erwartet werden. Auch hierfür gibt es ein biblisches Exempel: Bei der Erneuerung des mosaischen Bundes durch Josua (Josua 24) ging es nicht mehr um das gelobte Land im Ganzen, sondern um ein an die Stämme aufgeteiltes Land. Offenbar, so konnten die Siedler aus dem Vorbild herauslesen, war auch hier schon das Ideal der territorialen und sozialen Kohärenz leitend.

Die Union, die ein für damalige Begriffe unermessliches Territorium und viele Glaubensrichtungen umspannte, versprach diese Kohärenz nicht mehr. Doch dies ist nicht der einzige Grund, warum der «covenant»-Gedanke auf dem Weg zur Bundesverfassung seine Dynamik verlor. Der Glaube, dass ein «covenant» mit Gottesbezug eine stärkere Bindung unter den Menschen schaffte als eine rein säkulare Verfassungsbegründung, ist voraussetzungsreich.

Neben der prekären Erwartung, dass die Menschen in der Ausdeutung der religiösen Grundlagen dieses Bundes *mehr* Gemeinsamkeit offenbaren als in seiner politischen Ausgestaltung, enthält dieser Glaube auch einen Platz für einen strafenden Gott. Wir sahen, dass dies prägend für die im Calvinismus wurzelnden Gemeinden war: Hier war eine Quelle der Furcht, die eine Verletzung der für verbindlich erklärten Normen dezentraler Ordnung als besonders verdammungswürdig erscheinen ließ. Eine religiöse Unterwerfung schmiedete so nahezu automatisch politischen Zusammenhalt.

Aber dieses harsche, richtende Gottesbild war bei weitem nicht das einzige, das in den Kolonien des 18. Jahrhunderts anzutreffen war. Im Calvinismus selbst verbreitete sich eine Ausrichtung, die auf den ersten Blick die Erwartung eines strafenden Gottes noch weiter radikalisierte: der Millennialismus. Diese Weltsicht hat eine so verblüffende Überlebensfähigkeit trotz vieler gescheiterter Prognosen bewiesen, dass wir uns auch in gegenwärtigen Analysen erneut mit ihr beschäftigen müssen (Katz/Popkin 1999). Zunächst genügt darum eine Kurzcharakteristik. «Millennialismus» bezeichnet eine Endzeiterwartung, die auf rabulistischen Zahlendeutungen aus der Bibel (hier besonders der Offenbarung des Johannes) fußt und die eine Rückkehr Jesu in naher Zukunft vorhersagt. Je nachdem, ob diese Rückkehr des Heilands vor oder nach einem tausendjährigen Reich und apokalyptischen Kämpfen angesiedelt wird, unterscheidet man zwischen Pre- und Postmillennialisten. Erstgenannte erwarten ein unmittelbar anstehendes Strafgericht über die Welt, in der Jesus die Gläubigen und Gerechten der Erlösung zuführen wird. Sie sehen ihre persönliche Hauptaufgabe darin, sich für diese endzeitliche und jenseitige Gerechtigkeit zu rüsten und können darum wenig Engagement für eine Gestaltung der diesseitigen Ordnung aufbringen: das heisst, sie sind in der Regel politisch quietistisch.

In den Jahren unmittelbar vor der Verfassungsgebung, also in der «revolutionären» Phase der Loslösung vom Mutterland, überwog die eher optimistisch ausgerichtete Variante des Postmillennialismus (Wood 1997, S. 197). Während die Premillennialisten hauptsächlich Zeichen einer endzeitlichen Katastrophe deuten und die Welt in ihrem gegenwärtigen Zustand als durchweg sündig bewerten, neigen Postmillennialisten dazu, auch in der Gegenwart Zeichen eines gnädigen, göttlichen Wirkens zu sehen, denn gemäß ihrer Erwartung steht ja *zunächst* das tausendjährige Reich Gottes auf Erden an, bevor der richtende und rettende Heiland zurückkehrt.

Im 18. Jahrhundert wurde eine solche postmillennialistische Zeitdeutung besonders einflussreich durch den Prediger und Traktatschreiber Jonathan Edwards (1703–1758) vertreten. Er appellierte an Gedankenwelten, die unter puritanischen und calvinistischen Glaubensbrüdern schon vor der Übersiedlung in die Neue Welt großen Anklang gefunden hatten, doch gab er ihnen einen neuen, «heimatlichen» Akzent: Edwards sah im Wirken der Siedler Neuenglands die Bestätigung eines gottgerechten Heilsgeschehens; die politische und religiös-moralische Entwicklung Nordamerikas geriet in seinen Augen zum Vorbild für die ganze Welt, die einem gesegneten Zustand im unmittelbar bevorstehenden Millennium entgegenstrebe (Wahlen 2000, S. 327f.).

In gewissem Maße kam diese Endzeitprojektion dem Glauben an die Nordamerikaner als «auserwähltem Volk» entgegen. Aus diesem Geiste *konnte* also auch das Streben nach einer politischen Ordnung im Sinne des «covenant» unterstützt werden – aber nur dann, wenn der Millennialismus in dem Sinne geglaubt wurde, dass es den Menschen gegeben sei, in das unausweichliche, apokalyptische Geschehen gestaltend einzugreifen. Eine solche Auffassung, die den Amerikanern eine besondere Stellung in Gottes Plan zubilligte, war zwar im 18. Jahrhundert auch prononciert vertreten, insgesamt war das breite Stimmungsspektrum der apokalyptischen Bibelexegeten und Visionäre jedoch viel variantenreicher angelegt.

Die premillennialistische Ausrichtung wurde zwar erst im Laufe des 19. Jahrhunderts zu *der* Besonderheit, die der nordamerikanische Protestantismus zum apokalyptischen Weltbild beitrug (vgl. dagegen die synkretistischen und utopischen Kulte Lateinamerikas: Graziano 1999), aber bereits im Jahrhundert davor zeigen sich Keime dieser pessimistischeren Sicht. Auch wenn das «alte Europa» durchgängig als Rekrutierungsreservoir für die Streitkräfte des Satans im Endkampf gesehen wurde, so las und hörte man doch auch massive Zweifel daran, dass die Amerikaner in ihrer Sündhaftigkeit die auserlesenen Streiter des Heiland sein könnten (Hewitson 2000, S. 417f.). Die Zuschreibung des Bösen wurde ohnehin mit großer taktischer Beweglichkeit gehandhabt – ursprünglich waren die katholischen Franzosen als Soldaten des Antichristen die erste Wahl, der beginnende koloniale Freiheitskampf ließ dann dem englischen König Georg III. diese unrühmliche Rolle angedeihen, und mit ihrem Kriegseintritt an der Seite der Amerikaner erschienen die Franzosen plötzlich in den Augen vieler Millennialisten wieder bei den Armeen des Lichts (Baumgartner 1999, S. 13f.; Hewiston 2000, S. 418). «Zeichen», wie z.B. harmlosere Erdbeben in den Jahren 1727 und 1755, brachten den Pessimisten temporären Zulauf: Es klang nun wieder plausibler, dass die Epoche der Kämpfe und Heimsuchungen («tribulations») unmittelbar bevorstehe (Kelly 1984, S. 127).

Der Millennialismus war in seinen Gegenwartsdiagnosen daher so vielgestaltig wie er in der Rücknahme seiner nicht eintreffenden Untergangsprognosen flexibel war – ein Charakterzug, den er dauerhaft beibehalten sollte. Er konnte den Gedanken eines «covenants» durch das angeblich auserlesene Volk unterstützen, konnte aber auch eine politisch passive Abwartehaltung bewirken. Diese Ambivalenz teilte der Millennialismus mit anderen Phänomenen gesteigerter religiöser Empfindsamkeit, die in dieselbe Epoche fallen. Diese Phase wird gemeinhin als das erste «Great Awakening» bezeichnet; sie erstreckt sich über die Jahrzehnte vor der Jahrhundertmitte des 18. Jahrhunderts und kann in ihren Auswirkungen bis weit in die Gründungszeit der U.S.A. hinein verfolgt werden.

Manche religiöse Phänomene, die erst im frühen 19. Jahrhundert ihre prägende Gestalt annahmen, hatten hier bereits ihre Wurzeln. Dazu zählt die evangelikale Bewegung, die sich als solche erst später selbst identifizierte. Der Millennialismus hatte bereits einen evangelikalen Charakterzug, da seine Anhänger ihre Untergangsprognosen aus einer vermeintlich buchstabengetreuen Auslegung des letzten Buches der Bibel gewannen und darüber hinaus obskure Zahlenkombinationen aus Textverweisen und Buchstabenrangfolgen errechneten, um zu genauen Datierungen zu gelangen. Diese Textgläubigkeit ist nur eine Steigerung des evangelikalen Kernanliegens, die Bibel als unmittelbar geltendes und bindendes Wort Gottes zur Richtschnur in allen individuellen und sozialen Belangen zur Geltung zu bringen. Die erkennbaren ersten Impulse einer solchen Bewegung im 18. Jahrhundert hatten allerdings keine offen politische Stoßrichtung (Noll 2000, S. 148). Häufiger handelte es sich um eine Abkehr von den gestaltenden Ambitionen der Puritaner, um einen Rückzug in das Bibelstudium in individueller Abgeschiedenheit oder in gleichgesinnten Gemeinschaften.

Dies war ohnehin ein starkes Motiv der Zeit. Das «Great Awakening» kannte viele Prediger und Schriftsteller, die den höchstpersönlichen Weg zum Seelenheil in den Vordergrund stellten. Der Zug zum Individuellen erfasste auch die herrschenden Konfessionen der nördlichen Ostküste: eine neue Generation von Pfarrern bestieg die Kanzeln. Sie waren meist einfacherer Herkunft und gegenüber einer weniger doktrinären Volksfrömmigkeit aufgeschlossen; die Betonung der *persönlichen* Religiosität, des unverwechselbaren Empfindens des Einzelnen gewann an Resonanz (Wood 1997, S. 182 f.). Selbst entlegene Gemeinden erhielten Besuch von reisenden Erweckungspredigern, deren emotionalisierenden Ansprachen (Kelly 1984, S. 71) auf die individuelle Entscheidung in der Suche nach Gott drängten.

Der strenge Calvinismus erfuhr aber nicht nur einen inneren

Wandel, sondern erlebte auch Dissidenz von außen, denn die Stimmung des «Great Awakening» fand besonders markanten und lebhaften Ausdruck in neuen Gemeindegründungen aus dem Geist des «Arminianismus». Dieser Strang wurde (häufig durch Fremdzuschreibung) auf Jakobus Arminius zurückgeführt, der in der niederländischen Reformation gegen die Calvinisten opponierte. Der entscheidende Dissenspunkt, der im 18. Jahrhundert mit dieser Lehre identifiziert wurde, war der eigene, aktive Beitrag des Individuums zur göttlichen Gnade. Nicht einseitige Auswahl durch Gott (wie im calvinistischen Dogma) führte nach «arminianistischen» Überzeugungen einzig zu diesem Ziel, sondern der Mensch hatte sich zu einem richtigen Leben gemäß seiner Glaubensgrundsätze zu *entscheiden*; er durfte dafür auch die Annäherung an Gott schon im Diesseits freudig-spirituell erleben. Ein insgesamt freundlicheres Gottesbild zeichnete diese Glaubensrichtungen im Vergleich zu den strikt calvinistischen Konfessionen aus, ferner ein Rückzug in das persönliche religiöse Erleben, gegebenenfalls bestärkt durch kleine bibellesende und betende Laienzirkel.

Es muss noch ein weiteres Mal betont werden, dass dies nicht die einzige Tendenz in dem reichen Spektrum religiöser Manifestationen während des «Great Awakening» war. Der berühmteste reisende Prediger der Zeit, George Whitefield (1714–1770), verharrte doktrinär in den Grundlagen des Calvinismus, präsentierte aber einen inspirierenden Appell zur Umkehr und zur moralischen Erweckung, der auch bei Anglikanern ankam (Williams 2002, S. 143). Der neue Moralismus und die Rhetorik der religiösen Bekehrung wurden so zu einer gemeinsamen Sprache zwischen den vielen verstreuten Gemeinden und Ansiedlungen, es entstanden Keime eines nordamerikanischen Wir-Gefühls und einer Besonderheit trotz religiöser Pluralität.

Dies war ein fruchtbarer Boden für neue Ausdifferenzierungen, die teilweise auch der anhaltenden Einwanderung geschuldet waren. Aus England wurden z.B. die Ideen John Wesleys importiert: Sie galten als die einflussreichste Variante des «Arminianismus» ihrer Zeit und führten im Laufe des 18. Jahrhunderts (vornehmlich durch Abwanderung aus anglikanischen Gemeinden) zur Ausprägung des Methodismus.

Mit aufopferungswilligem Missionseifer verbreiteten die methodistischen Prediger eine Lehre, in deren Zentrum der frei gewählte

Weg des Menschen zur «Perfektion», d.h. zur Errettung durch systematische Schritte zum gottgerechten Leben im Diesseits stand. Dafür mobilisierten die Methodisten einen religiösen Enthusiasmus, der aber ohne mystisch-spiritualistische Grundlagen auskam (Troetsch 1912/1994, S. 918). Die Lehre identifizierte z.B. 12 positive Zeichen der «sainthood», also der sich abzeichnenden Errettung durch Gott, die für den Gläubigen den richtigen Weg markieren (Kelly 1984, S. 78), sie enthielt lebensreformerische Komponenten und eine nicht-hierarchische Ansprache im Stile der Brudergemeinden (Troeltsch 1912/1994, S. 838f.). Aus beiden Komponenten ergab sich, dass Methodistengemeinden sehr interaktiv waren. Überzogen könnte man sie als Vorläufer moderner Selbsthilfegruppen bezeichnen: Sie gewährleisten wechselseitige Stützung im «systematischen» Streben nach göttlicher Gnade.

Mit dieser Ausrichtung und durch aktives Missionieren wurden die aufsprießenden Methodistengemeinden zu einem attraktiven Angebot an der westlichen Front des Besiedlungsprozesses (Noll 2002, S. 53 f.; Kelly 1984, S. 79). Anders als an der Küste, an der nach britischen Vorbildern geordnete Kirchenstrukturen vorgegeben waren, trafen die Siedler, die tiefer in den Kontinent eindrangen, auf ein organisatorisches Vakuum. Sie stießen auf die Notwendigkeit, Ad-hoc-Gemeinschaften zu gründen, die fern von etablierten Hierarchien spirituellen Zusammenhalt und Unterstützung boten. Außerdem war der Einzelne als religiös Suchender mehr auf sich selbst gestellt: Das Laienprinzip wie auch der Gedanke der «Selbstperfektion» trafen also gut das Lebensgefühl der «Frontier»-Existenz. Aus diesem Gemisch entstand auch eine «Kleine-Leute»-Ideologie, die unter den frühen Methodisten viel Anklang fand: Man ordnete sich eher dem Land als der Stadt, eher dem gemeinen Alltagsverstand als der theologischen Gelehrsamkeit und später eher den «Graswurzeln» der Demokratie als ihren nationalen Eliten zu.

Ähnliches lässt sich auch über die andere große Verschiebung in der religiösen Landschaft sagen, die ihren Anfang im 18. Jahrhundert nahm – den Baptismus. Dieser Glaube war als eine Abspaltung aus dem Puritanismus in den Kolonien präsent, seitdem Roger Williams in Rhode Island seine eigene Gemeinde gegründet hatte. Zwar stand damals das Verhältnis zur staatlichen Autorität im Vordergrund des Dissenses, aber für die Identität war das Insistieren auf die

Erwachsenentaufe ebenso wichtig. Die Baptisten gab es im 18. Jahrhundert sowohl in «arminianistischer» als auch in calvinistischer Ausrichtung, doch selbst letztere kamen mit ihrem Dogma, dass nur der entscheidungsfähige Erwachsene mit der Taufe den Zutritt zur Gemeinde erlangen konnte, dem Zeitgeist des «Great Awakenings» nahe, denn damit wurde auch die innere Bekehrung zu Jesus gefordert sowie das Ablegen eines bekennenden Zeugnisses in der Gemeinschaft.

Die Baptisten verbreiteten ihren Glauben durch zahlreiche unabhängige Gemeinden – auch sie hatten Erfolg durch die weitere Erschließung des Landes und durch das Ansprechen vor allem der weniger Begüterten. Der Süden und die mittleren Atlantikkolonien waren ihr bevorzugtes Missionsgebiet. In Pennsylvania und weiter landeinwärts siedelten sich neue Immigranten aus Deutschland an, die das Prinzip der Erwachsenentaufe mit einer radikaleren Wendung in ein abgeschiedenes Sektenleben verbanden: Mennoniten, Hutterer und Amish; pietistische Brudergemeinden und pazifistische Quäker waren weitere Steine in diesem Mosaik.

Diese Aufzählung soll hier nur eines verdeutlichen: Die starken religiösen Strömungen des 18. Jahrhunderts drängten keineswegs einförmig in Richtung einer Staatsgründung auf der Grundlage eines am biblischen Vorbild orientierten «covenants». Gerade die besonders entschieden Religiösen standen diesem Gedanken z.T. eher fern: manche Millennialisten, weil in ihrer Erwartung das nahende apokalyptische Weltgericht solche Bestrebungen ohnehin obsolet machte; viele Sektierer, weil sie sich dem öffentlichen Leben und besonders dem Staat verweigerten; «erweckte» Enthusiasten und «Arminianisten», weil sie das persönliche Erleben des Religiösen in den Mittelpunkt stellten; kleine und neue Konfessionen, weil sie die Unterwerfung unter ein Staatskirchentum befürchteten.

Die Opposition gegen eine Bundesverfassung, die auf der Beschwörung einer gemeinsamen religiösen Grundlage fußte, hatte also starken Rückhalt auch bei religiös Geprägten. Zusätzlich wurde sie gestärkt durch die politische Abstinenz mancher Glaubensrichtungen. Daraus erklärt sich, dass im Verfassungsprozess die Interessenlage zahlreicher Strenggläubiger implizit wahrgenommen wurde durch politische Eliten, die wesentlich säkularer waren als sie selbst.

Einige der wichtigsten «Gründungsväter» – wie z. B. T. Jefferson,

B. Franklin, J. Adams – waren Deisten (Arendt 1974; Lienesch 1988). Sie glaubten nicht an einen Gott, der kontinuierlich in das Weltgeschehen eingreift, sondern an einen Schöpfer, der zwar durch seine Schöpfung fortwirkt, darin aber der vernunftgeleiteten Auffassung der Menschen zugänglich ist. Nirgends wird das deutlicher als in den legendären Eröffnungsworten Jeffersons in der Unabhängigkeitserklärung von 1776. Der zweite Satz proklamiert: «We hold these truths to be self-evident, that all men are created equal, that they are endowed by their Creator with certain unalienable Rights, that among these are Life, Liberty and the pursuit of Happiness. That to secure these rights, Governments are instituted among Men, deriving their just powers from the consent of the governed.»

Auffallend ist dabei die Kombination einer scheinbar objektiven Gewissheit mit dem subjektiven «we hold» im ersten Satz. Die Schöpfung und ihre Ordnung werden letztlich nur dadurch zum unerschütterlichen Ausgangspunkt, dass die vernunftbegabten Menschen, die sich hier ein Manifest geben, die Einsicht in die transzendenten Grundlagen als für sich verbindlich *deklarieren*. Der Deismus des Thomas Jefferson belässt die Religion beim politischen Geschäft in einer Appellfunktion: Religiöse mögen sich eingeladen fühlen, aber sie dürfen nicht damit rechnen, dass die Unterwerfung unter einen wirkenden göttlichen Willen zum Verfassungsprinzip aufsteigen wird. Jeffersons Glaube unterstellt einen «God of Nature» (keinen «God of History»), der in seiner Schöpfung zwar unveräußerliche Rechte verankert hat, diese aber nicht selbst intervenierend schützt und garantiert. Dafür bedarf es aufgeklärter Menschen, die von der Einsicht in das Naturrecht und die Schöpfungsprinzipien geleitet sind und die – wie der zweite Satz feststellt – die sichernden Institutionen durch Konsens allein *untereinander* begründen.

Trotz eines vielfachen deklamatorischen Bezugs auf Gott blieben die amerikanischen Verfassungsväter diesem Geist Jeffersons treu: sie schufen keinen theologisch hergeleiteten «covenant», sondern sie konstituierten eine säkulare politische Ordnung. Deren wichtigster Ausdruck ist natürlich der erste Verfassungszusatz, den wir bereits im ersten Kapitel kennenlernten. Er wird zurückgeführt auf James Madison, der schon in der Verfassungsdiskussion im Staate Virginia als politischer Weggefährte Jeffersons Trennungsbestimmungen zwischen Religion und Politik mitgetragen hatte. Die Bill of Rights, die der Bundeskongress verabschiedete, damit die Einzelstaaten mit ihr auch die Gesamtverfassung 1791 endgültig ratifizierten, etablierte nach Ansicht Jeffersons eine Trennungsmauer («wall of separation») zwischen Staat und Kirche. Dies war eine Einschätzung, die er 1801 als Präsident äußerte, bezeichnenderweise in Unterstützung der Baptisten, die eine Dominanz größerer Glaubensgemeinschaften befürchteten und darum seiner säkularen Position applaudierten (Dreisbach 2000, S. 69 ff.)

Die Formel von der «wall of separation» hat in der amerikanischen Geistes- und Politikgeschichte enormen Widerhall gefunden, doch bezogen auf das, was sein Freund Madison mit dem ersten Verfassungszusatz tatsächlich erreicht hatte, drückte sie doch wohl eher Jeffersons Wunschdenken aus (Corbett/Corbett 1999, S. 155; Hamburger 2002, S. 105–107).

Einerseits war die Verfassungsgarantie wirklich weitreichend: Sie untersagte nicht nur die Errichtung einer Staats*kirche*, sondern verbot eine beschneidende und vorschreibende Gesetzgebung unter Berufung auf *Religion*. Damit eröffnete sie auch die Diskussionen darüber, ob Religion schlechthin oder nur eine spezifische Konfession gemeint war, die nicht staatlich «etabliert» werden sollte. Der weniger kontroverse Teil der Verfassungsbestimmung war ohnehin die «free-exercise-clause», die die individuelle und kollektive Religions*ausübung* vor staatlicher Einschränkung schützte. Madison wollte hier allerdings weitergehen: Er beabsichtigte eine Schutzbestimmung, die auch die individuelle Gewissensfreiheit umfasste. Darin scheiterte er, wie auch in der Absicht, *jegliche* religionsbezogene Gesetzgebung auszuschließen.

Der wichtigste Kompromiss, der in die Verabschiedung des Verfassungszusatzes einging, war jedoch seine Beschränkung auf den Bundesgesetzgeber. Madisons Vorlage hatte noch eine Bindung auch der Bundesstaaten vorgesehen, dies wurde jedoch im Senat abgelehnt (Corbett/Corbett 1999, S. 82 f.). Erst durch den 14. Zusatzartikel zur Verfassung (ratifiziert 1868) und die daran ansetzende, langwierige und wechselhafte Rechtssprechung des Supreme Court (Hamburger 2002, S. 438–440) wurde die Bill of Rights vollends zum bindenden Recht auch für die Staatsgesetzgebung.

Im frühen 19. Jahrhundert dagegen folgten einige Staaten weiterhin einem Weg, der der Praxis eines Staatskirchentums gefährlich nahe kam. Massachussetts zum Beispiel beendete die staatliche Erhebung von Kirchenbeiträgen erst im Jahre 1833; derselbe Staat bewies auch, dass auf lokaler Ebene möglich blieb, was im Rahmen der Bundesverfassung wegen der erreichten religiösen Pluralität undenkbar geworden war. John Adams war hauptverantwortlich dafür, dass sich dieser Staat 1780 eine Verfassung gab, die auf die Variante eines «milden Establishment» setzte (Witte 2000, bes. S. 22 f.). Die Verfassung enthielt zwar in ihrem Artikel III eine Garantie der individuellen Religionsfreiheit, zugleich aber proklamierte sie die Verpflichtung des «Commonwealth» auf gemeinsame religiöse Grundlagen, ohne dass damit eine konkrete Konfession zur Staatskirche gekürt wurde. Ausdruck fand diese «ökumenische» Übertretung des Trennungsgebots beispielsweise in angeordneten religiösen Zeremonien bei öffentlichen Anlässen, in der Vorschrift für «anerkannte» Kirchen, sich öffentlich registrieren zu lassen, und in der Erhebung von Pflichtkollekten («tithings»).

Adams selbst war gewiss kein religiöser Fundamentalist, seine Motive wurzelten wohl eher in politisch-psychologischen Erwägungen: Er glaubte, dass ein regelmäßig beschworener gemeinsamer Religionsbezug die Loyalität zum Staatswesen solider begründe. Gleichwohl war das gemäßigte «ökumenische» Staatskirchentum auf Bundesebene keine mehrheitsfähige Kompromissformel mehr. Dafür fehlte den traditionellen, anstaltlichen Gemeinschaften dort der Rückhalt, den sie in Teilen Neuenglands noch hatten: Ihr relativer Bedeutungsverlust im Verhältnis zu den aufstrebenden Methodisten und Baptisten begann schon vor den Unabhängigkeitskriegen (Wood 1997, S. 187 ff.)

Ein denkbarer, zusätzlicher Kompromissweg, der Platz für einen religiösen «covenant» gelassen hätte, wäre ein loser «hellenischer» Staatenbund gewesen (Elazar 2000 b, S. 250) – eine Konstruktion, die der eingetretenen Pluralität insoweit Rechnung getragen hätte, als sie die interne Ordnung und Politikgrundlagen der Bündnisstaaten ganz denselben überlassen hätte. Religiös geprägte Verfassungsgrundlagen wären also dort möglich geblieben, wo sie eine homogene Unterstützung hatten, und das Bündnis zwischen den Staaten wäre nach innen offen geblieben – so wie der hellenische Staatenbund seinen Mitgliedern auch nicht Monarchie oder Republik vorschrieb.

Die Articles of Confederation, die der Bundesverfassung vorausgingen, kamen einem solchen «neutralen» Zusammenschluß nahe, doch sie waren als eine zu lose Konstruktion für die um Unabhängigkeit kämpfende Nation erfahren worden – die Verfassungsväter verpflichteten sich darum auf das Ziel einer «more perfect union». Wenn aber die inneren Kohärenzgebote auch des Bundes höher angesetzt wurden, dann konnte auch das «ökumenische» Staatskirchentum, das im Nordosten durchaus Fürsprecher hatte, nicht mehr auf die leichte Schulter genommen werden. Allein schon, dass die Idee aus dem elitären Neuengland kam, machte sie für die populistischeren und anti-formalistischeren Glaubensrichtungen, die im Süden bevorzugt wurden, suspekt (Hamburger 2002, S. 104 f.). Die Verbindung zwischen evangelikaler Ausrichtung und anti-zentralistischen Politikpräferenzen hat hier ihre frühesten Wurzeln (Noll 2000, S. 147 u. 152). Eine verstreute und «ökumenische» Verwirklichung der religiösen «covenants» hätte vermutlich nicht die Hoffnungen der entschiedenen Verfechter dieses Prinzips erfüllt, umgekehrt hätte sie aber die Akzeptanzbereitschaft all jener überfordert, die religiöse Festlegungen grundsätzlich nicht in die Hand demokratischer Mehrheiten legen wollten. Mit diesen Bedenken blieb James Madison beispielsweise sich selbst in seiner Politikphilosophie treu, so wie er sie im 10. Beitrag zu den *Federalist Papers* dargelegt hatte: Mehrheiten können zufällig sein, so fürchtete Madison, und gerade wenn sie aus lokaler Homogenität geboren sind, können sie starr- und eigensinnig sein, sie können das Staatswesen auch spalten, wenn es gegen sie keinen Schutz und keine Balance gibt. Diese Skepsis gegenüber einem ungebremsten Mehrheitsprinzip musste Madison veranlassen, nach Gegenständen zu suchen, die diesem Entscheidungsmodus entzogen waren, und Institutionen zu schaffen, die ein Gegengewicht zu Parlamenten und Wahlen darstellten. Hier bot sich zuallererst die Religion an: Da sie das historische Freiheitsstreben der Amerikaner dominierte, musste der Missbrauch der Mehrheitsmacht in Form einer Einschränkung der individuellen Religionsfreiheit als die offensichtlichste Perversion dieses Prinzips erscheinen (Corbett/Corbett 1999, S. 64). Der «Faktionalismus» egozentrischer Mehrheiten könnte vollends unerträglich werden, würde ihm ein so essentielles Recht wie die freie Religionsausübung anheim gestellt: Mit dieser Sicht setzte sich Madison im Kongress durch.

Durch die Bill of Rights wurde Madisons Ziel zwar nicht unmittelbar, aber doch mit zeitlicher Verzögerung erreicht: Das Problem des Verhältnisses von Staat und Kirchen wurde auf die nationale Ebene gehoben; partikulare und regionale Sonderkulturen hörten deswegen nicht auf zu existieren, doch sie mussten sich fortan stärker in eine bundesweit immer homogener werdende Rechts- und Institutionenlandschaft einfügen. Der entscheidende Charakterzug der Nationalisierung der Schnittstelle ist nämlich ihre gleichzeitige Justitialisierung: Die Grenze zwischen Religion und Politik wurde von nun an eine Demarkationslinie, die primär durch Gerichte gezogen und verschoben wurde. Die späten Folgen haben wir im ersten Kapitel an einem aktuellen Beispiel kennengelernt.

Bedeutet dieser Sieg der Trennungsidee nun, dass die entgegengesetzten Ideen, die auf eine Staatsgründung mit dezidiert religiösen (sprich: christlichen) Verfassungsgrundlagen setzten, völlig folgenlos in den Annalen der Geschichte versunken sind? Eine solche Einschätzung wäre wohl etwas zu pauschal und eilfertig. Gegen sie spricht schon, dass außerhalb der Historikerzunft viele Amerikaner auch heute noch an dem Mythos festhalten, ihre Nation sei als eine «christliche» gegründet worden. Diese Auffassung ist paradoxerweise gerade bei fundamentalistischen und evangelikalen Christen populär, also bei Glaubensrichtungen, die in der Gründungszeit die «Establishment-Clause» eher favorisierten. Man kann nicht behaupten, diese Position werde völlig ohne historisches Illustrationsmaterial vorgetragen. Allerdings stammt dieses Material aus einer anderen Rubrik als der «harten» Verfassungsgeschichte.

John Adams' sozialpsychologische Annahme, dass ein Bezug auf religiöse Symbole, Rhetorik und Rituale den politischen Zusammenhalt fördere, war zu seiner Zeit keine isolierte Position. Im Gegenteil: Die Alltagskultur und das öffentliche Leben der Gründungsepoche waren überflutet mit religiösen Bekundungen (vgl. als kurze Übersicht: Butler/Wacker/Balmer 2003, S. 173–176) – manche von ihnen behielten langfristig Bedeutung. Die Eröffnung des Kongresses mit einem Gebet wurde bereits erwähnt, ebenso das religiöse Motto auf dem Dollar. Letzteres geht zurück auf das Große Siegel der Vereinigten Staaten. Dieses zeigt eine unvollständige Pyramide mit 13 Ebenen, repräsentativ für die 13 ursprünglichen Bundesstaaten. Darüber wacht ein Auge als Symbol Gottes, und der Schriftzug «Annuit coeptis» verkündet, dass der geschlossene Bund der Staaten im Sinne einer göttlichen Vorsehung zustande gekommen ist. Eine deutlichere Anspielung auf den «covenant»-Gedanken lässt sich nur schwer vorstellen.

Dieser Gedanke behielt eine gewisse Vitalität auch nach der Unabhängigkeit und Verfassungsgebung, da er im dezentralen Maßstab Anwendung fand. Bei der Expansion in den «wilden» Westen hinein wurden zahlreiche Neuansiedlungen durch eine religiöse Gemeinschaft in diesem Geiste begründet; manche Sekten hielten in geographischer Abgeschiedenheit die Fiktion aufrecht, als politisch autarke Körperschaften einen völligen Neubeginn nach göttlichem Gesetz und auf jungfräulichem Boden zu wagen.

Dieses Ideal des Neubeginns fand auch Eingang in das zweite Motto auf der Dollar-Geldnote: «Novus Ordo Seclorum» – Anbruch eines neuen Zeitalters und zugleich einer neuen Ordnung. In der Erwartung eines Zeitenumbruchs unter dem Signum göttlicher Gerechtigkeit verknüpfte dieses Motto den Anfang der neuen Nation eindeutig mit den Visionen gläubiger Leser der Johannes-Offenbarung:[*] wir sind, so signalisierte es diesen, die von Jesus Auserwählten, die den Weg in ein neues Zeitalter beschreiten können, auch wenn jenseits unserer Grenzen die Welt in Dunkelheit und Verdammnis versinkt.

Die Tatsache, dass solche Vorstellungen nicht die Verfassung formten, besagt also nicht, dass sie ohne kulturellen Einfluss blieben. Wie die Beispiele zeigten, sorgten selbst politische Institutionen dafür, dass es sich anders verhielt. John Adams' mildes und ökumenisches «establishment» in Massachussetts scheiterte zwar staatsrechtlich (Verfassungszusätze von 1821 und 1833 bedeuteten sein Ende), doch reflektierte es einen ideologischen Trend, der über seine Zeit hinausreichte. Dieser Trend lässt sich zusammenfassen in dem bemerkenswert starken Bedürfnis der Amerikaner einer ständigen

---

[*] Eine populäre Travestie dieser Kombination aus Apokalypse und Gründungsmythos ist Stephen Kings Roman «The Stand», auch durch einen erfolgreichen Fernseh-Mehrteiler bekannt geworden. Nach einem Beinahe-Weltuntergang sammeln sich die überlebenden US-Amerikaner zur Entscheidungsschlacht gegen die Truppen Satans. Dabei schließen sie einen «covenant» für eine lokale Gemeindedemokratie und finden ganz nebenbei zu inniger Gläubigkeit zurück. Der extensive Gebrauch verkitschter und überspannter Bibelbezüge ist wahrscheinlich nur für Amerikaner einerseits oder für religiös total Empfindungslose andererseits ertragbar.

Neuinszenierung ihres Bundes, wobei die öffentliche Beschwörung meistens offen oder verdeckt religiöse Anklänge enthält. So wie amerikanische Familienangehörige nahezu zwanghaft selbst bei trivialsten Telefonaten sich immer wieder wechselseitig ihre Liebe versichern, bekunden auch die amerikanischen Bürger in einer Häufigkeit öffentlich ihre Loyalität und ihre emotionale Zugehörigkeit zur gemeinsamen Nation und Verfassung, die Europäer eher an die Inszenierungslust von Diktaturen erinnert. Das ständige Neu-Begründen des Gemeinsamen, ablesbar an der Allgegenwart der Flagge auf Hausveranden und Jackenaufschlägen, am obligatorischen Abspielen der Nationalhymne bei Sportveranstaltungen, am Aufsagen der *Pledge of Allegiance* durch Schulkinder und an der Überformung alltäglichster Gegenstände mit den Nationalfarben rot-weiss-blau könnte einen argen Verdacht wecken: Eine Demokratie, so könnte man argwöhnen, die immer wieder verlangt, dass ihre Bürger sich öffentlich zu ihr bekennen, kann sich ihrer selbst wohl nicht so gewiss sein. Das allerdings wäre dann ein typisch europäischer Verdacht.

Die amerikanische Kultur zeigt einen größeren Hang zum öffentlichen Bekennertum: Sie ist im wörtlichen Sinne «protestantisch», da über das Zeugnis-Ablegen, das eine so große Relevanz im religiösen Leben hat, dieser Stil auch die Politik geprägt hat. Die Praxis einer stetigen Erneuerung der einmal geschaffenen Gemeinschaft durch öffentliches Bekenntnis ist nämlich dem religiösen Ritus immanent – etwa im Abendmahl. Die öffentliche Komponente wird in Konfessionen virulenter, in denen sie *nicht* durch intimere Formen der Sakramente flankiert wird (im Gegensatz etwa zu der katholischen Praxis von Beichte und Absolution). Die «covenant»-Tradition hat diese protestantische Laienausrichtung auf die analoge, politische Gemeinde übertragen: Auch hier dient das Kollektiv als Forum für das öffentliche Bekennen der Einzelnen und es wird durch dieses immer wieder erneuert.

Kulturellen Ausdruck fand dieser Einfluss beispielsweise in der quasi-religiösen Verklärung nationaler Symbole und Identifikationsgestalten. Schon zu Lebzeiten George Washingtons wurde dieser bildlich und anekdotisch in die Nähe eines Heiligen gerückt (vgl. Butler/Wacker/Balmer 2003, Fig. 2a), die Unabhängigkeitserklärung und die Verfassung werden in den National Archives mit der Aura eines kultischen Schreins ausgestellt. Für solche Gewohnheiten hat sich der problematische Begriff «civic religion» eingebürgert, der allerdings viele weitere Phänomene anspricht und gefährlich zwischen Beschreibung und Bewertung schillert. In jedem Fall kann aber die Überformung der Politik mit Ritualen öffentlichen Bekennertums als eine Hinterlassenschaft eines Traditionsstrangs gesehen werden, der eine innigere Verbindung von Staat und Religion wünschte, dabei konstitutionell scheiterte, aber eine tiefe kulturelle Spur zog. Zu dieser Spur zählt auch die andere Säule des «covenant»-Denkens: der Glaube an die *Auserwähltheit* des amerikanischen Volkes.

Die Projektionen des millennialistischen Weltgerichtsszenarios, die Gleichsetzung der eigenen Nation mit einem neuen Zeitalter, die exemplarische Lebensauffassung der Puritaner, die diabolisierende Verdammung des «alten Europa» und des Katholizismus – all diese Äußerungen enthielten die Annahme, dass – wenn überhaupt – nur ein Volk für den «covenant» in Frage kam, nämlich jenes, das in «God's Own Country» siedelte. Die Siege im Unabhängigkeitskampf, das erfolgreiche Heraushalten aus den napoleonischen Kriegen, die Erfahrung eines schier unerschöpflichen, zu erschließenden Raumes im Westen (besonders nach dem *Louisiana Purchase* von 1803) bestätigten dieses Hochgefühl der Auserwähltheit und verankerten es auch in einer säkulareren Weltsicht. Vor allem aber verknüpften sie dieses Gefühl mit einer anderen Erfahrung: dass diese Einzigartigkeit besonders beflügelnd zu erleben war, wenn die Nation mit sich selbst alleine blieb, sich ganz aus ihren eigenen Potentialen entfaltete und sich gegen Einmischung von außen verteidigte.

Diese Kombination aus Erwähltheit und Selbstbezug hat die amerikanische Kultur bis heute so dauerhaft geprägt, weil sie sich mit der zuvor erwähnten Routine – dem öffentlichen Bekenntnisdrang – verband. Amerikaner begehen öffentliche Anlässe besonders gern, indem sie proklamieren, dass sie die größte Nation der Weltgeschichte, die beste Demokratie auf der Erde, schlicht die von Gott Gesegneten sind. Das ist keine Abwertung anderer, denn andere kommen in diesem Denken nicht vor. Wenn man sich selbst als einzigartig und auserwählt begreift, findet man auch keinen anderen Maßstab als den eigenen Sonderweg – und gemessen an diesem erscheint man dann im vollendeten Zirkel wieder als Unikat.

Ausländische Besucher erleben auch heute noch irritiert diese

Tendenz zur Selbstzentriertheit, ja Selbstverliebtheit. Sie scheint auf, wenn nationale Meisterschaften in diversen Sportarten als «World Series» oder «World Championship» ausgegeben werden; sie befremdet besonders durch den ausgiebigen Gebrauch von Superlativen, wann immer amerikanische Medien und Politiker über ihre Landsleute sprechen: Die Soldaten sind die tapfersten der Welt, die Menschen arbeiten hier am härtesten, selbst das schockierende Justizsystem wird schon mal als das weltbeste bezeichnet. Macht man Amerikaner im Gespräch darauf aufmerksam, dass diese öffentliche Rhetorik außerhalb als kränkend oder herabsetzend empfunden werden könnte, trifft man in der Regel auf ungläubiges Erstaunen. *So* war es nämlich nicht gemeint. Es soll nicht verkündet werden, dass diese Nation sich *besser* dünkt als – sagen wir – die Norweger oder die Argentinier. Es soll aber sehr wohl zum Ausdruck kommen, dass sie sich für einzigartig und unvergleichlich hält. Das gelingt freilich nur eingeschränkt, denn Superlative enthalten nun einmal einen Vergleich. Hier mag das individualistische Glaubensprinzip, das Streben nach Erlösung durch Perfektion, nachwirken: Wir sahen zuvor, dass bereits Tocqueville darin eine Brücke zu privategoistischem, wirtschaftlichem Leistungsdrang erblickte. Silbermedaillengewinner werden in den U.S.A. nicht wie *wirkliche* Gewinner behandelt; Sportarten, die mit einem Unentschieden enden können, finden wenig Anklang. Die Idolisierung der Konkurrenz, das Streben jedes Einzelnen, vor den anderen ins Ziel zu kommen, steht in keinem Widerspruch zu dem kollektiven Hochgefühl als Nation, ermöglicht diese als Garant der Freiheit doch erst das individualistische Wetteifern. Beides kann damit unter dem Glauben, eine von Gott besonders gnädig bedachte Nation zu sein, parallel fortbestehen.

Die «covenant»-Tradition konnte daher in diesem Kollektivbewusstsein fortwirken, vielleicht sogar, *weil* ihr der politisch-konstitutionelle Erfolg versagt blieb. Dadurch blieb es den Menschen, die an eine Nation auf christlicher Grundlage glaubten, nämlich erspart, diese Verfassungskonstruktion in ärgerliche politische Konflikte um seine Ausdeutung zerfleddert zu sehen. In der unverfänglichen Distanz zur Alltagspolitik, in Symbolen und Ritualen sowie im Gefühl der Besonderheit konnte die religiöse Verbrämung eine diffuse, dafür aber langlebige Wirkung behalten. Diffus blieb sie, weil sie oberhalb der religiösen Vielgestalt angesiedelt bleiben musste, die in den U.S.A. schon zur Gründungszeit erreicht war und danach gewiss nicht geringer geworden ist. Wie eine allgemeine Religiosität fortdauern kann, wenn eine Gesellschaft ihrem Verfassungsprinzip folgt, das individuelle Freiheit und Selbstverwirklichung gerade im Religiösen postuliert, soll uns nachfolgend beschäftigen. Dafür wird ein Blick auf das erreichte Stadium der Vielfalt instruktiv sein.

3. Der neue Pluralismus

3.1. Vom protestantischen «Mainstream» zum «Mainline»-Protestantismus

Wer versucht, einen Zeitpunkt zu benennen, zu dem die amerikanische religiöse Landschaft ihre definitive Gestalt annahm, wird scheitern. Wir sahen bereits, dass das 18. Jahrhundert, das zur Ausformung der grundlegenden politischen Institutionen führte, parallel einen stetigen Wandel in den religiösen Gruppierungen und Stimmungen erlebte. Ohne große Übertreibung kann behauptet werden, dass mit der Verfassung ein politisches Gerüst entstand, das sich als stabiler und dauerhafter erwies als die religiöse Landschaft, in der es hervorgebracht wurde. Denn auch die nachfolgenden beiden Jahrhunderte waren durch stetige Wandlungen und Umbrüche gekennzeichnet. Diese werden hier weitaus kursorischer abgehandelt – nicht etwa, weil sie weniger interessant oder wichtig sind, sondern nur, weil der Zweck einer gegenwartsbezogenen Darstellung dies gebietet. An dieser Stelle müssen darum wenige Stichworte genügen; einzelne historische Aspekte werden dann noch bei der Charakterisierung bestimmter Glaubensgemeinschaften eingeflochten.

Die zunehmende Bedeutung der methodistischen und baptistischen Gemeinden, die sich vor der Unabhängigkeit abzuzeichnen begann, setzte sich im 19. Jahrhundert konsequent fort; erstere konnten sich im Jahr 1844 zu Recht als die stärkste Konfession auf dem Territorium der Vereinigten Staaten ansehen (Kelly 1984, S. 76 f.). Die Zahl der methodistischen Gemeinden und Kirchen wuchs von 30 im Jahre 1780 auf 19 883 im Jahre 1861, parallel stieg die Zahl der baptistischen Gemeinden von 460 auf über 12 000 an (Noll 2002, S. 53 u. 57). Dieser Zuwachs hatte seinen stärksten Antrieb aus der Verlagerung der Bevölkerung gen Westen: Gerade in neubesiedelten Gebieten sprossen allenthalben die kleinen und selbstorganisierten Gemeinden der Methodisten und Baptisten aus dem Boden; ihre Laienfrömmigkeit, ihre emotionale und nicht-elitäre Botschaft trafen offensichtlich das Gemüt der «Pioniere» in besonderem Maße.

Auch eine andere Bevölkerungsgruppe war dafür besonders empfänglich, obwohl sie in das oben bezifferte Gemeindewachstum nicht eingerechnet war: die Schwarzen, die in ihrer Mehrheit als Sklaven in den Südstaaten lebten. Entgegen der strengen Segregation, die von anglikanischen und presbyterianischen Sklavenhaltern praktiziert wurde, missionierten evangelikale Prediger aktiv unter den Schwarzen und vertraten überwiegend ein Christentum, in dem die Sklaverei als Sünde galt. Diese Botschaft gewann Glaubwürdigkeit dadurch, dass Baptismus und Methodismus die Konfessionen vor allem jener Weißen im Süden waren, die nicht wohlhabend genug waren, selbst Sklaven zu halten. Dennoch änderte sich auch unter diesen «kleinen Leuten» etwa um 1830 die Einstellung: Sklaverei wurde nicht mehr verdammt. In baptistischen und methodistischen Gemeinden nahmen Schwarze zwar weiterhin am gemeinsamen Gottesdienst teil, saßen aber separat – z. B. auf der Empore – und wurden mit spezifischen Predigten bezüglich ihrer Gehorsamstugenden bedacht (Butler/Wacker/Balmer 2003, S. 240 f.). Trotz dieses Gesinnungswandels blieben diese Gemeinden den Schwarzen jedoch näher als die voll segregierten «Herrenkirchen», und die entsprechende Glaubensausrichtung hatte in den dreißiger Jahren bereits tiefe Wurzeln geschlagen. So kam es, dass die beginnende Segregation der Kirchen im Süden vor dem Bürgerkrieg entlang dieser Glaubensrichtungen (methodistisch/baptistisch) ansetzte, auch wenn einstweilen die schwarzen Gemeinden in der Regel noch eine förmliche Bindung an eine weiße «Muttergemeinde» nachweisen mussten (Baer/Singer 2002, S. 13 f.).

Die Folgen der Segregation waren aber auch so für die Baptisten und Methodisten nicht mehr aufzuhalten: Da die nördlichen Gemeinden an der gegen die Sklaverei gerichteten Lehre festhielten, kam es in den Jahren 1844 und 1845 in beiden Konfessionen zum Bruch; die nationalen Dachorganisationen zerfielen in «südliche» und «nördliche» Ausrichtungen. Von diesen hat insbesondere die Southern Baptist Convention, heute die zweitgrößte Konfession in den U.S.A., Religionsgeschichte geschrieben, da sie im Grunde das Bild baptistischer Glaubenspraxis schlechthin prägte und gleichzeitig wesentlich zur Eigenart südstaatlicher Lebensstile und Alltagskulturen beitrug.

Nicht nur der Konflikt um die Sklavenökonomie trieb die fortschreitende Pluralisierung voran, sondern auch – und vor allem – die andauernde Immigration. Juden gehörten zwar bereits zu den allerersten europäischen Besiedlern Nordamerikas, doch erst im 19. Jahrhundert erreichte die Zuwanderung Ausmaße, die ein reges Gemeindeleben ermöglichten. Die frühen, isolierten Juden waren überwiegend Sephardim, die ihren Weg aus dem iberischen Kulturkreis meist über die Niederlande in die «Neue Welt» gefunden hatten. Die Einwanderer des frühen 19. Jahrhunderts hingegen waren durchweg deutsche und zentraleuropäische Juden aus der aschkenasischen Tradition (Feingold 2002, S. 72 f.). Der sephardische Ritus blieb dennoch für einige Zeit dominant, denn die meisten Gemeinden waren bis zur Jahrhundertmitte zu klein, um eigene Rabbiner zu unterhalten; stattdessen wurden sephardische Rabbiner in London und Amsterdam als Autorität konsultiert. Schon sehr früh war das jüdische Leben von einer inneren Pluralität gekennzeichnet, gleichzeitig gebot die Erfahrung der Verfolgung in Europa den inneren Zusammenhalt. Die wachsende jüdische Bevölkerung siedelte daher räumlich konzentrierter als die Vorfahren der kolonialen Zeit, die in sehr vereinzelten Kleinstgemeinden lebten. Die Zahl der größeren Gemeinden stieg von 6 im Jahre 1825 auf 77 im Jahre 1860 (mit ca. 150 000 Juden insgesamt in den U.S.A.); besonders durch die deutschsprachigen Juden kam es zu einer Konzentration auf die Bundesstaaten New York und Pennsylvania (Feingold 2002, S. 69).

Der Gedanke einer Diskriminierung von Juden lag der protestantischen Mehrheitsgesellschaft des 19. Jahrhunderts keineswegs fern, doch die Hauptenergie der Ausgrenzung richtete sich eher gegen den Katholizismus. Aufgrund ihrer Loyalität zu feindlichen ausländischen Mächten im 18. Jahrhundert (Frankreich, «Papismus») wurden die Katholiken für protestantische Nationalisten im 19. Jahrhundert vollends zur Projektionsfläche alles «Fremden» und «Unamerikanischen». Es gab auf nationaler Ebene keine signifikante antisemitische Partei in dieser Epoche, wohl aber gab es die «KnowNothing»-Partei, die im Jahre 1854 über eine Million Mitglieder und mehr als einhundert Kongressrepräsentanten hatte sowie insgesamt acht Gouverneure stellte. Sie vertrat eine hasserfüllte Ideologie gegen jede vermeintliche «Fremdherrschaft»; ihr zentrales Feindbild bildeten die Katholiken, denen sie sogar die politischen Aktivrechte aberkennen wollte. Der Erfolg der «KnowNothings» war kurzlebig, doch sie agierten während einer über Jahrzehnte dauernden Feindseligkeit gegen Katholiken (Dolan 2002, S. 56–58), die bis zu schweren Krawallen eskalierte.

Im Unterschied zu der jüdischen stellte die katholische Zuwanderung tatsächlich eine quantitative Herausforderung für die Zusammensetzung der Gesellschaft dar. Sie verzeichnete einen Zuwachs von 300% zwischen 1830 und 1860, als die katholische Population die Drei-Millionen-Marke überschritt und im nachfolgenden Jahrzehnt den Katholizismus zur stärksten Konfession machte. Aber nicht die Zahl allein, sondern vor allem die Herkunft der Katholiken nährte das Ressentiment: zunächst Iren und Deutsche, dann Ost- und Südeuropäer aus meist ärmsten Verhältnissen – Menschen, die als unangepasst an den tradierten angelsächsischen Lebensstil galten.

Dieser Lebensstil fand seine wichtigste Bastion in den drei großen Glaubensrichtungen, die ihren Ursprung auf dem britischen Archipel hatten – Anglikaner, Presbyterianer und Congregationalisten. Jene Konfessionen galten als Kern dessen, was zu Beginn des 19. Jahrhundert in den U.S.A. als «Protestantismus» bezeichnet wurde. Doch dieser Kern war bereits zu jenem Zeitpunkt nicht mehr sehr solide. Auch das Spektrum des Protestantismus war Veränderungen unterworfen – die wachsenden baptistischen und methodistischen Gemeinden rekrutierten sich zum Teil aus den älteren Konfessionen, außerdem führte die Immigration zu Verschiebungen – etwa in Gestalt deutscher und skandinavischer Lutheraner. So blieb auch die innere Verfassung der «Kernkonfessionen» von Veränderungen nicht verschont. Dies – gepaart mit dem relativen Bedeutungsverlust in der Bevölkerung – mag einen Teil der nervösen Reaktion gegenüber den religiösen «Parvenüs» erklären, ohne sie zu rechtfertigen.

Die Anglikaner bestanden fort, allerdings unter einem neuen Namen, der zugleich einen tiefen institutionellen Schnitt anzeigte: Im Jahre 1787 ermöglichte ein Beschluss des Parlamentes in London den «auswärtigen» Kirchen die Ordination auch ohne einen Loyalitätseid auf die englische Krone. Die nordamerikanischen Bischöfe konstituierten eine eigene, nämlich die *episkopale* Kirche, die dem anglikanischen Verband zugehörig blieb, aber politisch auf die U.S.-Verfassung verpflichtet war. Die Episkopalen behielten allerdings die inneren Differenzierungen des anglikanischen Glaubens bei: Es gab weiterhin eine «High Church»- und eine «Low Church»-Ausrichtung, also eine Tradition, die einen nahezu katholischen Ritus und die Weihen durch das Priesteramt verfocht, und eine Richtung, die auf Laienfrömmigkeit, Schlichtheit und Gemeindeautonomie setzte. Gerade in letztgenannter Ausrichtung konkurrierten die Episkopalen mit durchaus radikaleren Bewegungen, die auch den anderen Traditionskirchen Mitglieder abspenstig machten. Es handelte sich dabei um die Neugründungen aus dem «Restorationist»-Impuls, der während des frühen 19. Jahrhunderts aufkam, in einer Epoche also, die allgemein als das zweite «Great Awakening» eingestuft wird. In dieser Zeit entstanden diverse Kirchen, die besonderes Gewicht auf die buchstabengetreue Befolgung des Evangeliums legten, deswegen beispielsweise auch auf der Erwachsenentaufe bestanden. Sie beanspruchten, das ursprüngliche, frühe Christentum vom historischen Ballast der Kirchengeschichte wieder zu befreien und zu authentischem, reinem Glaubensleben in freien Gemeinden zurückzukehren. Zahlreiche dieser Strömungen leben bis heute fort und stellen als «Churches of Christ» in verschiedenen Namensvarianten einen bedeutenden Strang im amerikanischen Protestantismus dar.

Während man solche Dissidenten mit einiger Vorsicht als «evangelikal», manchmal auch als «fundamentalistisch» bezeichnen darf, erfuhr der Congregationalismus auch eine Abwanderung in die entgegengesetzte, «liberalere» Richtung – teilweise in direkter Reaktion auf die neu belebte Glaubensstrenge des zweiten «Great Awakening». Auch diese Abspaltung besteht heute noch fort in Gestalt der «unitarischen» und «transzendalistischen» Gemeinden: Sie zentrieren ihren Glauben um den Grundsatz der menschlichen Einsichtsfähigkeit in göttliche Prinzipien: Nicht ein wirkender, personenhafter Gott, sondern eine tiefere Wirklichkeit hinter den schieren Erscheinungen war der Mittelpunkt dieses ganz auf das Subjekt abstellenden religiösen Strebens. Dazu gesellten sich «liberale» Ansichten, wie die Ablehnung einer Heiligkeit Jesu, und die Offenheit gegenüber jeglicher Religiosität als einer persönlichen *Erfahrung*.

Der Unitarismus blieb auf eine schmale, intellektuell ausgerichtete Schicht beschränkt und drang anfangs kaum über Neuengland hinaus. Doch war er ein weiterer Beitrag zur allmählichen Schwächung der ehemaligen Dominanzkirchen. «Schwächung» ist allerdings ein recht pauschaler Ausdruck. Er ist noch gut zu vertreten mit Blick auf den relativen Anteil dieser Kirchen an der Gesamtbevölkerung. In anderen Sphären, in denen «harte» Zahlen nicht so leicht weiterhelfen, wird die Sache schon etwas schwieriger. Beispielsweise war die Dominanz des beschriebenen protestantischen

Kerns über die Kultur der U.S.A. während des gesamten 19. Jahrhunderts (und auch noch darüber hinaus) unangefochten. Die Universitäten verloren zwar häufig ihren Charakter als «Konfessionsschulen», und die theologischen Fakultäten wurden akademisch durch die aufkeimenden Erfahrungswissenschaften eher an den Rand gedrängt, aber dennoch behielten bedeutende Zentren des geistigen Lebens lange ihre Nähe zu einem konfessionellen Milieu – so das presbyterianische Princeton und das congregationalistische Yale. Wirtschafts- und Politikeliten waren in ähnlichem Maße wie die Universitäten von einer Vorherrschaft der «alten» protestantischen Kirchen gekennzeichnet, die berühmtesten Schriftsteller des 19. Jahrhunderts (z.B. Hawthorne, Melville, Emerson) entstammten fast allesamt dieser Gesellschaft im Nordosten. Die geographische Herkunft der U.S.-Präsidenten desselben Jahrhunderts streute in ihrer Verteilung etwas breiter, doch die konfessionelle Auswahl fiel ähnlich einseitig aus. Episkopale, Congregationalisten und Presbyterianer als Amtsinhaber wurden ergänzt durch Angehörige einiger kleinerer protestantischer Gruppierungen. Bis heute aber haben die U.S.A. noch keinen lutheranischen Präsidenten gehabt. Die Wahl eines Katholiken war in den ersten anderthalb Jahrhunderten unvorstellbar; noch im Jahr 1928 bewirkte die vergebliche Präsidentschaftskandidatur des katholischen Al Smith für die Demokraten hässliche Konfrontationen und Aufruhr.

Die genannten protestantischen Glaubensrichtungen konnten sich also zwar nicht mehr im quantitativen Sinne als der «Mainstream» der amerikanischen Gesellschaft sehen, doch sie konnten diesen Status im qualitativen Sinne noch bis in das frühe 20. Jahrhundert hinein für sich beanspruchen. Sie konnten für sich reklamieren, dass sie mehr als andere Religionsgemeinschaften den politischen Institutionen der «Hochkultur» und dem gesellschaftlichen Leben schlechthin ihren Stempel aufgedrückt hatten. Sie konnten sich als die Stützen des Staates, die wahren Patrioten und die Träger des «amerikanischen Geistes» sehen, den sie mit ihrem eigenen Lebensgefühl verbanden. Dieses Lebensgefühl war geprägt durch eine tiefe Religiosität, die aber nicht in Fanatismus umschlug; durch eine stark auf die individuelle Verantwortlichkeit ausgerichtete Ethik, die sich sinnfällig mit wirtschaftlichem Erwerbs- und Leistungsstreben verband; durch Ideale der Mäßigung, die exzessive Genüsse verpönte, aber auch die freundlich-distanzierten Umgangsformen prägte.

Mäßigung ist ein anderes Wort für Balance – und in diesem Sinne durfte dieser Menschenschlag sich als eine Verkörperung der politischen Gestaltungsprinzipien auffassen, unter denen er lebte. Einem politischen System, in dem der Macht durch strikte Gewaltenteilung und Föderalismus Balance und Mäßigung auferlegt wurde, entsprach aus dieser Sicht ein Menschentyp, der seine Gläubigkeit mit einem weltoffenen, vernunftgeleiteten Pragmatismus verband, der seiner individualistischen Ethik Grenzen setzte durch Bejahung der politischen Institutionen und durch Ideale des gemeinschaftsbezogenen, philanthropischen Handelns, der an den Fortschritt von Wissenschaft, Technik und sozialem Zusammenleben glaubte, aber gleichwohl in traditionellen, normativen Bezügen (wie Familie, Gemeinde, Nation) sich orientierte.

Gewiss: das waren und sind Idealisierungen. Aber als Idealisierungen formten sie das Selbstbewusstsein und das Prestige der «White Anglo-Saxon Protestants» (WASPs) als der tragenden Schicht der amerikanischen Politik, Kultur und Wirtschaft. Rund um die Wende zum 20. Jahrhundert zeigten sich aber bereits deutliche Risse in diesem selbstzufriedenen Bild. Manches davon kann man erahnen durch die Lektüre berühmter Romane und Erzählungen aus dieser Ära. In Henry Adams' *Democracy* wird eine Washingtoner politische Klasse protestantischer Provenienz portraitiert, die ihr Machtstreben nicht mehr «balanciert» praktiziert, sondern zynisch maximiert. In Edith Whartons Werken erscheint das gesellschaftliche Leben der alten Ostküsteneliten zwar noch in vollem Glanz, doch hinter der konventionellen Fassade finden die Menschen nicht zu dem persönlichen Glück, das der «american way» ihnen scheinbar stets verheißen hat. Bei F. Scott Fitzgerald schließlich zerfällt die Fähigkeit der Institutionen, diese Lebensform glaubwürdig über die Generationen zu tradieren: Die Leser erleben Söhne und Töchter, die orientierungslos und melancholisch die Bindung zu den Werten ihrer Vorfahren verlieren, während der Reichtum der Familien in Eleganz und Laszivität vergeudet wird. Einen deutlichen Kontrast zu Fitzgeralds kränkelnden Charakteren bieten zeitgleich die starken (meist: Frauen-)Gestalten der Willa Cather, die sich im agrarischen «Heartland» des Mittleren Westens als einfache, Sympathie erheischende Menschen im Lebenskampf bewähren (z.B. *My Antonia*, *Oh, Pioneers!*). Sie gehören zu einer Welt, in der die Popularkultur des 20. Jahrhunderts fortan weit eher das «wahre Amerika» ansiedelte als in der urbanen, elitären Gesellschaft der «WASPs»: zu der kleinstädtischen und ländlichen Welt tapferer, moralisch gefestigter Menschen mit Pioniergeist, Familiensinn und Entsagungsfähigkeit, in der die Leistungsbereitschaft des Einzelnen noch mehr zählt als seine vornehme Herkunft.

Natürlich war die provinzielle Welt des Mittleren Westens auch geplagt von Kleingeist und Bigotterie – Sinclair Lewis' Romane beispielsweise streichen diesen Charakterzug überscharf heraus. Es geht an dieser Stelle aber nicht um eine Realanalyse dieser Lebensform, sondern darum, dass sie in vielen Köpfen zum Sinnbild amerikanischer Vitalität und Rechtschaffenheit geriet. Im Gegensatz dazu verlor die Welt der Ostküsten-Eliten immer mehr von dem Anspruch, beispiel- und maßstabsetzend für die Nation im Ganzen zu sein. Damit ging einher, dass jene Schichten und Kirchen, die Politik und Kultur über drei Jahrhunderte dominiert hatten, im 20. Jahrhundert ihren Lebensstil nicht mehr unwidersprochen als den maßgeblichen hinstellen konnten.

Nach den quantitativen sind mithin in der Gegenwart auch die qualitativen Gründe geschwunden, von einem protestantischen «mainstream» zu sprechen. Stattdessen hat sich der Begriff «mainline» eingebürgert, allerdings nicht immer mit einer zielgerichteten Anwendung auf protestantische Kirchen allein. Manche Autoren sprechen von «mainline religion» und subsumieren darunter alle Glaubensrichtungen, die von einem moderaten und toleranten Standpunkt in der «Mitte» der Gesellschaft aus als etabliert, akzeptiert und konsensfähig angesehen werden. Die Wahl dieser Mitte fällt freilich eher willkürlich aus, meist liegen ihr lediglich die subjektiven Koordinaten von gebildeten, relativ liberalen und weltlichen Hochschulprofessoren zugrunde. Da dies aber auch der Selbstverortung von Lesern akademischer Bücher entspricht, regt sich wenig Widerspruch. Noch geringer wird der Widerspruch, wenn die Zugehörigkeit zur «mainline» sehr großzügig definiert wird: Sie umfasst dann alle Glaubensrichtungen, die sich aktiv und positiv auf die amerikanische Kultur und die politischen Institutionen beziehen und die in keinem Spannungsverhältnis zu ihrer gesellschaftlichen Umwelt stehen (so z. B. Roof/McKinney 1987, S. 74 f.).

Diese Begriffsfassung ist derart breit, dass sie fast irrelevant wird. Sie schließt letztlich nur noch stark abgekapseltes Sektierertum und nicht-«judeo-christliche» Religionen sowie manchen neuen «Spiritualismus» aus, der nicht auf die Teilhabe am öffentlichen Leben orientiert, sondern zur weltabgewandten Versenkung ins Ich oder in Kulte verleitet. Die großen «Familien» der «mainline»-Religiosität bilden gemäß dieser Sicht hingegen die liberalen, moderaten und konservativen Protestanten, die Katholiken, die schwarzen Christen, die Juden und weitere Gemeinschaften (z. B. Mormonen[*]).

Dieses breite Panorama (Roof/McKinney 1987, S. 85–99) hat zumindest in einer Hinsicht dennoch eine abgrenzende Aussagekraft: Es deckt jenes Glaubensspektrum ab, das auch in den nationalen politischen Institutionen repräsentiert ist. Ein Blick in die entsprechenden Auszählungen bezüglich der Kongressrepräsentanten und Senatoren illustriert dies (vgl. Nutting/Stern 2001, S. 1128; pauschaler, aber über eine längere Zeitspanne: Ornstein/Mann/Malbin 2002, S. 49–52).

Wir folgen diesem breiten Verständnis von «mainline» nicht, sondern benutzen den Begriff für eine Abgrenzung *innerhalb* des Protestantismus. Auch dann bleiben noch genügend terminologische Probleme. Zu einer einigermaßen trennscharfen Bestimmung dessen, was gemeint ist, gelangt man nämlich meist nur auf negativem Wege. Danach geht es hier um jene protestantischen Kirchen und Konfessionen, die (zumindest überwiegend) nicht-evangelikal und nicht-fundamentalistisch ausgerichtet sind. Anhänger dieser Glaubensrichtungen suchen eine Versöhnung des naturwissenschaftlichen Weltbilds mit ihrem Glauben, lehnen eine buchstabengetreue Lesart des Evangeliums ab und machen die Bibel nicht zur ausschließlichen Richtschnur in allen Lebensbelangen. Sie betonen vor allem die ethische und soziale Verantwortung, die aus der christlichen Lehre erwächst, und sind offen für das ökumenische Gespräch mit anderen Konfessionen.

Schon diese grobe Charakterisierung bereitet Schwierigkeiten, denn die aufgezählten Eigenschaften, die sich um weitere vermehren ließen, kennzeichnen die Mitglieder z. B. der presbyterianischen und episkopalen Kirchen in durchaus unterschiedlichen Abstufun-

---

[*] Die Bezeichnung «Mormonen» ist eine Außenbezeichnung, die von den Angehörigen der Church of Jesus Christ of Latter-Day Saints abgelehnt wird. Wenn diese knappe und eingeführte Bezeichnung hier trotzdem gebraucht wird, soll das keinen mangelnden Respekt vor diesem Glauben signalisieren.

gen. Die Kriterien taugen zum Aussortieren allenfalls dann, wenn sie eine Grenze ziehen gegenüber jenen Glaubensgemeinschaften, in denen eine deutliche Mehrheit entgegengesetzten Prinzipien (also evangelikalen und fundamentalistischen) folgt. Mit diesem Vorgehen gelangt man dann zu einem weitgehend akzeptierten Katalog, der die im nachfolgenden Abschnitt behandelten Richtungen ausklammert und diese stattdessen als «mainline»-Protestanten rubriziert:

Zunächst sechs große Kirchen, die im nationalen Maßstab präsent sind und die überwiegende Mehrheit dieser Glaubensrichtung repräsentieren (Wuthnow/Evans 2002, S. 4 u. 6): die United Methodist Church, die Evangelical Lutheran Church in America, die Presbyterian Church, die Episcopal Church, die American Baptist Churches in the USA und die United Church of Christ; insgesamt ca. 22 Millionen Mitglieder sind durch diese Kirchen zusammengefasst; dazu kommt eine Vielzahl kleinerer Gemeinschaften, z.T. Abspaltungen aus den genannten Glaubensrichtungen, z.T. eigenständige Traditionen wie die Quäker, die (niederländisch) Reformierten oder die Disciples of Christ, eine «restorative» Gründung aus dem zweiten Great Awakening mit immerhin ca. 831 000 Mitgliedern (U.S. Census Bureau 2001, S. 55 – dort weitere Daten* zum religiösen Spektrum).

Würden wir an dieser Stelle in die labyrinthische Vielfalt der kleinen und kleinsten Glaubensgemeinschaften einsteigen, so würden wir einerseits der Leserin/dem Leser einen Bärendienst erweisen – das Resultat wäre auch nach vielen Seiten vermutlich nur Verwirrung (als voluminöses Nachschlagewerk siehe: Melton 1999). Um wichtige Trendaussagen zu illustrieren, genügen andererseits auch die wenigen erwähnten Kirchen.

Sie decken einerseits ein breiteres Spektrum ab als das zuvor mit dem protestantischen «Establishment» identifizierte. Dieses Milieu, mit Wurzeln in Konfessionen britischen Ursprungs und mit starker Repräsentanz unter den Ostküsten-Eliten, gilt als der Kern des «liberalen» Protestantismus. Zum «mainline» gehören aber auch Kirchen, die gemeinhin dem «moderaten» Strang zugeordnet werden –

* Zur Auffrischung der Statistik die Web-Site des Census-Bureaus: www.census.gov/statab/www. Zugang zu weiteren, quantifizierenden Informationen ermöglicht die Web-Site des National Council of the Churches of Christ: www.ncccusa.org.

die Nordstaaten-Baptisten, die Methodisten und die Lutheraner (so bei Roof/McKinney 1987). Diese Kirchen haben eine Tendenz, sich gelegentlich auch konservativen und evangelikalen Positionen anzunähern, was ihre Zuordnung bisweilen schillernd erscheinen lässt. Am deutlichsten wird dies im lutherischen Glauben: Neben der größeren und liberalen Evangelical Lutheran Church (und etlichen kleinen Zusammenschlüssen) bestehen auch noch die sehr konservativen Lutheraner der Missouri-Synode mit ca. 2,6 Millionen Mitgliedern fort; viele Autoren zählen diese Variante schon nicht mehr zur «moderaten» Glaubensausrichtung. Die Probleme hören hier nicht auf: Die Aussage über eine zum «mainline»-Protestantismus zählende Kirche ordnet diese nur in ihrer *überwiegenden* Tendenz ein; dabei muss man akzeptieren, dass unterhalb dieser Generalisierung andere Beobachtungen möglich sind; einzelne Gemeinden und Personen können durchaus fundamentalistischen Orientierungen folgen.

Aus diesem Grund legen Soziologen, die sich mit religiösen Einstellungen und ihren Konsequenzen beschäftigen, wenig Wert auf das formale Zugehörigkeitskriterium. Ihnen sagt die Selbsteinordnung von Individuen als «evangelikaler» oder «liberaler» Protestant mehr; notfalls versuchen sie, diese Selbsteinordnung zu objektivieren, indem sie anhand der Einstellung zu bestimmten Glaubensfragen eine graduelle Position in diesem Spektrum markieren. Deswegen ist es aber auch für Soziologen und erst recht für Politologen nicht hinreichend, zu wissen, wo Individuen in der religiösen Landschaft stehen: Auch die Verortung des *organisierten* Glaubens bleibt weiterhin interessant. Sie liefert die Bezugsgrößen, z. B. wenn es zu Konflikten zwischen Einzelnen und ihrer religiösen Gemeinschaft kommt, wenn Divergenzen zwischen Kircheneliten und «einfachen» Mitgliedern auftreten und wenn – durch diese Eliten – die Kirchen im politischen Geschäft als Organisationen auftreten. Außerdem bleibt die Verortung relevant, insofern die Kirchen weiterhin der Hort doktrinärer Konstanten sind: So glauben Lutheraner immer noch stärker an den realen Gehalt der Sakramente («... dies *ist* mein Leib ...») und an die anstaltliche Funktion der Kirche als calvinistische Protestanten.

Die letzten Zeilen warben dafür, ein wenig Generalisierung zu akzeptieren. Nur mit Kennzeichnungen, deren Pauschalität bewusst bleiben sollte, können auf knappem Raum Aussagen über die gesellschaftliche und politische Stellung des «mainline»-Protestantismus gelingen (zumal diese Kategorie ja selbst schon auf Pauschalisierung gründet!). Die Aussagen, die dabei zustande kommen, malen kein allzu rosiges Bild.

Betrachten wir dafür zunächst die drei größten unter den zuvor aufgelisteten, nationalen Kirchen: die United Methodist Church, im Jahre 2001 mit gemeldeten 8 377 622 Mitgliedern, die Evangelical Lutheran Church in America mit 5 149 668 Mitgliedern und die Presbyterian Church mit 3 561 184 Mitgliedern; diese belegen damit die Plätze 3, 6 und 7 in der Rangfolge der großen organisierten Glaubensgemeinschaften der U.S.A. (Lindner 2001, S. 11). Diesem Bild der Stärke läßt sich jedoch sogleich ein Indikator der Schwäche beifügen. Alle drei Kirchen weisen nämlich in den Jahren 1996 bis 1999 alljährlich einen Mitgliederschwund auf; dieser liegt zwar jeweils immer unter einem Prozent, aber dennoch sind die Verluste der «mainline»-Protestanten ein vielbeachtetes Phänomen, weil sie in auffallendem Gegensatz zur Entwicklung der anderen großen Glaubensgemeinschaften stehen: die Katholiken, Southern Baptists und Mormonen verzeichneten beispielsweise im selben Zeitraum nennenswerte Zuwächse (Lindner 2001, S. 12).

Diese Trends mögen vielfältige Ursachen haben, einige davon werden nachfolgend angesprochen. Neben subtileren Diagnosen findet aber auch die naheliegendste in der amerikanischen Öffentlichkeit reichlich Zustimmung: Die protestantischen «mainline»-Kirchen haben ein Attraktivitätsproblem. Die Wurzeln dieses Problems reichen bis in Zeiten zurück, in denen sie noch als die bestimmende Kraft in Kultur und Gesellschaft erschienen. Die Zeit vor dem Ersten Weltkrieg war die Phase, in der sich in diesen Kirchen die Hochzeit eines gläubigen Aktivismus manifestierte, den man mit dem Begriff «social gospel» belegte. Die Bewegung gründete in der sehr amerikanischen Überzeugung, dass auch soziale Missstände behebbar seien, wenn die davon betroffenen Menschen in einem Prozess der moralischen und spirituellen Selbsterziehung Unterstützung fänden. Insbesondere Erscheinungen sozialer Zerrüttung in den schnell wachsenden Großstädten – Kriminalität, Trunksucht, Vagabundentum, uneheliche Kinder, Arbeitslosigkeit, Epidemien – motivierten das Engagement. Im Gegensatz zur gesellschaftsstrukturellen Ursachendiagnose europäischer Sozialisten sah die «social gospel»-Ideologie die Wurzel des Übels vor allem in der ethisch-religiösen Desorientierung, die auf den Einzelnen einwirkte und die demgemäß auch beim Einzelnen zu kurieren war. Freilich engagierten sich die Anhänger des «social gospel» auch, wenn kritikwürdige Strukturen zur Debatte standen – etwa in Gestalt korrupter Kommunalpolitik oder übermächtiger Konzerne, bevorzugte Anliegen der «Reform-Ära» vor dem Weltkrieg (Butler/Wacker/Balmer 2003, S. 343 f.). Typischer für den «social gospel» war jedoch sein kurzzeitig größter Erfolg: der 18. Verfassungszusatz des Jahres 1919, der für die gesamte Nation Herstellung, Verkauf und Transport von Alkohol untersagte (Noll 2002, S. 88 f.).

Die Prohibition war stark von protestantischen Organisationen inspiriert – neben der Temperanz-Union agitierten auch Frauen-Verbände in diese Richtung: Alkoholmissbrauch galt vor allem als Gefährdung der Familie und auf diesem Wege als Quelle vielfältiger, sozialer Missstände: von Kindesverwahrlosung bis zu Verschuldung und Armut. Die Prohibitionspropaganda erschöpfte sich daher nicht in politischem Lobbyismus, sondern war flankiert von mildtätigen Projekten und Missionsarbeit unter den «Gefährdeten», insbesondere durch Frauen.

Die Hoffnung auf die Besserungsfähigkeit jedes Menschen durch Glauben und der individuumzentrierte Ansatz zur Lösung gesellschaftlicher Probleme waren nicht die einzigen Formen, in denen sich der «mainline»-Protestantismus in der Prohibitionspolitik ausdrückte. Sie kann mit einigem Recht auch als der Versuch gedeutet werden, der gesamten U.S.-Gesellschaft noch einmal per Dekret die «richtige» Lebensform der angelsächsischen Protestanten vorzuschreiben, denn als besonders alkoholgefährdet galten die Minderheitskulturen von nicht-protestantischen Neuimmigranten, so der Iren, Slawen und Italiener. Da zudem die meisten Brauereien von Deutschstämmigen betrieben wurden, erfuhr das Anliegen zusätzlichen Aufwind durch den vehementen Deutschenhass am Ende des Ersten Weltkriegs. Doch die amerikanische Gesellschaft erwies sich bereits als zu pluralistisch und widerspenstig, um sich noch einmal einen «allein seligmachenden» Lebensstil vorschreiben zu lassen. Bereits im Jahre 1933 wurde die (vielfach erfolglose) Prohibition durch den 21. Verfassungszusatz wieder zurückgenommen.

Das zweite Beispiel aus dieser Ära, das für einen gescheiterten, protestantischen Idealismus steht, ist die Völkerbundsidee des Woodrow Wilson, also jenes Präsidenten, in dessen Amtszeit auch die

Prohibition fiel. Wilson, gläubiger Presbyterianer, vormaliger Präsident der Princeton-University und einer der Stammväter der amerikanischen Politologie, hatte auch das U.S.-Engagement im Ersten Weltkrieg stark mit religiös motivierten Prinzipien aufgeladen. Der Kriegseintritt an der Seite der Entente wurde von Wilson als ein Schritt hin zu einer gerechten Weltordnung interpretiert, zu dem er die U.S.A. aus einem normativ-demokratischen Missionsgedanken heraus berufen sah. Wilson wollte, dass das Gemetzel des Weltkrieges nicht sinnlos gewesen sein sollte: Er hoffte auf einen neuen «covenant» im Weltmaßstab, in dem die Völker durch die Selbstverpflichtung auf die amerikanischen Werte von Demokratie und Freiheit zum Frieden fänden.

Für Wilson war die Auserwähltheit der U.S.A. mit einem nach außen gerichteten Auftrag verbunden; wir sahen aber, dass schon im frühen 19. Jahrhundert auch der Gedanke der Selbstgenügsamkeit und Isolation sich mit dem Gefühl der Erwähltheit verbinden konnte. Wilsons schwerste politische Niederlage, die Ablehnung der Völkerbund-Verträge durch den Kongress, zeugte von einer solchen isolationistischen Stimmung unter Politikern, die zumeist nicht weniger glaubensstreng waren als er.

Der amerikanische «mainline»-Protestantismus hatte zu diesem Zeitpunkt bereits die Fähigkeit verloren, kohärente Richtungsvorgaben für eine mehrheitsfähige Politik auszugeben. Wilsons südstaatlich geprägter Protestantismus drückte sich auch in seiner Befürwortung rassistischer Segregation aus; eine Position, die seinem republikanischen Gegenkandidaten die Stimmen der schwarzen Wähler sicherte. Bereits 1932 siegte Franklin D. Roosevelt für die Demokraten mit einer Wählerkoalition, die sich nicht zuletzt auf schwarze Stimmen, aber auch auf ethisch religiöse Gruppen stützte, die zuvor durch die Prohibitionspolitik entfremdet worden waren (wie die irisch-, italienisch- und polnischstämmigen Katholiken: Reichley 2002, S. 227 u. 207).

Die Prohibitionspolitik hatte anfangs noch liberalere und fundamentalistische Protestanten geeint; in den zwanziger Jahren trennten sich jedoch die Wege über die Debatten um Darwins Evolutionslehre. In der Stadt Dayton im Staate Tennessee stand im Jahre 1925 der Lehrer John Scopes vor Gericht, weil er die Evolutionslehre in der örtlichen Schule unterrichtete; Woodrow Wilsons ehemaliger Außenminister, der berühmte populistische Politiker William Jennings Bryan, vertrat in diesem Verfahren die evangelikale Gegenposition dazu. Sie enthielt nicht nur die überkommene biblische Schöpfungslehre, sondern auch die Warnung, dass der darwinistische Auslesegedanke das christliche Liebesgebot gegenüber den Schwächeren untergrabe.

Die führenden Medien dieser Zeit und die Darstellungen in der Nachfolgezeit porträtierten den enorm publizitätswirksamen «Scopes-Trial» als ein Fiasko für die traditionalistischen Christen und als einen wichtigen Schritt im Siegeszug liberaler, weltoffener, wissenschaftlich fundierter Weltanschauungen. Die filmische Verarbeitung (*Inherit the Wind*) zeigte im Jahre 1960, wie der liberale Anwalt Clarence Darrow (dargestellt von Spencer Tracy) über Bryan (Frederic March) triumphiert, der als rückwärtsgerichteter Ignorant der Lächerlichkeit preisgegeben wurde.

Das war zwar keine akkurate Geschichtsschreibung, aber es war eine wirksame Perzeption in der Öffentlichkeit, der sich akademisch gebildete und sich aufgeschlossen gebende «mainline»-Christen nicht verschließen konnten und wollten. Es entstand ein Meinungstrend, der zu einer Entfremdung führte zwischen der kirchlichen Lehre, die, von den theologischen Seminaren kommend, sukzessive die Kanzeln erreichte, und den urbanen, einflussreichen, gebildeten Schichten einerseits und der eher traditionalistischen Frömmigkeit in zahlreichen Gemeinden andererseits. Die nationalen «mainline»-Kirchen durchlebten fast während des gesamten 20. Jahrhunderts eine stetig schwelende «Repräsentationskrise»: Viele Angehörige der «Basis» erkannten sich im Kurs der nationalen Kirchenoberen kaum noch wieder und vermochten die offizielle Theologie nicht zu verinnerlichen.

Die wachsende Distanz drückte sich in einer großen Zahl von Abspaltungen konservativer Gemeinschaften aus, sie erschwerte auch die Ökumene mit bereits bestehenden Kirchen, die dem evangelikalen Gedankengut anhingen (z.B. den Südstaaten-Baptisten) oder einer gefühlsbetonteren Volksfrömmigkeit fröhnten. Ein weiteres Band, das Zusammenhalt mit anderen protestantischen Glaubensvarianten schaffen konnte, verlor gleichfalls an Kraft: das optimistisch-missionarische Menschenbild, das den «social gospel» und sein Engagement für soziale Reform durch individuelle Besserung trug.

Die Erfahrungen der Ära konnten kaum einen Enthusiasmus

über die Mitmenschen befördern: Auf den Ersten Weltkrieg folgten in den U.S.A. rassistische Ausschreitungen in den Südstaaten; Europa erlebte die Revolution der Jahre 1917 bis 1919, danach das Aufkommen faschistischer Bewegungen; schließlich erfasste beide Seiten des Atlantiks die schwere Wirtschaftskrise ab Ende der zwanziger Jahre. Besonders die letztgenannte Erfahrung bestärkte eine pessimistischere Sichtweise: Nicht jeder Mensch trägt danach uneingeschränkt das Potential zum richtigen Leben in sich, das nur der Erweckung durch religiöse und moralische Ansprache harrt. Das individuelle Leben kann scheitern, weil «die Verhältnisse» es so fügen – aus dieser Diagnose kann ein gesellschaftsstruktureller (z. B. sozialistischer) Ansatz folgen. Es kann aber auch an der «conditio humana», am «krummen Holze» liegen, aus dem die Menschen geschnitzt sind.

Eher dieser zweiten Sichtweise hing der einflußreichste protestantische Theologe der ersten Jahrhunderthälfte, Reinhold Niebuhr, an: Er dementierte am wirkungsvollsten die Hoffnung der Optimierbarkeit des menschlichen Lebens und der Weltordnung aus christlichem Antrieb heraus; die Menschen hätten sich vielmehr der Einsicht in die Beschränktheit ihrer Existenz und der Überordnung des göttlichen Willens zu beugen (Thuesen 2002, S. 43); die Welt erscheint bei Niebuhr im konstanten Widerstreit, es ist nicht den Menschen selbst gegeben, einen Zustand dauerhafter Versöhnung und Harmonie herbeizuführen. Gleichwohl rief die Lehre Niebuhrs keineswegs zur politischen Enthaltsamkeit auf; sie nahm aber den Protestanten jegliche Hoffnung, im universal anerkannten, moralisch «richtigen» Wirken auf eine harmonische Welt- und Gesellschaftsordnung hin eine neue Identität und Gemeinsamkeit im Diesseits zu finden. Die «neo-orthodoxe» Tendenz, für die Niebuhr und einige Weggefährten standen, hatte mit ihren liberaleren Diskussionspartnern dabei zumindest eines gemeinsam: Sie «akademisierte» die Glaubenspraxis in den «mainline»-Kirchen, ließ sie also im Vergleich zu fundamentalistischen Gemeinschaften als blutarm und kopflastig erscheinen. Der zuvor angesprochene Mitgliederverlust hat eine seiner Ursachen darin – sicherlich nicht vorwiegend, aber auch nicht in einem zu vernachlässigenden Maße.

Die geschilderten Entwicklungen bewirkten, dass schon vor dem Zweiten Weltkrieg der «Protestantismus» kein Aggregat mehr bezeichnete, das man als politisch wirksamen Block ansehen konnte.

Die internen Differenzierungen waren zu vielfältig und auseinanderstrebend, die alten Elitekartelle mussten ihren Führungsanspruch aufgeben, die Gravitationszentren expandierender Religiosität waren andernorts zu suchen.

F. D. Roosevelts Wahlstrategie, die ihm die Mehrheit durch die «New Deal Coalition» sicherte, berücksichtigte diesen Wandel bereits implizit. Sie gewann die Unterstützung von Gruppen, die Jahrzehnte zuvor gerade außerhalb des «mainstreams» der amerikanischen Politik angesiedelt wurden: Katholiken in den industriellen Zentren, traditionell demokratisch wählende weiße Südstaatler, Juden und nicht zuletzt die Schwarzen. In ihrer Glaubensausrichtung hatten diese Gruppen wahrlich kaum Gemeinsamkeiten, auch ihre kulturellen Hintergründe waren sehr heterogen und die materiellen Lebensumstände variierten erheblich. Gemeinsam hatten sie nur die Erwartung, dass eine aktivere Bundespolitik im Wirtschaftlichen und Sozialen sich zugunsten ihrer Interessen auswirken würde.

Mit der «New Deal Coalition» trat die Politik gemäß der angesprochenen Zugehörigkeiten, seien sie nun kulturell oder religiös, zurück gegenüber einer Politik entlang der erwarteten Ergebnisse und Leistungen. Man konnte zugespitzt sagen: Die Politik wurde politischer.

Die «New Deal Coalition» erwies sich als sehr stabil – sie verhalf zu demokratischen Erfolgen in Kongress- und Präsidentschaftswahlen bis in die sechziger Jahre hinein. Erst dann zeigten sich erste Anzeichen des Zerbröckelns – als nämlich weiße Südstaatler wegen der Bürgerrechtspolitik des Präsidenten Johnson auf Distanz zu dessen demokratischer Partei gingen. In diesem Auflösungsprozess erwies sich vollends, dass die Koalition eines nie war: eine in gemeinsamen ethisch-religiösen Grundanschauungen wurzelnde Wertegemeinschaft. Das Vertrauen auf einen Bundesstaat, der neue Chancen und Sicherheiten gewährt, war eine Interessenübereinstimmung, die selbst wieder durch neue Interessenkonstellationen abgelöst werden konnte.

Politische Mehrheitsbeschaffung wird unter solchen Voraussetzungen zum Spielball sozio-politischer Interessenlagen. Es fehlt ein dauerhafter «Kern» an Grundüberzeugungen, den die alten protestantischen Führungsschichten des 19. Jahrhunderts zu repräsentieren beanspruchten. Ein solcher «Kern» bestand aber auch damals nur, weil der gesamte politische Prozess exklusiv und diskriminirend abgeschirmt war: Bedeutende Teile der Gesellschaft wurden verächtlich gemacht und/oder ganz von der politischen Beteiligung ausgeschlossen. Wenn der protestantische «mainline» seit Jahrzehnten einen solchen «Kern» für Kultur und Politik nicht mehr ausfüllen kann, dann liegt das nicht nur am quantitativen Bedeutungsschwund und daran, dass das Spektrum der politischen Teilhabe über ein Jahrhundert immer breiter wurde (durch Frauenwahlrecht, Civil Rights, Neuimmigration usw.), sondern auch an der mangelnden Vitalität und Homogenität dieses Spektrums. Unter dem letztgenannten Gesichtspunkt kann – wenn überhaupt – ein neues weltanschauliches «Zentrum» unter christlichen Vorzeichen nur von dort erwartet werden, wo der «Mainstream» in der Vergangenheit gerade nicht angesiedelt war: von den konservativen, evangelikalen und fundamentalistischen Glaubensrichtungen.

3.2. Die neue Dynamik des Alten

Die Rede von den angeblich höchst «liberalen» Kirchenführern des protestantischen Establishments ist in den U.S.A. des Jahres 2003 fast so weit verbreitet wie die Rede von der «liberalen» Schlagseite der Medien (etwa der nationalen Tageszeitungen und Fernsehnachrichten). Verbreitet wird diese Pauschalkritik pikanterweise gerade in Medien, die selbst einen einseitigen Rechtskurs fahren (wie z.B. der berüchtigte Fox News Channel des Rupert Murdoch). Der Kriegszug gegen den Irak war ein Anlass, der die Lautstärke dieser Kritik verstärkte und durch den Aufruf zur patriotischen Geschlossenheit noch etwas denunziatorischer machte.

Allerdings brachte der Irak-Krieg 2003 die protestantischen «mainline»-Kirchen (wie auch den katholischen Klerus) in dieser Hinsicht durchaus in eine angreifbare Position. Bevor die Intervention begann, aber auch danach, gehörten Geistliche dieser Kirchen zu den entschiedensten Kritikern des von der Bush-Administration verfolgten Kurses – ihre Argumente reichten von einer allgemeinen Ablehnung des Krieges als Konfliktstrategie zu spezifischen Warnungen hinsichtlich der Folgen für das attackierte Land und die internationale Sicherheitslage. Diese Argumente waren häufig religiös-ethischer Natur, manchmal allerdings auch rein politisch-pragmatisch ausgerichtet. Dabei bargen sie allerdings ein Problem: Sie konnten nicht beanspruchen, aus der Gemeinschaft der Gläubigen heraus geboren und von dieser getragen zu sein (NNS 04.11.2003). Die Mehrheit der «einfachen Kirchgänger» unterstützte den Kurs, der zum Krieg führte; nach dessen Ausbruch lag die Quote der Kriegsbefürworter bei stattlichen 62 %. Diese Divergenz wird noch etwas markanter dadurch, dass es nicht die eher passiven Mitglieder sind, die sich so deutlich von den Verlautbarungen ihrer Kirchenführung absetzen – im Gegenteil: Menschen, die bekundeten, wöchentlich zum Gottesdienst zu gehen, sprachen sich deutlicher für den Krieg aus als Menschen, die nur eine schwache konfessionelle Bindung bekannten. Besonders deutlich war die Pro-Krieg-Haltung bei Befragten, die sich als «evangelikal» oder zur «christlichen Rechten» zugehörig bezeichneten (Gallup 27.2.03).

Nun kann man füglich bezweifeln, dass der Gottesdienst der geeignete Ort für eine qualifizierte Meinungsbildung über außenpolitische Streitfragen ist. Dies wird von den Gemeindemitgliedern auch kaum erwartet. Die Religion und ihre Führungspersönlichkeiten spielten keine ausschlaggebende Rolle, wenn es darum ging, was Befragte als die Einflüsse auf ihre Meinung zum Irak-Feldzug hervorhoben; Medien und der eigene Erfahrungsschatz wurden als wichtigere Entscheidungshilfen genannt (Pew Research Center 2003, S. 1 u. 3). Auch – und vielleicht gerade – wenn er von der Sonntagspredigt keine politische Richtungsweisung erwartet, so hört der Kirchgänger doch dabei ungerne Aussagen, die seiner sich gerade erst bildenden politischen Meinung zuwiderlaufen. Genau dies konnte aber in den ersten Monaten des Jahres 2003 «mainline»-Protestanten und Katholiken viel häufiger widerfahren als evangelikalen Protestanten.[*] Wenn überhaupt die aktuelle Politik zum Thema wurde, dann hörten letztere ganz überwiegend unterstützende Worte für den Regierungskurs, erstere hingegen einen Appell an die Friedfertigkeit (Pew Research Center 2003, S. 2).

Dieser Umstand verdient weite Aufmerksamkeit, weil er eine Beobachtung bestätigt, die schon seit langem in der Presse kolportiert wird: Die Mehrheit der «einfachen» Kirchenbesucher des «mainline»-Protestantismus ist konservativer als die Kircheneliten, die sie nach außen vertreten, und als die Botschaft, die sie überwiegend von

[*] Die zweite Konfession, die von der Kanzel zumeist die eigene Meinung bestärkt fand, waren die schwarzen Christen: allerdings unter exakt umgekehrten Vorzeichen! Dazu später mehr.

den Kanzeln hören (AP 18.03.2003). Bei einer aktuellen Streitfrage wie der erwähnten reicht eine solche Dissonanz gewiss nicht dafür aus, um über Konsequenzen bis hin zum Austritt nachzudenken. Aber derartige Erfahrungen können kumulieren und sich vor allem mit Divergenzen bezüglich der Kernanliegen der Kirchen verbinden. Als beispielsweise im Jahre 1976 die General Convention der Episkopalen die Ordination von weiblichen Geistlichen erlaubte und im selben Zeitraum lithurgische Reformen sowie ein «modernisiertes» *Book of Common Prayer* eingeführt wurde, war für viele Gemeindemitglieder offensichtlich eine derartige Schmerzgrenze erreicht. Es kam zu zahlreichen Ausgründungen von konservativen Gemeinden, die sich als «anglikanische» Kirchen bezeichneten und damit ihr Festhalten an der «wahren» Tradition signalisierten. In den späten neunziger Jahren begannen in der evangelisch-lutherischen Kirche (wie auch bei anderen Protestanten) heftige Kontroversen über die Ordination von Homosexuellen sowie die kirchliche Trauung homosexueller Paare. Auch hier waren die von Kirchenführern und Theologen geäußerten Positionen in der Regel wesentlich liberaler als die Stimmen aus den Gemeinden. Ausgründungen bleiben in diesem Fall unwahrscheinlich, da für Lutheraner immer noch die Option einer Abwanderung in die konservative Missouri-Synode offen steht.

Solche Konflikte sind nur die öffentlich wirksame Zuspitzung von über Jahrzehnte währenden Spannungen. Schon im Jahr 1972 veröffentlichte der Religionssoziologe Dean M. Kelley ein vielbeachtetes Buch mit dem Titel *Why Conservative Churches Are Growing* – bereits damals mehr Bilanz als Prognose. Seine These: Die «mainline»-Kirchen verlieren Mitglieder, nicht weil sie zu religiös, sondern weil sie nicht entschieden und ausschließlich genug religiös sind. Sie verkennen den inhärent konservativen Grundzug religiösen Gemeinschaftsstrebens: den Wunsch, Anleitung, Sicherheit und Stetigkeit bei der Lebensbewältigung zu finden (Kelley 1972, S. 44f.). Diese Unterstützung ist nicht rein doktrinär, sie benötigt auch die «Verkörperung» in einem Gruppen- und Zusammengehörigkeitserlebnis. Kirchen, die durch gesellschaftliches und politisches Engagement ihre «Weltoffenheit» beweisen wollen, reimportieren die Unsicherheiten der Gesellschaft, in der sie sich positionieren, in jene Gruppe hinein, die doch Sicherheit geben sollte. Sie überfordern zudem die Loyalität ihrer Mitglieder, die von ihnen eine Stärkung ihrer eigenen Normgewissheit (z. B. als Erzieher) erwarten und darum Traditionalisten gegenüber Diskutanten bevorzugen (Kelley 1972, S. 148).

Es scheint, dass «konservative» Gemeinden in jeder Hinsicht
mehr *Geschlossenheit* anbieten. Zunächst einmal geschieht dies in
dem ganz wörtlichen Sinne, dass sie den Selbstbezug, also die gemeinsame religiöse Praxis, über ein nach außen gerichtetes Engagement stellen. Sodann sind die politischen Stellungnahmen, die sie
teilweise doch abgeben, nach innen konsensträchtiger: Ein gefühlsmäßiger, glaubenszentrierter Konservatismus geht hier mit einem
gesellschaftspolitischen Konservatismus einher.

Kelleys These, dass die konservativen Kirchen darum hinzugewinnen, wurde durch Statistiken der nachfolgenden Jahrzehnte eindrucksvoll bestätigt (vgl. dazu die Anm. auf S. 75). Auch kontinuierliche Verluste der liberaleren Kirchen lassen sich belegen. Ob das
eine die ausschlaggebende Ursache für das andere ist, bleibt allerdings umstritten.

Das erste Problem, das sich bei einer solchen Diskussion stellt, ist
das der Begrifflichkeit. Der wachsende Konservatismus wird mit
einem Überangebot an Etikettierungen versehen («fundamentalistisch», «evangelikal», «born again», «bible-carrying» usw.), was gewiss nicht die Orientierung fördert. Von all diesen Begriffen ist
«fundamentalistisch» der weiteste, da mit ihm auch nicht-christliche
Glaubensgemeinschaften belegt werden und da er ganz allgemein
eine Haltung bezeichnet, sich gesellschaftlichen Wandlungen und
Modernisierungstendenzen dann zu verweigern, wenn diese eine
Abkehr von Grundsätzen der Religion implizieren – was natürlich eine Teilhabe an allen *anderen* Modernisierungserscheinungen
erlaubt, die für die eigene Religion als ungefährlich betrachtet werden. Fundamentalismus kann sich in verschiedenen Formen präsentieren. *Eine* Gestalt, die er annehmen kann, ist die christlich-
evangelikale. Allerdings sind nicht alle Evangelikalen gleichzeitig
Fundamentalisten, denn für diese überlappende Zuordnung ist
eine Entschiedenheit und Rigidität in dem Verhältnis zu den Glaubensgrundsätzen erforderlich, die diese zur alles dominierenden
Ausrichtung der eigenen Lebensgestaltung machen (vgl. Harris
1998, S. 4 f.).

Die genannten Begriffe können also zur Charakterisierung ganzer Konfessionen taugen, wenn damit die vertretenen Lehren und die Selbstdarstellung nach außen gewürdigt werden. Da aber bereits beim «mainline»-Protestantismus Gründe genannt wurden, derenthalben Soziologen die Individualebene bevorzugen, legt die Symmetrie es nahe, hier ebenso zu verfahren. Diese Erwägung wird dadurch bestärkt, dass zumindest «Fundamentalismus» als eine Erscheinung der *persönlichen* Entschiedenheit, ja Militanz, gefasst wird – also eine Bezugnahme des Individuums auf seine religiösen Grundsätze beschreibt. Ein Kriterienkatalog, der es in diesem Sinne ermöglichen soll, Menschen als «evangelikal» einzuordnen, wurde bei Befragungen in den U.S.A. und Kanada angewandt. Dabei wurden folgende Charakteristika genannt (Noll 2001, S. 31):

- «a respondent strongly agreed that ‹through the life, death and resurrection of Jesus, God provided a way for the forgiveness of my sins› (crucicentrism);
- a respondent strongly agreed that ‹the Bible is the inspired word of God›; or agreed to whatever degree that ‹the Bible is God's word, and is to be taken literally, word for word› (biblicism);
- a respondent strongly agreed that ‹I have committed my life to Christ and consider myself to be a converted Christian› (conversionism);
- a respondent agreed or agreed strongly that ‹it is important to encourage non-Christians to become Christians› (activism).»

Personen, die drei oder vier dieser Bekenntnisse für sich bejahten, wurden nach diesem Raster als «evangelikal» eingestuft. Das führte zu überraschenden Zahlen. Danach waren in den U.S.A. 79 % aller schwarzen Protestanten «evangelikal», aber auch 57 % der «mainline»-Protestanten (in Kanada: 37 %) und immerhin 50 % der Katholiken (Kanada: 34 %) (Noll 2001, S. 36). Diese Zahlen laden zu zwei unterschiedlichen Schlussfolgerungen ein, die sich allerdings wechselseitig nicht ausschließen.

Die erste Folgerung könnte lauten: «Evangelikal» bezeichnet den heutigen «mainstream» – eine Einschätzung, der sich die Sozialforschung nur deswegen versperrt, weil sie der liberaleren, weltlicheren Gedankenwelt der «mainline»-Kirchen näher steht (vgl. Jelen 1998a). Bestimmte Elemente der evangelikalen Religiosität scheinen so weit verbreitet unter Christen aller Konfessionen geworden sein, dass sie wie ein Gemeingut anmuten und gewiss nicht zur Ausgrenzung einer «kleinen, radikalen Minderheit» taugen. Dies trifft auf die persönliche Bezugnahme auf Jesus Christus als Erlöser zu und auch auf die besondere Betonung von Konversionen, von subjektiven Bekehrungserlebnissen – eben von der individuellen Umkehr zu Jesus. Eine entscheidungsfreudige, expressive Religiosität scheint weiten Anklang zu finden, die eher gewohnheitsmäßige, passive Zugehörigkeit zu etablierten Kirchen tritt dagegen in den Hintergrund.

Wäre das allein das Kriterium, dann verdiente «evangelikal» in der Tat als der Mehrheitstrend der U.S.-Religiosität eingestuft zu werden. Allerdings widersprechen dem nicht nur die Soziologen, sondern auch die Befragten selbst. Als sie direkt danach gefragt wurden, bezeichneten sich in der erwähnten Untersuchung nur 17 % der Schwarzen und 12 % der Katholiken als Evangelikale (Noll 2001, S. 36).

Das führt zu der zweiten Schlussfolgerung. Es gibt offenbar zwei legitime Verwendungen des Begriffs «evangelikal». Die erste bezieht sich auf die Akzeptanz bestimmter Glaubenshaltungen und liefert jenes Bild weiter Verbreitung. Die zweite Verwendung bezeichnet ein exponiertes, bekennendes und werbendes Auftreten zugunsten dieser Glaubenshaltungen, ein Auftreten, das unter Umständen immer noch Distanz zu Menschen anderer Glaubensrichtungen aufbaut und an manchen Orten in eine erkennbare Minderheitenposition führt. An diese «Evangelikalen im engeren Sinne» mögen wohl jene Schwarzen und Katholiken gedacht haben, die ihre eigene Zugehörigkeit bestritten, obwohl sie die Glaubensgrundsätze mittragen.

Wenn man zudem das evangelikale Phänomen zunächst einmal auf das protestantische Spektrum beschränkt und die «engere Bedeutung» in solchen Kirchen verifiziert, die die entsprechende Haltung aktiv fördern, dann gelangt man zu dem impliziten Verständnis, das vorherrscht, wenn das Phänomen z.B. in den Medien angesprochen wird. Die wichtigste solcher Kirchen und Gemeinschaften ist die Southern Baptist Convention, mit ca. 15,8 Mio. Mitgliedern die zweitgrößte Konfession der U.S.A. Mit unterschiedlicher Relevanz und mit ebenso unterschiedlicher Rigidität in den Glaubensprinzipien werden zu diesem Spektrum auch gezählt: die Assemblies of God, die Christian und Missionary Alliance, die überwiegend schwarze Church of God in Christ, die Seventh-Day Adventists, die Church of the Nazarene, die Heilsarmee, die Baptist Bible Fellowship International, die Churches of Christ (Noll 2002, S. 107). Die Liste ließe sich bis zur Ermüdung verlängern. Sie enthält auch viel Heterogenes. Gemeinsam ist solchen Zusammenschlüssen vor allem, dass sie eine organisatorische Basis *auch* für evangelikale Glaubensäußerungen abgeben, die das zusätzliche Attribut «fundamentalistisch» verdienen. Abermals: Deswegen sind aber nicht alle Evangelikalen fundamentalistisch, wie auch nicht alle Fundamentalisten evangelikal ausgerichtet sind.

Evangelikale (im engeren Sinne) mit fundamentalistischer Ausrichtung würden die zuvor getroffene Aussage, dass ihre Glaubensgrundsätze (im weiteren Sinne) fast schon den «Normalfall» des U.S.-Christentums darstellen, wahrscheinlich vehement bestreiten. Sie sehen sich vielmehr als eine kämpferische Opposition gegen die Mehrheitskultur, in der ihrer Meinung nach säkulare, atheistische und unmoralische Ideen dominieren. Diesen Zustand sehen manche von ihnen als das Werk irregeleiteter Menschen an, die bislang die erlösende Botschaft nicht hören konnten oder wollten; andere aber – die Millennialisten nämlich – werten ihn eschatologisch als unvermeidlich und notwendig: Die Gesellschaft ist demnach chaotisch und heillos, weil sich darin die Wiederkehr Jesu und das Weltgericht ankündigt.

Fundamentalisten sondern sich also in unterschiedlichem Maße gegenüber dem ab, was sie als Mehrheitskultur auffassen. Das kann – muß aber nicht – zu einem Selbstbild als Avantgarde oder Auserwählte anwachsen, beispielsweise wenn es um die Errettung im apokalyptischen Szenarium geht. Neben dieser selbst gewählten Minderheitsrolle charakterisiert Fundamentalisten vor allem eine bestimmte *Mentalität*. Im evangelikalen Milieu kann diese als Gesprächsverweigerung bezüglich der unbedingten und unumschränkten Autorität der Bibel auftreten: Sie gilt als das direkte Wort Gottes und kann *darum* keinen Irrtum enthalten; paradoxerweise folgt daraus aber oft ein Bestreben dieser fehlbaren Menschen, *empirisch* die Exaktheit biblischer Aussagen nachzuweisen (z.B. in der Debatte um Evolution und in den prophetischen Aussagen). Ihre Rigidität erweist sich in der Verweigerung von Konzessionen, z.B. an das naturwissenschaftliche Weltbild, sobald dieses auch nur eine graduelle Distanznahme zur dogmatisierten, «buchstabengetreuen» Auslegung verlangt; Gottes Wort hat als Ganzes angenommen zu werden, da ansonsten die Stimmigkeit dieser Konzeption von christlicher Existenz verloren geht (Harris 1998, S. 15). Die Bibel wird als reine Faktizität aufgefasst, nicht als Deutung oder menschliche Reflexion oder gar als ein Mythos unter anderen. In Jesus hat sich Gott den Menschen direkt mitgeteilt, in dem Heilsgeschehen *wirkt* die Gnade und Gerechtigkeit. Darum bevorzugen Fundamentalisten (aber auch gemäßigtere Evangelikale) die synoptischen Evangelien (Markus, Matthäus, Lukas) gegenüber interpretativeren Texten der Bibel – wie z.B. den Apostelbriefen (Watt 2002, S. 65).

Die Göttlichkeit Jesu (Harris 1998, S. 153 f.) sowie die direkte Errettung des einzelnen Gläubigen durch ihn bilden wohl die wichtigsten Säulen in diesem religiösen Gebäude. Das hat verzweigte Konsequenzen. Eine davon erfuhr der Präsidentschaftskandidat George W. Bush im Jahre 2000. Im Wahlkampf bemühte er sich intensiv um Zustimmung aus dem evangelikalen Spektrum, und er glaubte gewiss in diesem Sinne zu handeln, als er bei einer Kandidatendebatte auf die Frage nach seinem Lieblingsphilosophen antwortete: «Jesus Christus» (Reichley 2002, S.333). Aber einmal mehr hatte der Kandidat mangelnde Gedankenschärfe bewiesen, denn prompt ereilte ihn die Abfuhr seitens echter Evangelikaler (wie Gary Bauer und Alan Keyes): Jesus ist für diese kein Philosoph – Philosophen suchen nämlich nach der Wahrheit, Jesus hingegen *ist* die Wahrheit. Nicht einmal die Begriffe «Religionsstifter» oder selbst «Prophet» kennzeichnen die herausragende Rolle Jesu im evangelikalen Heilsgeschehen hinreichend: Er ist nicht lediglich Künder und Mittler Gottes, nicht nur Fürsprecher der Menschen, sondern er *selbst* ist der Erlöser. Dies lässt keinen Platz für ein Religionsgespräch – wer sich nicht in all seinem Glauben und Streben existentiell für Jesus entscheidet, kann nicht auf Rettung hoffen, auch wenn er vielleicht denselben monotheistischen Prinzipien – z.B. als Jude oder Muslim – folgt. Das Resultat dieser Überzeugung sind manchmal inflammatorische Äußerungen, die gesellschaftlichen Zündstoff auch in den Augen von Politikern liefern, die sich den Evangelikalen ansonsten sehr verbunden fühlen. George W. Bush kann abermals als Beispiel bemüht werden. Nach den Anschlägen des 11. September 2001 versicherte er vielfach in öffentlichen Äußerungen, der Kampf der U.S.A. gelte dem Terrorismus, nicht dem Islam als Religion. Muslime in den U.S.A. waren sich dessen nicht so sicher, sie berichteten in den Jahren 2001 bis 2003 von einer Zunahme von Anfeindungen und Schikanen im Alltag.

Zu ihrer Verunsicherung trugen auch Äußerungen aus dem Kreis engster evangelikaler Bundesgenossen des Präsidenten bei. Besonders hervor tat sich dabei Franklin Graham, Sohn des berühmten Missionierungspredigers Billy Graham, der wiederum als ein persönlicher Freund der Bush-Dynastie gilt. Franklin Graham, Erbe des mächtigen, väterlichen Missionswerkes, ist mehrfach durch beleidigende Attacken gegen den Islam («an evil religion») aufgefallen. Er hat nie dementiert, dass er die Auseinandersetzung mit dieser Religion in den Kategorien des apokalyptischen Endkampfes interpretiert. Der Kampf gegen den Terrorismus sei darin ein Beginn, schließlich werde Jesus nach dem «second coming» die Kräfte des Bösen (darunter den Islam) endgültig vernichten.

Dass solche Ansichten von einem Menschen aus dem engsten Zirkel um den Präsidenten propagiert werden, mag bereits befremdlich sein, besonders negative Aufmerksamkeit erregte der Tatbestand jedoch dadurch, dass gerade im Anschluss an die erfolgreiche Irak-Invasion dieser «Kreuzzugs»-Geist besondere, öffentliche Aufwertung erfuhr (WP 15.04.2003). Franklin Graham wurde eingeladen, den Karfreitagsgottesdienst im Verteidigungsministerium abzuhalten, was auf den heftigen Protest einiger muslimischer Bediensteter stieß, aber von der Bush-Administration unbeirrt durchgezogen wurde.

Der Vorgang ist keine abseitige Posse, sondern hat sehr ernste Hintergründe. Menschen wie F. Graham streiten für den Endsieg Jesu nicht nur mit bizarren Äußerungen vor den heimischen Medien, sondern auch mit Taten im internationalen Maßstab. Auch dies geschieht mit ausdrücklicher Billigung der zweiten Bush-Administration. Noch im ersten Krieg gegen den Irak agierte das U.S.-Verteidigungsministerium (unter dem späteren Vizepräsidenten D. Cheney) verhaltener. F. Graham versorgte im Jahre 1991 die U.S.-Soldaten mit tausenden Exemplaren des Neuen Testaments auf arabisch, die diese dann unter der Bevölkerung verteilten. Der damalige Oberbefehlshaber, General Schwarzkopf, erhob immerhin noch Einspruch gegen die Aktion, die gegen das Recht des Stationierungslandes Saudi-Arabien verstieß (CSM 17.04.2003). Unter der zweiten Bush-Administration fanden vergleichbare Aktivitäten Grahams hingegen offizielle Billigung: Seiner Wohltätigkeitsorganisation «Samaritian's Purse» wurde nach Ende der Kampfhandlungen gestattet, Hilfsprogramme im Irak mit einem aktiven Missionieren zugunsten der eigenen religiösen Botschaft zu verbinden.

Solche Entwicklungen belegen vor allem eines: Einfluss. Die Rücksichtnahme der Regierung auf evangelikale Enthusiasten muss schon erheblich sein, wenn sie damit riskiert, ihre Politik in der islamischen Region genau in dem Licht erscheinen zu lassen, das sie erklärtermaßen vermeiden wollte: im Lichte eines christlichen «Kreuzzuges». Vor einer allzu vereinfachenden Zuschreibung muss allerdings gewarnt werden. Einerseits kann die besondere Schärfe des Tons gegenüber islamischen Regierungen und gegen muslimische «Militanz» nicht *ausschließlich* dem evangelikalen Einfluss auf die Bush-Regierung angerechnet werden. Eine besondere «Falken»-Haltung in dieser Hinsicht wurde auch jüdischen Neokonservativen an wichtigen Schaltstellen der U.S.-Außenpolitik (z. B. R. Perle, P. Wolfowitz, E. Abrams) zugeschrieben, eine Verknüpfung, die dann von Betroffenen als «antisemitisch» zurückgewiesen wurde (WP 15.03.2003). Parallel zu der Karfreitagspredigt F. Grahams erregte die Bestellung des neokonservativen Professors Daniel Pipes zum Direktor des (öffentlich finanzierten) *United States Institute of Peace* Aufsehen: Hier wurde ein Regierungsratgeber eingesetzt, der zuvor durch besonders aggressive Aufrufe zum Kampf gegen den «militanten» Islam als totalitärer Ideologie aufgefallen war (SFC 11.04.2003).

Wenn also evangelikale Stimmen schrille Töne in der Auseinandersetzung mit dem Islam anschlagen, treffen sie in der Administration von George W. Bush auf einen Boden, der auch von anderen Kräften in dieser Weise bereitet wurde. Zudem werden auch aus dem evangelikalen Spektrum Stimmen laut, die diese feindselige Politikausrichtung nicht mittragen (CSM 17.03.2003): Sie befürchten einen Missbrauch der Religion durch ihre stetige, rhetorische Inanspruchnahme seitens George W. Bushs und bestreiten, dass die Auseinandersetzung zwischen Gut und Böse auf den Konflikt zwischen Nationen projiziert werden kann – vielmehr sei dies ein Kampf im Leben und Gewissen jedes Einzelnen. Halten wir also fest: Evangelikale besitzen kein Monopol in der ideologischen Aufladung von internationalen Konflikten wie dem des Jahres 2003. Sie beziehen auch keine homogene Position in dieser Hinsicht. *Wenn* sie aber ihre religiösen Überzeugungen auf eine derartige Überzeugung richten, dann tun sie dies in einer charakteristischen Weise. Das Besondere an Aktionen wie denen von F. Graham ist nämlich nicht allein die Irritation, die sie außerhalb des evangelikalen Milieus hervorrufen, sondern auch das unerschütterlich gute Gewissen, mit dem sie innerhalb dieses Milieus in Gang gesetzt werden.

Dieses gute Gewissen entspringt dem missionarischen Eifer, der ja auch in dem zuvor referierten Kriterienkatalog als Kernelement evangelikaler Einstellung aufgeführt wurde. Die Ambition, andere zu bekehren, lässt sich sehr wohl in ein altruistisches Selbstbild integrieren: Den Adressaten wird schließlich die Chance eröffnet, den einzig möglichen Weg zur Errettung beim Weltgericht zu finden, nämlich den Weg zu Jesus Christus. Außenpolitische Schäden für die eigene Regierung müssen dieser Weltsicht allemal als nachrangige Begleiterscheinung eines viel grundsätzlicheren Auftrags erscheinen. Auch Evangelikale, die die enge Verbindung mit der Politik der Exekutive bedenklich finden, ziehen nicht in Zweifel, dass es einen grundsätzlichen Auftrag gibt, die Botschaft in die Welt zu tragen, damit möglichst viele Menschen Erlösung auf der siegreichen Seite Jesu Christi finden.

Die vehemente Parteinahme gegen den Islam mag unter den obwaltenden Umständen den Beifall von Juden finden, die sich um die Sicherheit des Staates Israel sorgen. In anderen Konstellationen haben amerikanische Juden jedoch genug Anlass gehabt, eben jenen evangelikalen Missionseifer, dem diese Parteilichkeit entspringt, als störend und bedrohlich zu empfinden: Seine organisierten Bestrebungen machen nämlich vor ihrem eigenen Glauben keineswegs Halt. Die «Jews for Jesus»-Bewegung versucht, international Juden mit einer evangelikalen Botschaft (und entsprechender, finanzieller Unterstützung) anzusprechen und davon zu überzeugen, dass Jesus der erwartete Messias ist. Diese Organisation ist aber nicht der einzige Akteur, der auf diesem Gebiet arbeitet: Die Southern Baptist Convention hat im Jahr 1996 offiziell dazu aufgerufen, Juden zu Jesus zu bekehren; daneben widmen sich auch engagierte Individuen diesem Auftrag. Das Missionieren bleibt nicht auf die U.S.A. beschränkt und hat selbst – oder gerade – in Israel[*], dem Schauplatz

---

[*] Dazu eine unterhaltsame Lektüreempfehlung: Robert Stones Roman *Damascus Gate* schildert in den grellen Überzeichnungen eines Thrillers, wie «suchende» Amerikaner zur religiösen Paranoia Jerusalems beitragen.

apokalyptischer Prophezeiungen, bizarre Symptome gezeitigt. In den U.S.A. selbst reichen die Schätzungen von 25 000 bis 75 000 «messianischen» Juden (gelegentlich sogar bis zu 250 000 Konvertiten), die auf die Weise dem angestammten Glauben abspenstig gemacht wurden – genug jedenfalls, um Nervosität in den Synagogen zu erzeugen (HC 31.01.2003). Seit einiger Zeit gibt es darum eine Gegenorganisation «Jews for Judaism», die sich der Abwerbungsoffensive entgegenstellen will.

Die einfache Einordnung solcher Phänomene lautet: Die Evangelikalen, allzu rigide in ihrer eigenen Glaubensfestigkeit, zeigen keinen Respekt vor dem Glauben anderer. Die etwas komplexere Einschätzung sagt: Sie fühlen sich zu derartigem Handeln nicht nur berechtigt, sondern verpflichtet, denn es entspricht ihrer Selbsteinordnung in einem Heilsgeschehen, das sie aus ihrem Bibelstudium extrapoliert haben und an dessen Ende die Erlösung durch Jesus Christus steht. Diese konzentrische Orientierung auf Jesus als Bezugspunkt aller Religiosität hat allerdings zwei Quellen, die nicht immer in vollständigem Einklang miteinander wirken.

Auf der einen Seite steht die Tradition der Schriftgläubigkeit. Sie ist stark «objektivistisch» ausgerichtet, denn aus der unbedingten Autorität des biblischen Textes folgt eine festgefügte moralische Lehre und eine Eschatologie, die in eine Geschichtsdeutung mündet, die Konsequenzen für die Selbstverortung in der Gegenwart hat. Den Menschen ist demnach eine göttliche Ordnung objektiv vorgegeben, sie können die in Jesus Christus verkörperte Wahrheit annehmen und aktiv vertreten oder aber dem Verderben anheimfallen. Dem steht die «subjektivistische» Tradition des Zugangs zu «Sweet Jesus» gegenüber, die in vielen Country-Songs zelebriert wird und vor allem auf das höchst persönliche, emotionale Erweckungserlebnis abhebt. Menschen bekunden, in Jesus einen Freund gefunden zu haben und dass er selbst sie höchstpersönlich gerettet habe; sie danken ihm und versuchen, ein neues Leben zu führen, in dem sie Freude und Stärke aus dem Nachfolgen des Heilands beziehen. Solche Bekundungen werden zwar oft öffentlich vor Gemeinden oder gar vor Fernsehkameras vorgetragen, sie bedienen sich auch stets wiederkehrender Sprachmuster, bleiben dabei aber subjektiv und siedeln in einem Gefühlsleben, das sich letztlich dem sprachlichen Ausdruck nur partiell erschließt.

Die Koexistenz von «objektivistischer» (schriftzentrierter) und «subjektivistischer» (erlebenszentrierter) Glaubenspraxis im evangelikalen Milieu ist nichts anderes als die Wiederkehr einer Koexistenz, die wir schon in kolonialer Zeit vorfanden: der von «calvinistischen» und «arminianistischen» Glaubensprinzipien. Auf der einen Seite steht die sich unterwerfende Hinnahme eines allmächtigen Gottes und der Prädestination des menschlichen Geschicks in einem unvermeidlichen Richten über dieses; auf der anderen Seite steht das Zutrauen, dass der Mensch die Wahl des richtigen Weges an sich selbst erfahren kann, dass er durch gutes Handeln und tiefen Glauben Gott gnädig stimmen kann und dass die Erlösung durch Jesus antizipierend und beglückend schon im Diesseits erfahren werden kann.

Wir sahen auch, dass diese Richtungen sich in identischen Gemeinden vermischen können und dann in unterschiedlich gewichteten Kombinationen auftreten. Dieses Nebeneinander hat in der Tat die gesamte weitere Religionsgeschichte der U.S.A. begleitet. So kannte das «Second Great Awakening» des frühen 19. Jahrhunderts einerseits die Kirchengründungen der «restorative»-Bewegung in den neu erschlossenen Gebieten westlich der Appalachen, die dem evangelikalen Pfad in einer an der Schriftauslegung orientierten Weise folgten: Das heilige Wort sollte so im Zusammenhang mit einer vernunftgeleiteten Interpretation als unmittelbares Gesetz das gesamte Leben regeln (Williams 2002, S. 228). Neben dieser Bestrebung, der heute noch bestehende «Disciples»- und «Christian»-Kirchen entstammen, artikulierte sich in derselben Region und z.T. in denselben Konfessionen ein anderes Phänomen: die «camp meetings» (Butler/Wacker/Balmer 2003, S. 185; Williams 2002, S. 186). Dabei handelte es sich zunächst um spontane Zusammenkünfte in freier Natur, die gelegentlich mehrere Tage währten und zu allen Arten religiöser Expressivität einluden: Singen, Tanzen, Verzückung und Zungenreden ... Die emotionalisierenden Formen des spirituellen Erlebens, die aufwühlenden Predigtstile dieser Treffen infiltrierten bald schon das reguläre Gemeindeleben vieler «Frontier»-Protestanten; sie übernahmen auch das Element der Bekundung von persönlicher Umkehr und Erweckung. Auch in den weißen Gemeinden der Baptisten und Methodisten konnte man in dieser Phase noch Einflüsse schwarzer Spiritualität ausmachen – angesichts der größeren Nähe zu den Anfangsprägungen der schwarzen Kirchen ein leicht erklärbares Phänomen. Der Enthusiasmus der «camp meetings» erregte folgerichtig das Missfallen von religiösen Würdenträgern und den Spott der Ostküsten-Eliten. Verteidiger hingegen sahen den Konflikt als Aufbegehren echter Volksfrömmigkeit gegen «Aristokraten, klerikale Elitisten und sündige Plutokraten» (Swift 1998, S. 74 f.) – also als ur-amerikanische Parteinahme für die Demokratie an den Graswurzeln und für den unverfälschten Anstand der «kleinen Leute».

Die eher textorientierte Variante des evangelikalen Glaubens hingegen erlebte mit dem amerikanischen Bürgerkrieg (1861–65) eine schwere Krise, denn zuvor hatten beide Seiten im Konflikt um die Sklavenfrage – Befürworter und Abolitionisten – ihre Position als die von der Bibel getragene ausgegeben. Millennialistische Visionen inspirierten den militanten Sklavenbefreier John Brown und fanden ihren Eingang in die Verse der *Battle Hymn of the Republic*. Südstaatliche Verfechter der Sklavenhaltung fanden sich bestätigt durch alttestamentarische Textstellen. (Bis heute ist eine gewisse Vorliebe für Alttestamentarisches kennzeichnend für die religiöse Kultur des Südens geblieben.) Die Niederlage wurde von Südstaaten-Christen durchweg nicht als eine Zurückweisung ihrer politisierten Bibel-Exegese aufgefasst – im Gegenteil: der untergegangene «way of life» der Konföderation wurde oft nachträglich als ein gottgerechter, wahrer Glaubensweg glorifiziert (Butler/Wacker/Balmer 2003, S. 258 f.). Hier war wenig Resonanz zu erwarten für Präsident Lincolns Aufruf zu politisch-religiöser Demut, den dieser mit seiner zweiten Inauguralsprache 1865 verkündet hatte: Da beide Seiten dieselbe Bibel lasen, treffe sie auch beide Mitschuld, dass sie die Sünde der Sklaverei fortbestehen ließen, bis sie in das Blutbad des Bürgerkriegs führte. Erkennbar war der Versuch, diesen Krieg als eine Heimsuchung der *gesamten* Nation zu deuten. Als Ganze hätte diese Nation also eine neue Einheit in der Fügung unter Gottes strafenden Willen zu finden.

Daraus konnte natürlich keine zielgerichtete Neuinterpretation der Politik aus theologischen Wurzeln folgen – das war auch nicht Lincolns Intention. Wenn aber der «textzentrierte» evangelikale Glaube sich in der zweiten Hälfte des 19. Jahrhunderts politisch enthaltsamer gab, dann geschah das nicht, weil sich Lincolns Hoffnung einer nationalen *Einheit* in der Demut erfüllte. Der Weg führte eher in einen selbstbezogenen, politikfernen Partikularismus. Gerade unter den südstaatlichen Baptisten diente das Desaster des Bürgerkrieges zur Bestätigung der überkommenen Haltung – nämlich von der Politik nichts Gutes zu erwarten, zumal, wenn sie aus der nationalen Hauptstadt kommt (vgl. Kramnick/Moore 1997, S. 124f.). Diese Haltung hinderte die Southern Baptist später allerdings nicht, auf die zentrale Staatsmacht als Bündnispartner zurückzugreifen, wenn ihnen die Ziele genehm waren (z.B. bei der Prohibition). Zunächst jedoch wurde dieser Strang des evangelikalen Glaubens im wörtlichsten Sinne «parochial» – er zog sich in das innere Gemeindeleben zurück und betonte die Suche nach dem individuellen Seelenheil im Gegensatz zum «social gospel» der «mainline»-Protestanten.

Um die Wende zum 20. Jahrhundert war die öffentlich wahrnehmbare Dynamik in evangelikalen und fundamentalistischen Glaubensrichtungen darum eher in «subjektivistischen» Komponenten zu verorten. Im genannten Zeitraum kommt es nämlich zum rapiden Aufschwung der «pentecostal»-Bewegung: von Gemeinden, die unmittelbare Erfahrungen der Inspiration durch den Heiligen Geist in den Mittelpunkt ihrer religiösen Praxis stellten. Allerdings erlebten auch schon die Jahrzehnte nach dem Bürgerkrieg das Aufkommen neuer Organisationen, in deren Doktrinen «Heiligkeit» eine große Rolle spielte. Eine davon war die aus England importierte Heilsarmee: In ihr wurde das persönliche Streben nach «Heiligkeit» noch weitgehend im methodistischen Geiste gedeutet – als stufenweiser, kontinuierlicher Prozess, der im Sinne einer systematischen Lebensführung gerade auch den gefährdeten Menschen am Rande der Gesellschaft offeriert wurde.

Die «Pentecostals» waren im Vergleich dazu weitaus eruptiver: Wie im Pfingsterlebnis der Jünger Jesu erfuhren die Gemeindemitglieder kollektiv die Beseeltheit durch den Heiligen Geist, bekundeten dies in enthusiastischen, manchmal ekstatischen Formen des Gottesdienstes und bezogen daraus eine Körper und Geist einende spirituelle Kraft. «Zungenreden» als unmittelbare Anwesenheit des Geistes in der Trance von Gemeindemitgliedern ist nur eine (allerdings oft hervorgehobene) Form dieser Spiritualität.

«Pentecostal»-Bewegungen entsprangen aus den verschiedensten Kontexten und wirken ebenso vielgestaltig fort. In der schwarzen Frömmigkeit hatten sie die längste und intensivste Vorgeschichte – hier wurden sie in Sekten am Ende des 19. Jahrhunderts vor allem als Rückkehr zu einer verlorengegangenen, «alten» Authentizität betrieben (Baer/Singer 2002, S. 153 f.). Die Bewegung begann in ländlichen Sekten des Südens, meist unter sehr armen Schwarzen, erfasste aber bald schon die städtischen Zentren. Hier erwies sich Charles Harrison Mason als ein Katalysator für die vielen disparaten Anfänge: Die durch ihn 1897 gegründete «Church of God in Christ» entwickelte sich bald schon zur wichtigsten schwarzen Gemeinschaft dieser Art und überdauerte bis heute – als eine Kirche mit mittlerweile ca. 5,5 Millionen Mitgliedern.

Die «pentecostal»-Bewegung fand Resonanz unter den Schwarzen in einer Zeit, die für sie voller Bitternis und Erniedrigung war: Nach Ende der «Rekonstruktion» (also der Kontrolle durch die Bundesinstitutionen) setzte im Süden wieder eine menschenverachtende Unterdrückung im Alltag ein; die Rassentrennung nach dem Muster «separate but equal» brachte nur den Ausschluss, nicht die Entwicklungschancen. Aber auch die Abwanderung in die urbanen und industriellen Zentren des Nordens ging mit vielfachen Erfahrungen der Entwurzelung, Gettoisierung und der materiellen Not einher. Viele Schwarze verloren ihren Rückhalt in der krisengeschüttelten Agrargesellschaft, aus der sie kamen, ohne einen Platz in der kapitalistischen Industriegesellschaft zu finden. Als diskriminierte «Modernisierungsverlierer» war es für sie eine naheliegende Reaktion, auf Elemente der Spiritualität zurückzugreifen, die schon in der Sklavengesellschaft Gemeinschaftserleben und Erlösungshoffnung vermittelt hatten.

«Modernisierungsverlierer» gab es aber auch in großer Zahl unter den Weißen: Menschen, die das Immigrantenlos nicht bewältigt hatten, die in ihrer Hoffnung auf Selbständigkeit als Farmer oder Handwerker gescheitert waren oder die durch das rapide Wachstum der Städte und industriellen Konglomerate überfordert wurden. Es wurden darum in der Anfangszeit durchaus gemeinsame Gottesdienste von Schwarzen und Weißen in «pentecostal»-Gemeinden abgehalten – wenn auch nur regional vereinzelt (Baer/Singer 2002, S. 155 f.).

Der gemeinsame Nenner war leicht zu finden: in der Sehnsucht nach einer bevorstehenden, aber bereits diesseitig im gemeinsamen Ritus erfahrbaren Erlösung. Diese Hoffnung nahm allerdings viele Formen an. In etlichen (besonders in weißen) Gemeinden wurde die Rückkehr des Erlösers gemäß den apokalyptischen Prophezeiungen der Johannes-Offenbarungen erwartet. Gegenüber anderen Millennialisten hatten die «Pentecostals» jedoch einen wichtigen Vorteil auf ihrer Seite: Traf wieder einmal eine auf Jahr und Tag datierte Prognose des Weltgerichts-Szenarios nicht ein, dann musste das nicht – wie bei anderen, mehr schriftzentrierten Millennialisten – zu Verunsicherung, Zerwürfnissen und Abspaltungen führen. Auch wenn Jesu Rückkehr neu berechnet werden musste, war er doch in gewisser Weise schon anwesend, nämlich durch die Wirksamkeit des Heiligen Geistes inmitten seiner Gemeinde: Spirituelle Präsenz machte also gegen zweifelerzeugende Eschatologie immun (Cox 1995, S. 111 f.). Das Königreich Jesu ist im Gegensatz zur Lehre fast aller anderen fundamentalistischen Christen bei «Pentecostals» nicht nur Erwartung, sondern kollektiv erlebbare Gegenwart.

Sie sind zwar «fundamentalistisch», wenn sie durch ihr Gemeindeleben eine Gegenwelt zur modernen, durchrationalisierten Wirtschaftsgesellschaft etablieren, aber nicht zwangsläufig «evangelikal» – dann nämlich nicht, wenn die oberste Autorität des biblischen Textes hinter die persönlichen religiösen Empfindungen zurücktreten muss. Allerdings ist dieser Vorrang des Subjektiven nur bei radikalen «Pentecostals» anzutreffen. Häufig werden Elemente dieser Glaubenspraxis in Gemeinden hinein integriert, die ansonsten dem evangelikalen Denken verhaftet bleiben – sie bereichern diese Form konservativen Christentums dann nur um eine besonders expressive, «subjektivistische» Komponente. Bleibt das Phänomen in überkommenen Kirchen- und Gemeindestrukturen (also z. B. bei den Baptisten) verankert, bevorzugt die Religionssoziologie für seine Kennzeichnung den Ausdruck «charismatics» (Coreno 2002, S. 339).

Jene «Pentecostals» aber, die ihren Glaubensprinzipien entschieden genug folgten, um dies in eigenständigen Kirchengründungen zu manifestieren, gingen von Beginn an einen Weg, der sie auf Distanz zu den Evangelikalen (im engeren Sinne) brachte. Maßgeblich dafür waren nicht allein die stärkere Betonung der unmittelbaren Inspiration gegenüber dem Bibelstudium und die geringeren Rassenschranken – wenngleich beide Charakteristika bis heute relevant blieben –, sondern auch die aktivere und hervorgehobene Rolle, welche die Frauen in der «pentecostal»-Bewegung einnahmen. Häufig äußerte sich diese exponierte Stellung in einer Komponente der Glaubenspraxis, die in der ganzheitlichen Beseelung von Körper und Geist durch die heilige Inspiration ihre konzeptionelle Wurzel hatte: in Heilungen, die oft als Wunder zelebriert, stets aber im Kontext mit dem Wirken des Heiligen Geistes interpretiert wurden. Auf diesem Gebiet erlangte Aimee Semple McPherson in den Jahren zwischen 1916 und 1922 nationale Berühmtheit: Ihre Erweckungs-Gottesdienste enthielten stets die Komponente bekundeter oder unmittelbar erfahrener Wunderheilungen und näherten sich bisweilen dem heutigen Verständnis von «Show»-Inszenierungen an (Swift 1998, S. 254 f.).

Die «Pentecostals» haben diese Verknüpfung von religiöser Erweckung und körperlicher Genesung nicht erfunden. Schon ein halbes Jahrhundert früher entwickelte Mary Baker Eddy eine Doktrin, nach der Krankheit (wie auch Sünde) lediglich eine Illusion sei, kreiert durch die Befangenheit in materieller Vordergründigkeit. Ihre Lehre, die auch heute noch die Christian Scientists anleitet, setzte auf eine Befreiung durch die reine Transzendenz Jesu, in deren Lichte das Leiden der Menschen als Einbildung aufgelöst werde. Diese Abkehr von der Schulmedizin war nicht evangelikal, sondern unitarisch-universalistisch inspiriert und fand Anhänger dort, wo jene Religion stark repräsentiert ist: bei der oberen gebildeten Mittelschicht und hier insbesondere bei Frauen (Butler/Wacker/Balmer 2003, S. 314 f.).

Gemeinsame Ablehnungsfronten – nämlich gegen die naturwissenschaftliche Medizin – schaffen somit noch keine gemeinsame Weltsicht. Im Gegensatz zu den «Christian Scientists» waren und sind die «Pentecostals» stets populistisch und strikt anti-theoretisch; das Gesunden wird euphorisch als ein Siegen des Heiligen Geistes über die Kräfte des Bösen im eigenen Körper ad hoc erfahren. Beiden Richtungen ist aber gemeinsam, dass sie kontinuierlich Zulauf durch Menschen erfuhren, die sich von der modernen Experten- und Apparatemedizin im Stich gelassen oder wie seelenlose Materie behandelt fühlten: Leider sind es bis heute immer noch vor allem Frauen, die solchen Erfahrungen ausgesetzt werden.

Der Anhang der Heilungsbewegung und McPhersons Erfolge waren keine isolierten Erscheinungen: Die «Pentecostals» führten die ersten amerikanischen Kirchen, in denen Frauen als Geistliche ordiniert und eingesetzt wurden; Frauen spielen auch heute eine führende Rolle bei der missionierenden Expansion der Kirchen besonders in Ländern der Dritten Welt (Cox 1995, S. 137 f.). McPhersons eigene Kirche, die «International Church of the Foursquare Gospel» wird heute weltweit auf nahezu 2 Millionen Mitglieder geschätzt, aber in diesem fluktuierenden Spektrum sind quantitative Aussagen stets riskant. Der Einfluss der Gründerin lässt sich auch sicherlich nicht auf die «offizielle» Gefolgschaft allein reduzieren.

Allerdings hat eine der Innovationen McPhersons mit dazu beigetragen, dass manche der zuvor getroffenen Einschätzungen für die Gegenwart relativiert werden müssen: ihr Einsatz neuer Medien, von populärer Musik über den Film und illustrierte Flugschriften bis zum Radio. Im Jahre 1922 bereits besaß sie das erste ausschließlich religiöse Rundfunkprogramm, doch sie blieb nicht lange allein. Christliche Fundamentalisten erwiesen sich als alles andere als «anti-modern», wenn es darum ging, ihre Botschaft mit den jeweils fortschrittlichsten Medien zu verbreiten. Gerade bei den «Pentecostals» veränderte aber der Aufstieg des Radios und besonders des Fernsehens die inneren Gewichtungen. Prominenz erlangten über diese Medien vor allem männliche Prediger – sie setzten auch andere Akzente in der Anpreisung der religiösen Inspiration. Nicht mehr allein physische Gesundung wurde als Begleiterfahrung der religiösen Erweckung versprochen; in den Vordergrund drängte sich mehr und mehr die Verheißung des pekuniären und beruflichen Erfolges. Die «Pentecostals», die anfangs das Lob der Armut und Bescheidung als Kernbestandteil ihrer Lehre kannten, schlossen ihren Frieden mit dem materiell-wirtschaftlichen Erfolgsstreben in der U.S.-Gesellschaft (Swift 1998, S. 256).

Darin sind sie sich heute mit den meisten fundamentalistischen und evangelikalen Gemeinden im U.S.-Protestantismus einig. Auf lokaler Ebene gibt es noch Gemeindeleben, das durch Ideale der «Brüderlichkeit» und Schlichtheit angeleitet ist, die «vorkapitalistisch» anmuten (vgl. Watts 2002, S. 117f.), doch der Trend der Selbstdarstellung, der die nationale Öffentlichkeit erreicht, geht in eine andere Richtung. Die Botschaft in evangelisierenden Fernsehshows und in Großveranstaltungen sowie in einer ausufernden «self-improvement»-Literatur lautet: Jesus befreit und ermöglicht dadurch die Konzentration auf das Wesentliche. Das Wesentliche aber ist: ein geordnetes, harmonisches Familienleben, dessen Voraussetzung wiederum der materielle Erfolg des Hauptverdieners ist. Gerechterweise muss also eingeräumt werden: Das Ökonomische dient nicht als Selbstzweck, sondern wird erstrebt, um emotionale Stabilität und «geordnete Verhältnisse» zu erlangen.

Ein mächtiger Kernbestandteil der amerikanischen Medien- und Freizeitkultur ist auch der Sport. Dass diese für das Alltagsleben so wichtige Betätigung auch in geistiger Verwandtschaft mit der wirtschaftlichen Wettbewerbs- und Leistungsgesellschaft steht, muss wohl nicht gesondert betont werden. Strenggläubige Protestanten hielten sich im 19. Jahrhundert allerdings noch auf Distanz zum aufkommenden Breiten- und Leistungssport – er galt ihnen als weltliche Ablenkung und Hedonismus. Inzwischen ist auch hier ein Friedensschluss zu verzeichnen (Krapohl/Lippy 1999, S. 180): Besonders im professionellen Sport und in den Colleges eigneten sich bekehrte Vorzeige-Athleten hervorragend dafür zu demonstrieren, wie die Umkehr zu Jesus und der Glaube Energien für Spitzenleistungen freisetze: Jesus ist eben nicht nur in der kommenden Schlacht von Armageddon auf der Seite der Sieger!

Die Kombination aus Sport und religiösem Enthusiasmus beflügelte den Football-Trainer der University of Colorado, Bill McCartney, zu einem sehr männlichen Unterfangen. Er gründete im Jahr 1990 die «Promise Keepers», eine Organisation, die sich der religiösen Erweckung und moralischen Stärkung des ohnehin schon «starken» Geschlechtes widmet. Ihre Grundsätze sind auf eine christlich fundierte neue Rolle des Mannes in Familie und Gesellschaft ausgerichtet (Allen 2002, S. 4 u. 170–172): Sie enthalten die Verpflichtung auf spirituelle und sexuelle «Reinheit», auf die Verantwortung des Familienvaters, auf die Verkündigung des biblischen Wortes und auf den Gehorsam gegenüber demselben. Die «Promise Keepers» geben sich überkonfessionell, aber ihre Anhängerschaft korreliert stark mit dem Reservoir der «Pentecostals» und ist politisch eindeutig konservativ (Johnson 2001, S. 98 f.).

Das Hauptinstrument der Organisation sind stadienfüllende Großveranstaltungen, in denen Männer miteinander das Versprechen zelebrieren, ein Leben nach den ausgerufenen, christlichen Grundsätzen zu führen. Sie haben außerdem ein bedeutendes Segment auf dem Markt der in den U.S.A. üppig wuchernden «self-help», «self-improvement» und «spirituality»-Publikationen erobert (Bloch 2001). Die Botschaft darin prangert eine «moralische Krise» in den U.S.A. an, die sich in Abtreibungen, Scheidungen, von den Vätern verlassenen Familien und auch in Rassismus äußere (Allen 2002, S. 157ff.). Da dabei scharfe Töne gegen Feminismus und Homosexuelle angeschlagen werden, ist das Agitieren der «Promise Keepers» in einer langfristigen Kontinuität rechtslastiger Gruppierungen interpretiert worden, deren gemeinsamer Nenner das Ressentiment gegen das «Fremde» und «Ungeordnete» ist (Hardisty 1999).

Diese Einordnung darf aber nicht zu Simplifikationen verleiten. Die Positionierung gegen Rassismus bei den «Promise Keepers» ist glaubhaft (Allen 2002, S. 181–184 u. 255); auch eine gewisse Resonanz bei schwarzen Männern bekundet das. Anders als bei traditionellen rechten «Hassgruppen» geht es bei den «Promise Keepers» nicht in *erster Linie* um die Ausgrenzung dessen, was sie ablehnen, sondern tatsächlich um Selbstfindung und kollektive Bestätigung darin. Eingeräumt werden muss, dass die Selbstfindung immer wieder zu *sehr* traditionalistischen Rollenverständnissen führt und dass die Bewegung sicherlich durch Irritationen über einen rapiden sozialen Wandel genährt wird. Wer aber die subjektiv-spirituelle Seite vernachlässigt und sich nur auf die gesellschaftspolitischen Frontstellungen der «Promise Keepers» konzentriert, wird die Gründe für diesen Erfolg nicht verstehen können.

Einiges spricht für die Annahme, dass auch die «Promise Keepers» nicht von dem Schicksal verschont bleiben, das viele Angebote im christlich-fundamentalistischen Erweckungs- und Evangelisierungsbetrieb ereilt hat: dass sie nämlich irgendwann einmal von der Szene verschwinden oder zumindest von ähnlichen Angeboten in den Hintergrund gedrängt werden. Die Kurzlebigkeit von Organisationen, der schnelle Aufstieg und manchmal ebenso schnelle Absturz von «Stars», die Anfälligkeit für Moden verbinden den missionierenden Organisations- und Mediensektor mit dem dort so oft geschmähten Hollywood. Wie bei diesem sind jene Symptome jedoch kein Anzeichen für mangelnde Produktivität und Vitalität. Die Szene ist so stark im Wandel begriffen, weil immer wieder neue Organisationen und Persönlichkeiten auf den «Markt» drängen, die sich zu Recht Resonanz für neue Inszenierungen und Botschaften versprechen. Natürlich zieht diese Hoffnung auch Scharlatane und zweifelhafte Charaktere an.

Das Sujet der TV-Shows mit Inspirationspredigten und Bekehrungserfahrungen war in den achtziger Jahren auf dem Höhepunkt seiner Entfaltung und erlebte dann eine schwere Krise durch persönliche Verfehlungen und Glaubwürdigkeitsverluste einiger seiner prominentesten Prediger (Jimmy Swaggart, Jim und Tammy Bakker, Oral Roberts). Sehr häufig waren diejenigen, die spektakulär scheiterten, der «charismatischen» Richtung zuzuordnen: Das Fiasko war dabei oft eine konsequente Fortsetzung der stark auf die Persönlichkeit zugeschnittenen Inszenierung (Cox 1995, S. 150 f. u. S. 276–279). Aber auch das Element des wirtschaftlichen Erfolges, das so wichtig für die «Charismatics» und «Pentecostals» geworden ist, trug zu diesen peinlichen Episoden bei: Fernsehprediger, wie die erwähnten, verheißen nicht nur den ökonomischen Erfolg der Bekehrten und Erweckten – sie *brauchen* ihn auch, weil sie indirekt an ihm teilhaben; ein Großteil der Sendungen besteht nämlich aus Spendenappellen, um die multimedialen Unternehmungen prosperieren zu lassen. Einige der größten Skandale der «electronic church» hatten demgemäß auch mit Veruntreuung und dem aufwendigen Lebensstil seitens der Prediger zu tun.

Das Aufkommen der «Promise Keepers» in den neunziger Jahren ist somit teilweise erklärbar mit der Enttäuschung durch prominente «TV-Evangelists» davor und z.T. parallel dazu. Es handelt sich um ein Auf und Ab verschiedenster, sich ersetzender, ergänzender und manchmal verdrängender Angebote an eine weitgehend gleiche, breite Zielgruppe. Das nun charakterisiert die Situation einer Amerikanerin/eines Amerikaners, die oder der sich in irgendeiner Weise dem entschieden christlichen Glaubenskreis zugehörig fühlt: Solche Menschen sind einer permanenten Ansprache und Mobilisierung aus den verschiedensten Richtungen ausgesetzt. Neben der eigenen, lokalen Kirchengemeinde und ihren Nebenorganisationen wirken vor allem Instanzen auf sie ein, die sich bewusst überkonfessionell geben. Außer TV-Shows und reisenden Missionsveranstaltungen, außer Rundfunkprogrammen, christlicher Popmusik und Jugendferiencamps spielen auch die Printmedien immer noch eine große Rolle. Die «Self-Help»-Literatur wurde bereits erwähnt. Auch die ständige Neuaufbereitung der millennialistischen Prophezeiungen garantiert einen nie versiegenden Publikationsstrom, der auf eine millionenfache Stammleserschaft trifft.

Neben einem breiten Markt für Journale (Krapohl/Lippy 1999, S. 185 f.) hat der fundamentalistische Kulturkreis auch seine eigenen belletristischen «Kultbücher» hervorgebracht. In den siebziger Jahren war dies Hal Lindseys *The Late Great Planet Earth*, ein Buch das von Präsident Reagan wärmstens empfohlen wurde und das bis zum Jahrhundertende über 20 Millionen verkaufte Exemplare erreichte (Krapohl/Lippy 1999, S. 183). Es erzählt die finalen Ereignisse der Apokalypse neu und projiziert dabei die Weltrolle der U.S.A. auf die Parteinahme zugunsten der Heerscharen Christi im Endkampf gegen die Kräfte des Bösen. Sein Erbe hat eine Roman-Serie angetreten, deren immenser Erfolg sich weitgehend unbemerkt von der etablierten literarischen Öffentlichkeit entfaltete. Es handelt sich um den auf 14 Bände angelegten *Left Behind*-Zyklus von Tim LaHaye und Jerry Jenkins. Fünf Romane dieser Serie sind bislang erschienen, die ersten vier Bände erreichten eine Gesamtauflage von über 55 Millionen Exemplaren; angeblich hat jeder zehnte Erwachsene der U.S.A. mindestens einen dieser Romane gelesen (MST 04.05.2003). Sie erzählen im Abenteuerstil die Kämpfe von Christen, die nach der «rapture» nicht sofort in das Jenseits gerufen wurden, sondern nun in den Jahren der «tribulations» gegen den Antichristen kämpfen müssen, bevor mit dem «second coming» die endgültige Herrschaft Jesu entsteht. Um diese Erzählungen hat sich eine große Fangemeinde geschart, die mit zahlreichen Nebenprodukten versorgt und zusammengehalten wird: CDs und Audiokassetten, Computerspiele und Web-Sites sowie ein Club mit eigenem Informationsdienst, der auch Interpretationen aktueller Weltereignisse (wie z. B. des Irak-Krieges) im Lichte des «Left-Behind»-Szenarios anbietet.

Rund um die christlich-fundamentalistische Existenz gruppiert sich auf diese Weise eine Organisations- und Angebotsvielfalt, die das Leben gewissermaßen «autark» gestaltet. Der umworbene Einzelne kann seine Freizeitgestaltung mit Medien und Begegnungsmöglichkeiten seiner Wahl ausfüllen, er kann die Söhne und Töchter auf Colleges nach seinem Geschmack senden, er kann sich über das Weltgeschehen in einer Weise informieren, die seinen Präferenzen gemäß aufbereitet ist. Diese harmonische Welt wird lediglich durch das öffentliche Schulwesen gestört, in dem die Kinder unerwünschten Fremdeinflüssen ausgesetzt sind – über dieses werden folglich einige der bittersten Kontroversen mit fundamental-christlicher Beteiligung geführt.

Was sich aber wie eine abschirmende Bestärkung von allen Seiten, somit als ein Vitalitätsausweis des evangelikalen und fundamentalistischen Milieus ausnimmt, kann auch ein wenig skeptischer interpretiert werden – zumindest für die Zukunft. «Von allen Seiten» bedeutet nämlich tendenziell auch, dass keine dieser Seiten mehr eine dominante Stellung beanspruchen kann. Die Angebote werden wählbar, die Einflüsse ersetzbar: Es kann die Gefahr der Beliebigkeit aufkommen. Das ist keine bloße Spekulation, sondern eine Einschätzung, die an ganz elementare Wesenszüge der evangelikalen Glaubenspraxis anknüpfen kann. In ihr ist nämlich eine grundsätzliche Ambivalenz angelegt: Der existenzielle Bezug auf Jesus, die völlig unumschränkte Autorität des Heilands als Bezug der eigenen Lebensgestaltung und als Richter des gesamten Weltgeschehens befriedigt einerseits jenes Verlangen nach Ganzheitlichkeit und «Konservatismus» im Sinne von Dean Kelley. Damit lässt sich erklären, warum diese Glaubensgemeinschaften vital blieben, während «mainline»-Kirchen in eine Krise gerieten. Es lässt sich sogar zusätzlich eine Attraktivität herleiten und der Zustrom von Menschen begründen, die letztere nicht mehr hinreichend als «Festung» gegen Verunsicherung und Anfechtung empfinden. Gerade aber *weil* der Bezug auf Jesus so direkt ist, gerade *weil* Jesus selbst als Retter jedes Einzelnen erwartet wird und weil die Heilige Schrift als Leitlinie für alle Lebensentscheidungen *wörtlich* zu konsultieren ist, haben andererseits für diesen Glauben Institutionen und gelehrte Vermittler keinen so hohen Stellenwert. Anders als bei traditionsreichen Kirchen, die mit bestimmten Ethnien eng verbunden sind (etwa den irischen Katholiken oder den griechischen Orthodoxen), entfallen auch außer-religiöse Motive, einer bestimmten Institution die Treue zu halten. Wenn ohnehin der persönliche Weg zu Jesus das Entscheidende ist, dann muss sich die lokale Gemeinde in ihrem Beitrag dazu den Vergleich mit den Konkurrenzangeboten gefallen lassen: etwa mit den überkonfessionellen Großveranstaltungen, mit den TV-Predigern oder mit Popularliteratur. Es kann dann vorkommen, dass der Vergleich nicht sehr günstig ausfällt und sich die religiös Suchenden außerhalb ihrer Stammgemeinde eine religiöse Ansprache erschließen oder zu anderen Gemeinden überwandern. Dies ist ein typisches Verhalten für Menschen in den sich rasch ausdehnenden Vorstädten: Räumlich und sozial mobil, mit nur lockeren Freundeskreisen und oft weit entfernt vom Wohnort der Eltern müssen diese Menschen wenig Rücksicht auf die konkrete Gemeindestruktur nehmen, in die sie einmal hineingeboren wurden. Eine grundsätzliche Frömmigkeit ohne allzu spezifische Gemeindeloyalität könnte so das künftige Erscheinungsbild eines evangelikalen Glaubens sein, der sich von seinen ländlichen Wurzeln zu einer suburbanen Lebensphilosophie weiterentwickelt.

Die konservativen Gemeinden würden in diesem Szenario nicht durch eine Rückwanderung in die «mainline»-Kirchen verlieren, sondern durch die Ausbreitung eines Phänomens, das zugespitzt bereits als «Cafeteria-Religiosität» bezeichnet worden ist. Menschen, die sich recht beliebig aus spirituellen Angeboten und religiösen Aktivitäten ihr eigenes «Menü» zusammenstellen, mag man einstweilen vor allem in sehr begüterten, hedonistischen Schichten ohne tiefe Bindungen antreffen: Der Filmstar, der binnen Jahresfrist vom Zen-Buddhismus zu Scientology überwechselt, kann als karikierende Illustration des Gemeinten dienen. Im Gegensatz dazu ist das Spektrum der Evangelikalen natürlich nicht völlig beliebig. Sie verbleiben in einem letztlich doch begrenzten System religiöser Aussagen.

Dennoch wirft die Prognose einer schwindenden Bedeutung organisierter Loyalitäten eine Folgefrage auf. Organisiertheit ist bekanntermaßen eine Erfolgsvoraussetzung für jeden, der um Einfluß in der Politik kämpft. Nun wird den konservativen, evangelikalen und fundamentalistischen Strömungen im U.S.-Christentum ein seit Jahrzehnten zunehmender Einfluss auf die Politik attestiert. Wie verträgt sich dieser Befund mit der zumindest zweifelhaften Bedeutung, die Organisiertheit für dieses Glaubensspektrum ausweist?

Wenn wir diese Frage aufnehmen, kommen zwei weitere Begriffe ins Spiel, die bei der Erörterung dieses Themas beliebt sind, bei uns aber bislang noch keine große Rolle spielten: «born again» und «christian right». Die Verknüpfung zwischen beiden Begriffen wird häufig – z. B. in der deutschen Medienberichterstattung – umstandslos erstellt. Die christliche Rechte ist danach die treibende Kraft in dem gegenwärtigen konservativen «Drift» der U.S.-Politik, und sie speist sich aus Anhängern, die sich selbst als «born again» bezeichnen. Der gegenwärtige Präsident hilft diese Einschätzung zu illustrieren. George W. Bush bezeichnet sich selbst als «born again», er behauptet, dass die Umkehr zu Jesus ihn von den Verirrungen seiner Jugendjahre befreite; gleichzeitig steht er der eindeutig konservativsten Administration der letzten Jahrzehnte vor, in der zahlreiche prominente Entscheidungsträger eine gleiche «born again»-Erfahrung reklamieren (Wills 2003).

Der einzige weitere Präsident nach dem Zweiten Weltkrieg, der sich als «born again» bezeichnete, war Jimmy Carter – wie Bush jr. ein Südstaatler, allerdings ein Baptist (G.W. Bush ist von der episkopalen Kirche seiner Eltern zur methodistischen seiner Frau übergetreten). Carter kann allerdings schwerlich für das konservative Lager vereinnahmt werden – insbesondere das sozial- und friedenspolitische Engagement *nach* seiner Amtszeit gibt ihm ein eher liberales Profil. Die obige Gleichsetzung hat also offensichtlich ihre Tücken.

Ein ähnliches Bild entsteht, wenn man sich von der obersten Prominenz ab- und der «Normalbevölkerung» zuwendet. Das Meinungsforschungsinstitut Gallup fragt diese regelmäßig: «Would you describe yourself as ‹born again› or evangelical?» Diese Formulierung ist natürlich problematisch, denn sie lässt keine Möglichkeit offen, das eine ohne das andere zu sein. Wir sahen bereits, dass «evangelikal» eine weitere und eine engere, rigidere Ausdeutung zulässt. Die Befragungsbefunde zeigen, dass die Verknüpfung wohl eher mit der weiten Interpretation hergestellt werden. Die Selbsteinordnung «born again/evangelical» bejahen für sich im Jahre 2001 regelmäßig ca. 45 bzw. 46 % der erwachsenen U.S.-Bevölkerung (Gallup 2002, S. 98); gleichzeitig erweist sich das Potential für strikt-evangelikale Glaubensgrundsätze als geringer. Auf dieses Potential zielt z.B. die Frage, ob die Bibel das unmittelbare Wort Gottes sei oder nur ein durch Gott inspirierter, von Menschen verfasster Text oder gar nur eine Sammlung von Geschichten, Fabeln und Legenden. Die strikt evangelikale Position («actual word») nahmen im Jahr 2001 nur 27 % der Befragten ein, 49 % entschieden sich für die Inspirationslehre und 20 % bezogen die säkularste Position (Gallup 2002, S. 98).

«Born again» bezeichnet also eine sehr allgemeine Haltung dem eigenen Glaubenserleben gegenüber, die noch nicht automatisch zu einer Lagerzuordnung berechtigt: Menschen sehen ihre Religiosität als Ergebnis einer *willentlichen* Umkehr im Erwachsenenalter oder aber als Wende durch jähe, göttliche Inspiration, in jedem Fall aber *nicht* als bequeme, konventionelle Fortschreibung einer Zugehörigkeit, in die man ohne eigenes Zutun einfach durch Geburt hineingeraten ist. Es überrascht nicht, dass dieses Verständnis einer auf das Selbst zentrierten Religiosität tiefe Wurzeln hat in einem Land, in dem wichtige Kirchen (z.B. die Baptisten und die Churches of Christ) dem Prinzip der Erwachsenentaufe anhängen. Der Gedanke des Neubeginns durch Willensentscheidung findet hier seine Versinnbildlichung, er wirkt auch bei eher distanzierteren Gemeindemitgliedern nach: Der Südstaaten-Baptist Bill Clinton beispielsweise griff während seiner politischen Karriere immer auf einen daraus abgeleiteten Topos zurück. Er inszenierte mehrfach während kritischer Episoden eine «Neu-Erfindung» seiner selbst. Wie neugeboren wollte er frische Ideen aufgreifen, neue Wege gehen, neue Unterstützung finden... Die Suche nach dem revitalisierenden «Jungbrunnen» ist sicher nicht nur eine amerikanische Spezialität*, sie erlangt ihren besonderen Stellenwert in diesem Lande aber dadurch, dass sie durch eine populäre, weithin akzeptierte Selbstbeschreibung im religiösen Empfinden unterfüttert wird. Nicht nur säkulare Abwandlungen – wie bei Bill Clinton – sondern auch die Übernahme der «born again»-Attitüde außerhalb des evangelikal-protestantischen Gemeindelebens ist ein Beleg für diese breite Verankerung.

Unter diesen Umständen die «born again»-Haltung mit einem spezifischen, politisch-religiösen Einstellungssyndrom («christliche Rechte») zu verbinden, scheint ein gewagtes Unterfangen zu sein. Freilich ist die Assoziation nicht ganz aus der Luft gegriffen. Die empirische Meinungsforschung hatte zwar Schwierigkeiten, die «born again»-Selbstbeschreibung auf der Individualebene stark mit irgendwelchen politischen Ausrichtungen korreliert zu finden (Jelen/Smidt/Wilcox 1993, S. 210 u. 212). Aber diese religiöse Orientierung kann dann verstärkend in die politisch konservative Richtung wirken, andere Einflüsse ohnehin bereits einen solchen Trend begünstigen. Auf lokaler Ebene lässt sich das im konkreten Zusammenleben einzelner Gemeinden beobachten. Das gruppenhafte Auftreten von «born again»-Erfahrungen kann demnach für eine gemeinsame, politisch-konservative Grundstimmung mobilisiert und in Verlautbarungen, Aktionen etc. umgesetzt werden, wenn wenn kontinuierlich eine entsprechende konsensuelle Kommunikation zwischen Gemeinde-»Führern» (Predigern, Gemeindeältesten usw.) und Gemeinde besteht (Jelen/Smidt/Wilcox 1993, S. 212). Die Wahrscheinlichkeit, dass «born again» mit «konservativ» zusammentrifft, ist beim Individuum weit größer, wenn dies auch auf die Gemeinde insgesamt zutrifft.

Der Versuch, diesen Mechanismus aus der lokalen Beschränktheit

---

* Anderer Ansicht ist offenbar T. C. Boyle in seinem satirischen Unterhaltungsroman *Road to Wellville* (1993).

zu befreien, war die «electronic church». Große Live-Veranstaltungen mit TV-Predigern überbrückten scheinbar mühelos die inhärente Spannung der evangelikalen Glaubenspraxis: Sie appellieren einerseits an die singuläre, höchst persönliche Erfahrung individueller Erweckung, indem sie diese in Bekenntnissen Einzelner vorführen, beziehen diese aber andererseits auf den kollektiven Resonanzboden einer eingestimmten, den Bekenner bestärkenden Gemeinde. Dazu kommt dann eine starke Führer-Gefolgschafts-Kommunikation, denn die Inszenierung ist ganz auf den Prediger-Star zentriert, der die gemeinsame «born again»-Emotion einer konservativen Einstimmung zuführen kann – ganz wie in einer entsprechenden Lokalgemeinde. In diesem Sinne hat z. B. Pat Robertson, ein ehemaliger TV-Prediger, seine Erfahrungen für seine republikanische Präsidentschaftskampagne im Jahre 1988 nutzbar machen können. Allerdings war zu diesem Zeitpunkt die «electronical church» wegen der erwähnten Skandale bereits in eine Krisenentwicklung eingetreten (Heinemann 1998).

Wie bereits angemerkt, waren die «Promise Keepers» eine Antwort auf diese Krisenphase. Auch sie vermochten die «born again»-Religiosität in eine konservative gesellschaftspolitische Ausrichtung zu transformieren, doch bei ihnen waren dafür keine predigenden «Stars» als Ferment erforderlich; entsprechende individuelle Glaubwürdigkeitsverluste könnten sie darum auch als Organisation kaum anfechten. Die zusätzliche Komponente, die der gemeinsam erfahrenen Religiosität hier eine politische Stoßrichtung gibt, ist in diesem Fall die kulturell verunsicherte Rolle des Mannes in der Gesellschaft. Damit wird ein Kollektiv angesprochen, das genug sinnfällige Gemeinsamkeiten in Bezug auf manche soziale Wandlungen aufweist, aber andererseits vage genug bleibt, um den Eindruck aufrecht zu erhalten, dass es bei den Großveranstaltungen um die Besserung jedes Einzelnen und nicht um die Formierung einer schlagkräftigen Organisation geht. Solche Veranstaltungen haben für die Teilnehmer darum ihre Rechtfertigung in dem, was sie *unmittelbar* leisten, nicht in dem, auf das sie nebenher auch orientieren. Sie politisieren die «Born again», ohne ihre latente Organisationsfeindschaft allzu sehr herauszufordern.

Dass verunsicherte Identitäten dazu beitragen, entschiedenes Christentum politisch aufzuladen, bestätigen nicht nur solche Beobachtungen, sondern auch sozialwissenschaftliche Untersuchungen.

Sie zeigen, dass sich Fundamentalismus mit politisch-konservativen Akzenten nicht im soziologischen Niemandsland formiert, sondern vorzugsweise in Soziallagen, die unter Veränderungsdruck stehen oder sonstige nicht-religiöse Anreize für konservative Reaktionen erfahren (Burris 2001, S. 31–33). Die Sekundarauswertung nationaler «Survey»-Daten zeigte eine starke Anfälligkeit von unteren Mittelschichten, insbesondere der «alten» Art (Einzelhandel, Handwerker, Facharbeiter), die ihren Status und ihre Qualifikation unter Druck sahen (Coreno 2002, S. 345). Auch eine Fallstudie bei einer fundamentalistisch-rechtslastigen Aktionsgruppe in Oregon bestätigte dieses Sozialprofil (Burris 2001, S. 39): Kleingewerbe-Eigner und Aufsteiger aus der Arbeiterklasse stellten das Hauptreservoir, Angestellte kamen in geringerer Signifikanz hinzu, eine vermutete Überrepräsentation des ländlichen Raumes konnte nicht bestätigt werden. Hingegen spielt die räumliche Plazierung immer noch eine große Rolle, wenn der Blick wieder auf den nationalen Maßstab ausgeweitet wird: Hier erweist sich die Variable «Wohnort in den Südstaaten» weiterhin als eine der stärksten, wenn es darum geht, fundamentalistisch-konservative Orientierungen vorherzusagen (Coreno 2002, S. 350f.). Ein entsprechendes Meinungsklima kann also sehr bestärkend darin wirken, dass Christentum und rechtsgerichtete Politik entschiedener als «natürlich» zusammengehörend angesehen werden. Die Schärfe des Sozialprofils hingegen lässt nach, wenn man sich von den hochmotivierten Aktivisten in dieser Kombination abwendet und auch jene einbezieht, die ihr Christentum in einer eher passiven und «lauen» Weise mit konservativen Politikpositionen verbinden (Burris 2001, S. 45).

Darin offenbart sich ein genereller Zielkonflikt, der in der allgemeinen Politiktheorie wohlbekannt ist und sich auch bei der konservativen Mobilisierung von U.S.-Christen eingestellt hat: Man kann entweder auf eine Ansprache setzen, die «tief» und «eng» ansetzt, oder aber die entgegengesetzte Option «flach» und «breit» wählen. Wenn die Menschen in einer bestimmten Soziallage und mit einer ohnehin schon gegebenen Disposition zugunsten der konservativ-religiösen Politik mobilisiert werden, hat man enthusiastische und belastungsfähige Unterstützer, die einer Botschaft folgen, die passgenau auf sie zugeschnitten scheint. Zweifelhaft bleibt aber, ob man damit Mehrheiten in Wahlen gewinnen kann – jedenfalls außerhalb bestimmter Regionen wie den Südstaaten. Dafür muss man die Ansprache breiter streuen – etwa auf die gesamte Population, die im weiteren Sinne als «evangelikal» gilt. Dieses Potential ist zwar groß, aber nicht vorbehaltlos instrumentalisierbar.

Viele Evangelikale hängen beispielsweise noch der Doktrin aus dem 19. Jahrhundert an, dass politisches Engagement ein unzulässiges Zugehen auf die «sündige Welt» sei und dass die Priorität eher bei der abgeschiedenen Suche nach dem Seelenheil liege (so z. B. der Prediger Bob Jones; vgl. Fowler/Hertzke 1995, S. 39). Diese Haltung wurde im frühen 20. Jahrhundert durch die Umstände des Scopes-Prozesses noch bestärkt: Auf die Erfahrung einer überwiegend spöttischen öffentlichen und veröffentlichten Meinung hin zogen sich viele Evangelikale ab den dreißiger Jahren sehr ins Privat- und Gemeindeleben zurück und mieden die «Große Politik». Der alte Südstaaten-Instinkt, der Bundespolitik zu misstrauen, tat ein Übriges zugunsten dieser Abstinenz.

Diejenigen Evangelikalen und «born again»-Christen, die ein politisches Engagement befürworten, müssen damit nicht unbedingt auf die konservative Karte setzen: Jimmy Carter wurde bereits als Beispiel benannt, andere Prominente in der Demokratischen Partei lassen sich anfügen, auch wenn ihr Minderheitenstatus bewusst bleiben sollte (Fowler/Hertzke 1995, S. 38). Wenn also Konservative in diesem Milieu mobilisieren wollen, müssen sie mit der Skepsis der Apolitischen und dem Widerstand der Moderaten und Liberalen rechnen – sie müssen also versuchen, Konzessionen zu machen, damit ihre Agitation nicht als Spaltpilz erscheint.

Dieser Versuch ist nicht immer gelungen – das zeigt auch die Entwicklung jener Organisationen, die gemeinhin mit dem Etikett «christian right» identifiziert werden, soweit damit die offizielle Beteiligung an politischen Prozessen gemeint ist. Der erste Versuch, evangelikale Christen aus der politischen Passivität herauszuführen und zu einem Faktor der nationalen Politik zu machen, war Jerry Falwells «Moral Majority». Falwell, ein TV-Prediger, der sich der Extravaganzen und Eskapaden mancher Kollegen enthielt, nutzte seine beachtliche Infrastruktur (Anschriften- und Spenderlisten, Veranstaltungsforen, verbundene Gemeinden), um die Agitation über «moral issues» (z. B. Abtreibung) in den Präsidentenwahlkampf von 1980 zu tragen. Gemeinsam mit einer Parallelgründung in Kalifornien (der «Christian Voice») konnte er darin einen erkennbaren Erfolg verzeichnen: Die Kampagne trug dazu bei, dass für den amtierenden Präsidenten Jimmy Carter ein beträchtlicher Anteil an potentiellen Stimmen unter Weißen, Männern, Evangelikalen und Südstaatlern verlorenging und zu den konservativen Positionen des (nicht-evangelikalen!) Herausforderers Ronald Reagan abwanderte (Diamond 1998, S. 67–69).

Der Erfolg sollte freilich auch nicht überschätzt werden. Er basierte einerseits auf einer längerfristigen Entwicklung: den Verlusten der Demokraten unter ehemaligen, weißen Stammwählern in den Südstaaten, die auf das Konto der «civil rights»-Politik der konservativen Republikaner gehen. Dieser Prozess setzte bereits mit der Kandidatur Barry Goldwaters 1964 ein, der selbst alles andere als ein frömmelnder Christ war (Caldwell 1998). Es ist auch zweifelhaft, ob die «moral issues» die Wahl von 1980 entschieden, zudem befanden sich die beiden tragenden Organisationen (u. a. nach Finanzskandalen) schon Mitte der achtziger Jahre wieder im Prozess der Auflösung (Durham 2000, S. 11). Wichtiger als solche externen Effekte waren jedoch die internen Erfahrungen, die für die Evangelikalen mit der Kampagne von 1980 einhergingen. Es wurden nämlich Taktiken angewandt, die auch für die Folgezeit bestimmend blieben: Ein Kernbestandteil war die Wählermobilisierung – die Einflusskanäle der Kirchen und Predigtprogramme wurden dafür genutzt, dass sich entschieden mehr konservative Christen als Wähler registrieren ließen. Das beeinflusste die Vorwahlen (hier besonders für die parallelen Kongresswahlen) und veränderte langfristig die Chancen von «christian right»-Kandidaten in der Republikanischen Partei: sie konnten auf die Unterstützung von Aktivisten aus dem religiös-konservativen Lager zählen, während in beiden Parteien Kandidaten mit unliebsamen, «liberalen» Positionen mit persönlichen, gezielten Angriffen rechnen mussten. Christliche Organisationen und Medien begannen, Benotungen für das Stimmverhalten von Abgeordneten gemäß ihrer moralisch-konservativen Verträglichkeit zu publizieren und bereits in den frühen achtziger Jahren gelang es so, mit gezielten und konzentrierten Kampagnen die Wiederwahl ausgesuchter Repräsentanten und Senatoren zu verhindern (Diamond 1998, S. 69).

Solche Taktiken demonstrierten anderen Aktivisten, dass man auch mit Nadelstichen zu einer großen Macht werden kann – nämlich zu einem parteiinternen Machtfaktor, der nicht selbst die Mehrheit der Wähler hinter sich scharen muss und dennoch bedrohlich genug ist, sodass keine massiv *gegen* ihn gerichtete Politik ratsam erscheint. Genau dies war in Grundzügen die Politik der Organisatoren und Strategen, die auf Jerry Falwell folgten. Der bekannteste Vertreter dieser Ära war Ralph Reed, der als jugendlicher «Medienstar» mit immensem Organisationsgeschick die «Christian Coalition» leitete, eine nationale Organisation, die Pat Robertsons Präsidentschaftskandidatur 1988 trug. Andere Organisationen, die in den achtziger und neunziger Jahren auf diese Weise Einfluss erlangten, waren der «Family Research Council» (Gary Bauer) und die «Concerned Women for America». Die Geschichtsschreibung der «christian right» identifiziert auf dem Weg dorthin drei Hauptphasen (vgl. Moen 1998, S. 184f.): zunächst eine «expansionistische» Phase, die gekennzeichnet war durch amateurhafte Ansätze, aufsehenerregende Prediger-Auftritte, Aktivierung fundamentalistischer Unterstützung sowie den Aufbau eines «direct mail» und Spendennetzwerkes. Letzteres wurde in der zweiten, der «Transitions»-Phase ebenso wie die früheren Lobby-Aktivitäten vernachlässigt, dafür kam es zu organisatorischen Neuformierungen, für die die zuvor genannten Verbände stehen. Auf diese Phase (1985/86) folgte dann die «Institutionalisierungsphase», die bis in die Gegenwart reicht. Sie ist charakterisiert durch ein konzilianteres und professionelleres Agieren in der Medienöffentlichkeit, eine Festigung der Finanzbasis, eine Zurücknahme des moralisierenden Tonfalls, der noch den Bewegungscharakter der frühen Jahre prägte. An seine Stelle tritt nun ein eher abgeklärt-politisches Auftreten, das Positionen markiert und dafür auch Unterstützung außerhalb der eigenen Reihen sucht.

Diese Stellung ist aber nur dadurch erlangbar, dass das zweite Gesicht der «christian right» auch wieder hervorkommen kann. Die Möglichkeit, an den «grassroots» massive Kampagnen gegen missliebige Politiker zu lancieren oder ganze Parteiorganisationen zu kapern oder lokal Streitfragen (wie Abtreibungskliniken oder Schulgebet) zu entzünden, bleibt auch in der dritten Phase erhalten. Sie wird ab 1994 in einer Weise gesteigert, die es vielleicht berechtigt erscheinen lässt, von einer vierten («devolutionären») Phase zu sprechen (so: Moen 1998, S. 186). Seither sind Einzelstaaten die bevorzugten Schauplätze der eher polarisierenden Kampagnen (z.B. gegen Anti-Diskriminierungsgebote zugunsten von Homosexuellen), während die nationale Ebene durch eher zurückhaltende Taktiken geprägt ist. Die «tiefe» Unterstützung enthusiastischer Aktivisten kann somit auf dezentraler Ebene ihr motivierendes Betätigungsfeld finden, während die «weite» Unterstützung durch Menschen, die nur gelegentlich konservativ-christliche Positionen mittragen, durch die dezentere Präsentation in den zentralen Politikabläufen erzielt werden kann.

Dieser Balanceakt gelingt aber nicht immer. Als beispielsweise die religiöse Rechte allzu bestimmend und provokativ auf dem Nominierungsparteitag der Republikaner 1992 auftrat, irritierte das moderate und säkular-konservative Wähler und trug zum Scheitern von Bush sen. in seiner erstrebten Wiederwahl bei (Reichley 2002, S. 330). Das «Clinton-Impeachment» 1998 wird ebenfalls gerne als Beispiel für einen Fall benannt, in dem die religiöse Rechte ihr Blatt überreizt hat: Einzelne, fundamentalistisch geprägte Repräsentanten trugen ein moralisierendes Eiferertum in die Antragstellung, das weder von der Bevölkerungs- noch von der Senatsmehrheit so mitgetragen wurde – zumal auch die größte Glaubensstärke Politiker jeder Richtung nicht vor Verfehlungen im Privatleben schützt (vgl. Prätorius 1999, S. 391 f., R. Williams 1998). Auch das Auftreten einiger prominenter Galionsfiguren, die überzeugten Aktivisten aus der Seele sprechen mögen, kann beim breiteren Publikum Unverständnis auslösen. Jerry Falwell z.B. erzeugte noch eher Heiterkeit, als sein Informationsdienst eine Gestalt in dem Kinder-TV-Programm *Teletubbies* als vermeintliches Rollenmodell für Homosexualität entlarvte; als er aber infolge des 11. September 2001 die Anschläge als Strafe Gottes für den angeblichen Säkularismus der U.S.-Gesellschaft deutete, reagierte die Öffentlichkeit überwiegend mit Befremden und Ablehnung. Auch die scharfen Töne gegen den Islam, die Falwell ebenso wie Franklin Graham anschlägt, haben ihm Distanzierung selbst durch evangelikale Prediger-Kollegen eingetragen (WP 08.05.2003).

Solche Vorkommnisse belegen, dass die «christian right» fortwährend eine Balance finden muss zwischen dem, was ihre aktivistische Basis stimuliert, und dem, was der breiteren Öffentlichkeit und den potentiellen politischen Bündnispartnern zumutbar ist. Andererseits muss sie wegen der mobilisierbaren Basis in der zentralen Politik nicht unbedingt ständig «Flagge zeigen», um dennoch ein Einflussfaktor zu sein, dem die Republikanische Partei Rechnung zu tragen hat. Für diesen Effekt bedarf es nicht einmal starker, öffentlichkeitswirksamer Organisationen in der nationalen Politik-Arena. Nach der Wiederwahl von Bill Clinton im Jahre 1996 geriet beispielsweise die «Christian Coalition» in eine schwere Krise, während der u. a. Ralph Reed seine Funktionen aufgab und zahlreiche Regionalorganisationen zerfielen. Dennoch war diese Organisation zusammen mit anderen (auch unorganisierten) Kräften der «christian right» im Jahr 2000 in der Lage, einen gravierenden Einfluss auf die Präsidentschaftsvorwahlen der Republikanischen Partei auszuüben. Sie hatten sich frühzeitig auf George W. Bush als ihren bevorzugten Kandidaten festgelegt und befanden sich damit in Übereinstimmung mit dem republikanischen Partei-Establishment und den Großspendern aus der Wirtschaft. Während der Vorwahlen erwies sich der Senator aus Arizona, John McCain, als überraschend starker Konkurrent. Obwohl selbst ein Konservativer, galt er – teilweise wegen persönlicher Animositäten – in fundamentalistischen Kreisen als unerwünscht. Das Resultat war eine bemerkenswert aggressive Kampagne gegen ihn in der Vorwahl in South Carolina (Rozell 2002, S. 61–64), die dann auch tatsächlich das Blatt zugunsten von Bush jr. wendete. Nachweislich folgten die Wähler mit evangelikaler und fundamentalistischer Ausrichtung der an sie ausgegebenen Empfehlung und verhalfen Bush zu dem Vorzeige-Erfolg, den er nach vorherigen, mageren Ergebnissen benötigte. Seitdem gilt George W. Bushs Administration als befangen in einer Dankesverpflichtung gegenüber der «christian right». Äußerlich wurden diese Schulden eingelöst durch die enge Verbindung mit einzelnen Predigern, über die bereits berichtet wurde. Dazu kamen konforme Personalentscheidungen, deren prominenteste die Besetzung des Postens «Attorney General» (Justizminister) mit John Ashcroft ist – einem extrem konservativen Politiker, der seit Amtsantritt mit einer Politik der Einschränkung von Bürgerrechten kontroverse Schlagzeilen erzeugt (Baker 2003).

Die «christliche Rechte» wirkt somit auf die Republikanische Partei als «fleet in being» ein: sie muss nicht immer auf die Parteiführung, auf das Weiße Haus oder den Kongress Druck ausüben, um ihre Position zur Geltung zu bringen: Die Geschichte erfolgreicher «Graswurzel»-Kampagnen hat ohnehin schon genug Sympathisanten ins Amt gebracht, außerdem beweisen Erfahrungen wie die John McCains, dass offene Feindschaft besser zu vermeiden ist.

Die Machtposition enthält allerdings auch ihre Ambivalenzen –

für beide betroffenen Seiten. In den Augen mancher Publizisten (z. B. Caldwell 1998, S. 64) macht die Republikanische Partei mit den evangelikalen Unterstützern insbesondere aus den Südstaaten eine Erfahrung, die den früheren Erfahrungen der Demokraten mit den Schwarzen ähneln könnte. In beiden Fällen konnte und kann die Partei auf eine verlässliche Bastion an Stammwählern und Aktivisten zurückgreifen, die aber für ihre Loyalität auch einen Preis abverlangt: nämlich das Eintreten für Positionen, die bei der «Mitte» des Wählerspektrums unpopulär sind (z. B. für bestimmte Sozialprogramme und «affirmative action» bei den Demokraten, für ein Abtreibungsverbot bei den Republikanern). Die Parallele taugt allerdings nur für eine oberflächliche Gleichsetzung: Wenn eine Unterstützungsgruppe als garantiert gilt und von der Gegenpartei auch kaum umworben wird, kann es auch dazu kommen, dass ihre Interessen eher nachlässig bedient werden. So scheint es, dass die Schwarzen in der Demokratischen Partei ihren Einfluss immer wieder neu erkämpfen müssen, während die «christian right» sich darauf verlassen kann, dass Positionen die ihr *vollkommen* zuwiderlaufen, in der Republikanischen Partei mittlerweile chancenlos sind (Caldwell 1998, S. 64). Für diese Interpretation spricht, dass selbst konservative Gegenstimmen zur Programmatik der «christian right» bei den Republikanern selten geworden sind. Als Jerry Falwell gegen eine von Präsident Reagan für den Supreme Court ausgesprochene Nominierung der Richterin Sandra Day O'Connor Front machte, weil er sich von dieser zu wenig Engagement für «moral issues» versprach, wurde er noch von der Ikone der säkularen Konservativen, Barry Goldwater, öffentlich und wirkungsvoll in die Schranken verwiesen (Corbett/Corbett 1999, S. 373). Zwei Jahrzehnte später ist in der Republikanischen Partei kein prominenter Politiker in Sicht, der diese Rolle Goldwaters ausfüllen könnte oder wollte.

Das ändert aber nichts an dem Tatbestand, dass fundamentalistische Protestanten allein im nationalen Maßstab keine Mehrheit in der Wählerschaft garantieren. Der wirtschaftsliberale Flügel der Republikaner verdient stets Beachtung, allein schon wegen der Parteispenden, die er aufbringen kann. Aber auch die Koalition mit anderen Konfessionen bleibt für die «christian right» erstrebenswert, wenn sie sowohl innerhalb der Partei als auch in Wahlen ihre Kernanliegen durchsetzen will. Im Falle des Nominierungsparteitages von 1992 schien sie dies zu beherzigen, als sie sich beim Einbringen ihrer Positionen mit dem konservativen Katholiken Pat Buchanan zusammentat, der auch schon in den Vorwahlen punktuell von ihr unterstützt worden war. Allerdings erwies sich diese Koalition dann als wenig wählerwirksam.

Bei weiteren Bündnissen stehen sich die politisierten fundamentalistischen Protestanten bisweilen in Gestalt ihrer entschiedensten Anhänger selbst im Wege. Dies war z. B. eine Begleiterscheinung der erwähnten Kampagne in South-Carolina während des Vorwahlkampfes im Jahre 2000. George W. Bush verdiente sich dabei die Unterstützung durch die «christian right» unter anderem dadurch, dass er die dort ansässige Bob Jones University mit einem Gastvortrag beehrte. Dies kam in anderen Bevölkerungskreisen eher schlecht an, denn die obskure Universität, eine Privatgründung im fundamentalistischen Geiste, fällt regelmäßig durch provokantes Gedankengut auf. Sie untersagte Studenten unterschiedlicher Ethnien «interracial dating», ihr Gründungspräsident bezeichnete den Katholizismus als einen «satanischen Kult» (Rozell 2002, S. 62) – ein klarer Rückfall in die evangelikale Aggressivität des 19. Jahrhunderts. Die so Diffamierten waren nicht amüsiert, und George W. Bush musste noch während des Wahlkampfes mehrfach entschuldigende Gesten gegenüber katholischen Würdenträgern lancieren (Segers 2002, S. 82–86). Alte Vorurteile mögen bei religiösen Eiferern an der Basis noch wie ein motivierender Zündfunke wirken, für die christliche Rechte als etablierten Machtfaktor im politischen Alltagsgeschäft sind sie hingegen störend – allerdings eine Störung, die immer wieder einmal auftritt! Ihre dauerhafte Wirkungskraft hätten evangelikal-protestantisch geprägte Konservative allerdings nicht erreicht, wären sie in ihrem eigenen Milieu starrsinnig eingemauert geblieben.

Die Fähigkeit, mit anderen Konfessionen Übereinstimmung über bestimmte Richtungsaussagen zu erzielen, ist durchaus gegeben – die gemeinsame Front der Evangelikalen und der katholischen Bischöfe gegen einen liberalisierten Schwangerschaftsabbruch ist nur ein Beispiel dafür. Wenn die konservativen Ausrichtungen des Protestantismus also seit geraumer Zeit das Gravitationszentrum der religiösen Dynamik in den U.S.A. darstellen, so bedeutet das demgemäß nicht, dass sie in der Gestaltung dieser Dynamik alleine die Szene beherrschen. Sie sind auf Kontakte und Kompromisse in einer religiösen Landschaft angewiesen, die ihre Vielgestalt gegenüber dem 19. Jahrhundert noch gesteigert hat, dafür aber nicht mehr von so tiefen Gräben durchzogen ist wie in jener Zeit. Diese bemerkenswerte Integrationskraft, die die U.S.A. gegenüber einem stetig im Wandel befindlichen religiösen Spektrum bewiesen haben, soll nachfolgend illustriert werden: nämlich am Beispiel einiger Religionsgemeinschaften, die einstmals an den Rand der U.S.-Gesellschaft gedrängt waren, sich heute aber zu deren Zentrum zählen dürfen.

3.3. Die Integrationsfähigkeit des Pluralismus

Wir erinnern uns: Der religiöse Pluralismus des 19. Jahrhunderts wurde belastet durch Spannungen zwischen Konfessionen, für die der Anti-Katholizismus das markanteste Beispiel darstellte. Natürlich drückten viele dieser Konfessionskonflikte gleichzeitig Spannungen zwischen sozialen Klassen und Ethnien aus. Entsprechende Zerwürfnisse innerhalb von Konfessionen stellten eher die Ausnahme dar, auch wenn das wichtigste Gegenbeispiel von kaum zu übertreffender Dramatik war: das Auseinanderbrechen protestantischer Kirchen über die Sklavenfrage und die weitere Verschärfung des religiösen «Nord-Süd-Gegensatzes» durch den Bürgerkrieg.

Innerkonfessionelle Entfremdung, so meint zumindest Hunter (1991, S. 87f.), ist im späten 20. Jahrhundert (bei allerdings geringerer Sprengkraft) von der Ausnahme zum Regelfall angewachsen. Die Amerikaner, so die These, haben keine Scheu mehr, engste Beziehungen mit Menschen anderer Konfessionen aufzunehmen, erleben aber die eigene Konfession oft als spannungsreich – etwa im Sinne widerstreitender konservativer und liberaler Ausrichtungen. Die Zunahme interkonfessioneller «Mischehen» einerseits und das Entstehen von innerkirchlichen «Agenda-Organisationen» andererseits, die sich für eine der Ausrichtungen stark machen (Hunter 1991, S. 89–95), dienen als illustrierende Belege für diese beiden Trends.

Die «christian right» scheint dieser Diagnose zu folgen, wenn sie außerhalb des evangelikal-protestantischen Spektrums nach Unterstützungspotential für ihre Positionen sucht – also die konservativ/liberalen Spannungslinien innerhalb anderer Konfessionen in ihrem Sinne zu akzentuieren trachtet. So lange ihr dabei die rückwärtsgerichteten Feuerköpfe an der eigenen Basis (wie im Falle der Bob

Jones University) nicht die Stimmung verderben, kann sie durchaus auf Resonanz bei diesem Unterfangen rechnen.

Eine Gemeinschaft, bei der sie nicht umständlich das konservative Lager ausfindig machen muss, ist die «Church of Jesus Christ of Latter-Day Saints», also die der Mormonen. Diese Kirche vereint weniger als 3 % der Amerikaner, ist aber die am schnellsten wachsende Kirche unter den größeren Gemeinschaften. Eine statistische Publikation (U.S. Census Bureau 2001, S. 55) weist für 1999 ca. 5,113 Mio. Mitglieder aus; damit waren die Mormonen in diesem Jahr ungefähr genauso stark wie die Evangelical-Lutheran Church. Interessant ist aber der Kontrast bei den Pastoren: Während die liberalen Lutheraner von 9542 Geistlichen betreut wurden, kümmerten sich deren 33945 um die Mormonen. Neben einer größeren Rolle nebenberuflicher Prediger indiziert das auch eine größere Vitalität und Intensität des Gemeindelebens. Mormonen verstehen ihre Versammlungsorte als religiöse «Studienzentren»; sie sorgen dafür, dass die Gemeindeaktivitäten sich fast über jeden Wochentag erstrecken; die Anforderungen an das aktive Engagement (z.B. auch in Missionsjahren für junge Erwachsene) sind sehr hoch.

Mormonen spiegeln zwar ansonsten das Sozialprofil der U.S.-Bevölkerung wider, aber sie entsprechen den protestantischen Fundamentalisten darin, dass sie sich zu 94 % aus Weißen rekrutieren und ein deutlich konservatives Einstellungssyndrom aufweisen (Fowler/Hertzke 1995, S. 196). In ihren Alltagsnormen sind Mormonen bisweilen noch rigider als Evangelikale (sie ächten nicht nur Alkohol und Tabak, sondern selbst das Koffein), ihre politische Repräsentation scheint in dieselbe Richtung zu weisen. Durch die räumliche Konzentration auf Utah und angrenzende Staaten haben sie sich eine Präsenz im Kongress gesichert, die sich sehen lassen kann: Sie stellen in der 107. Wahlperiode 11 Repräsentanten und 5 Senatoren (Nutting/Stern 2001, S. 1128). Davon gehören immerhin 1 Senator und 3 Repräsentanten den Demokraten an, dennoch ist das überwiegende Erscheinungsbild der Mormonen auf *Capitol Hill* (geprägt auch durch ihren prominentesten Politiker Orin Hatch) das eines konsequenten Konservatismus. Es gibt seltene Fälle, in denen sie deutlich von der Abstimmungslinie der «christian right» abweichen – so etwa im Jahre 2002, als ihnen ihre religiöse Lehre eine forschungsfreundlichere Position in Fragen der Humangenetik und Stammzellenforschung ermöglichte. Generell erscheinen sie aber dem christlich-konservativen Lager so eng verbunden, dass sie bei der Außenbetrachtung manchmal schon als ein Teil desselben, ja als eine besonders rigide Ausprägung des evangelikalen Glaubens anmuten.

Eine solche Zuordnung würde wohl bei zahlreichen Evangelikalen auf entschiedenen Protest stoßen: In ihren Augen sind die Mormonen Häretiker, vielleicht sogar Heiden, denn bekanntlich folgen sie nicht der Bibel als einzigem Wort Gottes, sondern stufen das Buch Mormon als Glaubensquelle von gleicher Dignität ein. Dieses Buch, das nach seinem Bekunden dem Kirchengründer Joseph Smith im Jahre 1827 durch einen Engel offenbart wurde, macht die «Church of Jesus Christ of Latter-Day Saints» gewissermaßen zur amerikanischsten aller Religionen. Nicht nur hat sie damit eine Gründungsgeschichte und einen zusätzlichen Glaubenskanon, der sie außerhalb der europäischen und orientalischen Überlieferungen plaziert, sie konstruiert sich auch eine Vorgeschichte und Überlieferung auf nordamerikanischen Fundamenten. Danach sind in zwei Auswanderungen Stämme des Volkes Israels nach der Zerstörung des ersten Tempels auf den nordamerikanischen Kontinent gelangt («Jeredites» und «Israelites»), sie wurden dort zwar im 4. Jahrhundert neuer Zeit vernichtet, aber ihre Sendung lebte unter den Indianern fort; die Mormonen sind eine «restaurative» Gründung – sie wollen einen urchristlich-apostolischen Glauben wiederbeleben und sehen auch von daher das «alte Europa» als einen historischen Irrweg.

Nicht nur die Vergangenheit, auch die Zukunftserwartung ist auf Nordamerika projiziert. Die Mormonen sind zwar auch Millennialisten, aber mit einer besonderen Note: Sie erwarten die Entscheidungsschlacht und das kommende Königreich Christi nicht in biblischen Landen, sondern auf dem Boden der U.S.A. Über die künftige Hauptstadt Zions gibt es allerdings Dissens. Die abgespaltenen «Missouri-Mormonen» erwarten sie in Independence, Mo.; schon im 19. Jahrhundert hatten sie darum den von Brigham Young geführten Auszug nach Salt Lake City nicht mitgemacht; dort erwartet nun die Mehrheitskirche das Zentrum des Reiches. Durch dieses besondere Szenario teilen die Mormonen allerdings auch nicht das besondere Interesse, das andere Millennialisten am Schicksal des Staates Israel zeigen.

Die dunklen Worte der Johannes-Offenbarung haben auch schon

in anderen Konfessionen Spaltung durch divergierende Interpretationen erzeugt, aber bei den Mormonen ist das Problem ernster, weil
sie einerseits eine Hierarchie institutionalisierter Seher («prophets»)
kennen, die verbindlich offenbarte Einsichten aus unmittelbarer
Inspiration an die Gemeinde weitergeben, andererseits aber die
Möglichkeit nicht ausschließen, dass jeder Einzelne entsprechende
Offenbarungen erfährt. Wenn diese Einzelnen dann der Doktrin
des 19. Jahrhunderts folgen, nach der Gottes Wort über den Gesetzen der Menschen stehe, dann ist die Versuchung, bizarrem Fanatismus zu erliegen, nicht mehr fern (vgl. SLT 22.03.2003). Die Kirche
versucht, dieser Gefahr entgegenzuwirken, indem sie – ganz anders
als die Evangelikalen – großen Wert auf eine strenge, durchorgani-
sierte Geistlichenhierarchie legt, ihre Mitglieder in ein hohes Maß
an Aktivitäten einbindet und dadurch auch die Sozialkontakte stark
auf die eigene Gemeinschaft konzentriert. Der Erfolg ist dabei groß,
aber nicht immer garantiert: Eine Kirche, die darauf basiert, dass ihr
Gründer die göttliche Botschaft direkt erfahren hat, muss damit
rechnen, dass auch in den nachfolgenden Generationen manch einer
sich zum Propheten berufen sieht. Abspaltungen von Dissidenten-
gemeinden unter selbsternannten Propheten kommen daher mit
großer Regelmäßigkeit vor (Melton 1999, S. 125 f. u. 589–613).

Dies betrifft auch jene Glaubenspraxis, die den Mormonen ursprünglich einen zweifelhaften Weltruhm eingebracht hatte: das
Tolerieren der Vielehe (für Männer!). Zwar wurde diese Praxis bereits eingestellt, als die Mormonen um 1890 die Aufnahme Utahs als
Bundesstaat anstrebten, doch in entlegenen Winkeln des Südwestens
und der Rocky Mountains halten Dissidenten an der Polygamie als
Teil der Glaubenslehre fest und zwingen diese sektiererischen Lebensformen sogar minderjährigen Mädchen auf (PNT 13.03.2003).
Solch extremes Sektierertum, das dann auch schon einmal die Straf-
verfolgung auf den Plan ruft, erinnert an die Außenwahrnehmung,
mit der die Mormonen im späten 19. Jahrhundert zu leben hatten.
Polygamie, separatistische Ansiedlungen in entlegenen Territorien
und Konflikte mit der weltlichen Gesetzesautorität schufen innerhalb und außerhalb* der U.S.A. das von der Phantasie beflügelte Bild
eines abstrusen Kultes mit kriminellen Energien. Die Mormonen

---

* Solche feindseligen Vorurteile belegt beispielsweise auch der erste Sher-
  lock-Holmes-Roman Sir Arthur Conan Doyles «A Study in Scarlet».

erfuhren in dieser Phase nicht nur Diskriminierung, sondern wurden sogar mit militärischen Mitteln bekämpft. Bezogen auf diese Geschichte können sie gegenwärtig wohl als das markanteste Beispiel einer Glaubensgemeinschaft gelten, die vormals am Rande der U.S.-Gesellschaft stand und sich heute im «mainstream» etabliert hat. Sie bestätigen also eindrucksvoll die Integrationskraft, die das religiöse Spektrum der U.S.A. immer wieder gegenüber neuen Erscheinungen bewiesen hat.

Vordergründig scheint sich auch die Entwicklung der schwarzen protestantischen Kirchen in diese Reihe einzufügen – auch wenn in diesem Fall der Weg in das etablierte Zentrum länger währte und schmerzhafter war. Hinzu kommt natürlich ein weiterer fundamentaler Unterschied: Die Ausgrenzung der Mormonen setzte an deren (tatsächlicher oder vermuteter) religiöser Praxis an. Die schwarzen Kirchen wurden nicht wegen ihrer religiösen Ausrichtung diskriminiert, sondern weil sie die Kirchen *der Schwarzen* waren. Ihre Religiösität hingegen plazierte sie immer schon sehr nahe an den Hauptströmungen auch der weißen Kirchen. Europäer, die ihre Einschätzung auf einen einzigen *Blues-Brothers*-Film stützen, mögen aberwitzige Vorstellungen über die Besonderheit schwarzer Spiritualität haben, aber ein eigener Stil in Ritus und Liturgie ändert nichts daran, dass die religiöse Lehre der schwarzen «mainline»-Kirchen in der Regel ein recht konventioneller Methodismus oder Baptismus ist (Baer/Singer 2002, S. 94f.). Diese Kirchen – wie die «National Baptist Convention, Inc.» mit ca. 8,2 Mio. Mitgliedern oder die «National Baptist Convention of America» mit ca. 3,5 Mio. Mitgliedern – haben sich überwiegend im 19. Jahrhundert formiert und haben seitdem mehrheitlich das Seelenheil ihrer Mitglieder gegenüber dem politischen Engagement zum wichtigeren Anliegen erkoren. Kontroverse «Politisierungen» gab es in ihrer Geschichte zwar häufig, doch betrafen sie oft die interne Ausrichtung der «Organisationspolitik»: Konflikte um die Führung der nationalen Organisationen wurden selten durch gesellschaftspolitische Divergenzen ausgelöst (Baer/Singer 2002, S. 95). Eine Entfremdung zwischen «liberalen» Kircheneliten und «traditionalistischen» Gemeinden wie bei dem weißen protestantischen «mainline» blieb den schwarzen Kirchen im 20. Jahrhundert erspart, dafür erlebten sie aber andere Entwicklungen in einer durchaus parallel verlaufenden Weise: Auch bei ihnen setzte ab Beginn des 20. Jahrhunderts die Abwanderung in «pentecostal»-Gemeinden ein (Noll 2002, S. 93–96), auch sie wurden von den Trends der «elektronischen Kirche» und von der weiteren Auffächerung religiöser Angebote in der jüngeren Vergangenheit erfasst.

Abgeschwächt hat immer noch die alte Redensart Bestand, dass die U.S.A. zu keinem anderen Zeitpunkt so segregiert sei wie am Sonntagmorgen. Immer noch beten dann 90 % der Schwarzen in Kirchen, die unter schwarzer Führung stehen und in denen sie fast nur Menschen der eigenen Ethnie treffen. «Pentecostal»-Gemeinden bilden eine gewisse Ausnahme; die Anziehungskraft mancher Sekten ist ebenfalls nicht zu unterschätzen – die Zeugen Jehovas gelten als die Gruppe mit der proportional erfolgreichsten Rekrutierung unter Schwarzen mit niedrigerem Bildungs- und Sozialstatus (Baer/Singer 2002, S. 101 u. 109). Die Zugehörigkeit zu protestantischen «mainline»-Kirchen unter weißer Führung bleibt hingegen ein rares Individualverhalten eher begüterter und regional mobiler Schwarzer.

Anders verhält es sich mit dem Katholizismus: Hier gibt es ein vitales und selbstbewusstes schwarzes Gemeindeleben, das sich auf historische Enklaven (wie Louisiana) und Immigranten aus der Karibik stützt. Die heute ca. 2 Mio. schwarzen Katholiken erwiesen sich als bedeutsam genug, um in den achtziger Jahren auf eine reformierte Liturgie hinzuwirken, die ihren spirituellen Traditionen entspricht (Dolan 2002, S. 220 u. 244). Von besonderer Bedeutung war dabei die offizielle Anerkennung eines Gesangbuches, das die Gospeltradition in die katholische Messe integrieren half. Besondere Vitalität entfaltet dieses kulturelle Amalgam freilich dort, wo die Schwarzen wieder einmal mehrheitlich unter sich sind: Die römisch-katholische Kirche als solche ist zwar nicht «segregiert», ihre schwarzen Bischöfe bezeugen das in den U.S.A. nachdrücklich, doch die räumliche Segregation nach Regionen und Stadtteilen bewirkt, dass die Gemeinden gewiss nicht gleichmäßig ethnisch gemischt sind.

Die weitgehende Einkapselung der meisten Schwarzen in ein Gemeindeleben unter ihresgleichen kann negativ als Segregation beschrieben werden, sie kann aber auch als Quelle für einige der historischen Leistungen der schwarzen Kirchen gedeutet werden. Im Bewusstsein der Weltöffentlichkeit hat sich die charismatische Gestalt von Martin Luther King jr. als Symbolfigur dieser Leistungen verankert: Kings Schicksal und Wirkung scheinen allem zu widersprechen, was zuvor über die eher traditionalistische und selbstbezogene Glaubenspraxis der schwarzen «mainline»-Kirchen angemerkt wurde. Die «civil rights»-Bewegung der fünfziger und sechziger Jahre als heroische Phase der schwarzen Kirchen ist aber nur verständlich aus dem Potential, das diese langfristig darstellten.

Insbesondere in der Zeit nach der «reconstruction» des Südens kamen die Gemeinden des ländlichen Raumes unter enormen Druck durch den weißen Alltagsrassismus, der bis hin zu den Lynchexzessen des frühen 20. Jahrhunderts reichte. In dieser Zeit war das, was zuvor als Selbstbezogenheit und Erlösungshoffnung charakterisiert wurde, nicht etwa affirmativ, sondern die notwendige Schutzfunktion, die eine religiöse Gemeinschaft in einer extrem feindlichen Umwelt bieten musste. Dabei kam den Pastoren eine Schlüsselstellung zu, denn die theologische Ausbildung an segregierten Seminaren war einer der wenigen Wege, die Schwarzen aus ländlichen Regionen offenstand, um sozialen Aufstieg und Zugang zum etablierten Bildungskanon zu erlangen: Nicht nur als religiöse Anleiter und Tröster, sondern auch als Interpretatoren der «Außenwelt» gewannen sie diese enorme Autorität. Mit der großen Wanderung nordwärts, heraus aus den Baumwollfeldern des Südens hinein in die industrialisierten Großstädte, wurde diese Schutz- und Interpretationsfunktion fast noch wichtiger, da die Geistlichen oft als Einzige auf frühere Erfahrungen des Verlassens der Heimat zurückgreifen konnten (Butler/Wacker/Balmer 2003, S. 356).

Seit dieser Zeit prägt dieses Gemeindeleben strukturell eine zweifache Ausrichtung: die Pastorenzentriertheit und die flankierende Organisationsvielfalt (Baer/Singer 2002, S. 75–77). Erstere entstammt dem beschriebenen Bedarf an Orientierung und Deutung in jenen Jahren extremen Wandels, sie ist aber bis heute immer noch sehr auf die exponierte Rolle von *Männern* in der Gemeinde zugeschnitten. Abgeschwächt gilt das auch für die Vielzahl der angeschlossenen Organisationen. In der neuen, urbanen Umwelt konnten Predigten allein nicht gegen die immensen Herausforderungen des Alltags ankommen. Die Kirchen entwickelten darum ein Netzwerk an Ausschüssen, Freizeit- und Selbsthilfeeinrichtungen, Jugendgruppen, Kulturveranstaltungen usw., denen meistens Aufsichtsorgane von Gemeindeältesten übergeordnet waren. Hier fanden sich abermals Männer zusammen, die durchweg die entstehende urbane Mittelschicht der Schwarzen repräsentierten. Für Frauen hingegen war der Kirchenchor die wichtigste Attraktion und die zentrale Begegnungsstätte.

An diesen Mustern hat sich wenig geändert – sie scheinen das quietistische, unpolitische Bild der schwarzen «mainline»-Kirchen zu bestätigen. Man muss aber ihre Funktion historisch würdigen: Sie bestand darin, Gemeinschaftserfahrung beim Bewältigen unmittelbar anstehender Not- und Bedarfslagen auszubilden, und prägte dadurch ein pragmatisches Politikverständnis, das nicht notwendig auf die lauttönende Teilhabe am nationalen Spektakel angewiesen ist, sondern Gerechtigkeit und Bedürfnisse im unmittelbaren Erfahrungsraum der Gemeindemitglieder anspricht. Das war dann schließlich auch der Ansatzpunkt der «civil rights»-Bewegung: Mobilisierung entstand auf der lokalen Ebene, ausgehend von alltäglichen Ungerechtigkeitserfahrungen (wie z.B. segregierten Verkehrsmitteln und Lokalen) und geführt durch Geistliche und Gemeindeaktivisten. Erst im weiteren Fortgang erreichte die Bewegung jene nationalen Foren wie den «March on Washington» 1963, bei denen dann Pastoren wie King das Bild einer in der «großen» Politik aktiv eingreifenden Kirche erwecken konnten. Es war aber jene «kleine» Alltagspolitik, die auch diesen charismatischen Führern zuvor ihre Prägung gab. «Gerechtigkeit» war und ist dabei *ein* Schlüsselwort, das andere ist «Identität»; zusammen stehen diese beiden Worte für den politisierungsfähigen Kern schwarzer Religiosität. Zugleich markieren die Begriffe aber auch auseinanderstrebende Richtungen, in die sich dieses Potential hinein akzentuieren kann.

Viele der Glaubensgrundsätze in schwarzen «mainline»-Kirchen verdienen, «evangelikal» genannt zu werden. Dennoch darf der Gebrauch dieses Attributs nicht dazu verleiten, dies mit dem entsprechenden Spektrum in weißen Kirchen gleichzusetzen – weder in theologischer noch in gesellschaftspolitischer Hinsicht. Beispielsweise blieben in den vergangenen zwei Jahrhunderten schwarze Millennialisten eine seltene Ausnahme (Baumgartner 1999, S. 189f.). Über die Gründe lässt sich nur spekulieren: Vielleicht stieß das premillennialistische Szenario, nach dem in der «rapture» einige wenige Gläubige von Jesus zu sich gerufen werden, ab. Der Verdacht lag nahe, dass die Weißen dabei wieder an sich selbst dachten. Vermutlich aber überzeugte auch die Vorstellung, dass die Dinge durch die Rückkehr Jesu zunächst einmal noch *schlimmer* werden, Menschen nicht, die bereits unter niederschmetternden Umständen lebten. Das endzeitliche wie das individuell jenseitige Hoffnungsszenario, das die schwarzen «mainline»-Kirchen predigten, war darum nicht das eines selegierenden, sondern eines *unterschiedslos* liebenden Jesus. («Unterschiedslos» könnte natürlich auch die Möglichkeit einräumen, dass jene Gerechten, die im Diesseits viel leiden mussten, besondere Liebe erfahren.)

Gerechtigkeit durch gleichmachende Liebe klingt wie ein sehr versöhnliches Programm, doch in einer Gesellschaft, die in derart empörender Weise Gerechtigkeit verweigerte wie der segregierte Süden, hatte diese Theologie natürlich eine enorme politische Sprengkraft. Der gewaltfreie Widerstand, die Bereitschaft, Leiden auf sich zu nehmen, verliehen dem «civil rights»-Protest eine besondere Wirkung, gerade weil sie an religiöse Werte appellierten, die offiziell auch jene der Gegenseite waren. Der Unterdrückte konnte durch sein Leiden den Unterdrücker *lehren*, dass eine letztlich höhere Macht die gesellschaftliche Ungerechtigkeit richten wird. «Redemptive suffering» als Proteststrategie ist nur wirkungsvoll, wenn sie nicht ein Kampf innerhalb der Machtressourcen bleibt, die für alle sichtbar sind – sie wirkt also nur in religiös motivierter Politik: «No secular politics can embrace suffering for its own sake or accept that suffering is ever ,redemptive'. Such perspectives might celebrate the strength of solidarity, but they cannot revalue the social dominance of the ruling group, for they have no conceptual basis to understand that rulers are violating their own essential nature or that ‹real› power is elsewhere. For a secular politics, social power is the only power there is.» (Gottlieb 2002, S. 115).

Die moralische Aufwertung dieser Politik ergriff auch die säkulare und internationale Öffentlichkeit, als beispielsweise am 15. September 1963, einem Sonntagmorgen, weiße Rassisten einen Bombenanschlag auf die Sixteenth Street Baptist Church in Birmingham, Alabama, verübten und dabei vier schwarze Kinder ermordeten, die sich auf den Gottesdienst vorbereiteten (Butler/Wacker/Balmer 2003, S. 397). Spätestens mit diesem Ereignis war die schwarze Kirche in der überwiegenden amerikanischen Öffentlichkeit als der legitime Anwalt der Gerechtigkeit etabliert – nicht nur der offensive Begriff des Märtyrertums machte sie dazu, sondern auch die Forderung elementarer Gleichheit, die ja nicht mehr als die Einlösung der Verfassungsprinzipien implizierte.

Während also das Gerechtigkeitspostulat den «mainline»-Kirchen der Schwarzen eine konsensgetragene Stellung im Zentrum der U.S.-Gesellschaft und der Konfessionen eintrug, kann dasselbe über das Identitätspostulat nicht ohne Vorbehalt gesagt werden. Der Begriff steht hier für das Bestreben, den jahrhundertealten Angriffen des weißen Rassismus auf Selbstachtung, Wir-Gefühl und Eigenständigkeit die Selbstbesinnung entgegenzusetzen. «Black pride»-Motive, das stolze Hervorheben der eigenen kulturellen Überlieferung, das stärkere Hervorkehren der spezifischen Spiritualität waren bedeutende Impulse auch der schwarzen «maineline»-Kirchen im Vorfeld und im Verlauf der Bürgerrechtsbewegung (Gottlieb 2002, S. 113 f.). Das konnte aber in den Augen vieler anderer Schwarzer nichts daran ändern, dass diese Selbstbesinnung sich zutrug in Glaubenstraditionen, die letztlich auf die Konfessionen der Sklavenhalter zurückgingen. «Black nationalism»-Bewegungen manifestierten sich während des gesamten 20. Jahrhunderts – mit unterschiedlicher Radikalität, mit unterschiedlicher Gewichtung hinsichtlich der säkularen und religiösen Komponenten und mit unterschiedlicher Selbsteinordnung gegenüber dem Christentum. Prominente Führer solcher Bewegungen waren z. B. Marcus Garvey, der predigte, dass Gott schwarz sei, und der eine Rückkehr in ein autonomes Leben in Afrika forderte, oder «Father Divine», der eine synkretistische und wundergläubige Variante der «racial pride»-Lehre verkündete. Beide wurden in den zwanziger und dreißiger Jahren von der weißen Justiz mit mehr als fragwürdigen Urteilen bekämpft (Butler/Balmer/Wacker 2003, S. 357 f.) Die wichtigste neuere Erscheinung solcher Bewegungen ist das Entstehen islamischer Glaubensgemeinschaften unter den Schwarzen. Durch das kurze, aber sehr öffentlichkeitswirksame Wirken von Malcolm X während der sechziger Jahre (wie auch durch die Spike-Lee-Verfilmung seiner Autobiographie) wird diese Tendenz in der Öffentlichkeit immer noch gern mit einer besonders militanten, anti-rassistischen und «anti-imperialistischen» Mobilisierung assoziiert. Diese Zuordnung vereinfacht aber die längere und facettenreiche Geschichte solcher Übertritte zum Islam, die sehr häufig auch in eine eher traditionelle, strikt an den Koran gebundene Religionspraxis mündeten, welche eine selbstbezogene Abwendung von der U.S.-Gesellschaft als Weg zur Identität propagierte.

Die «Black Muslim», die «Nation of Islam» waren bzw. sind ein bedeutender Ausdruck dieses Versuches, die mit dem Christentum identifizierte Abhängigkeit von der weißen Mehrheitskultur abzustreifen. Damit stehen sie nicht allein: Zu dieser Kategorie zählen auch Sekten, die sich dem jüdischen Glauben zurechnen, und Be-strebungen, die zum Umkreis des «spiritual movement» gehören (Baer/Singer 2002, S. 115–120 u. 184–195). Dieser etwas unklare Begriff fasst Sekten zusammen, die synkretistisch allerhand Myste-rien, Geheimlehren, Versatzstücke aus Animismus, Voodoo und Hei-lungsreligionen in ein Gemisch einbringen, das manchmal christliche Elemente enthält, diese manchmal aber auch ganz verschwinden lässt. Wenn sie auch selten offen politisch agieren, vollziehen all diese Bewegungen doch einen scharfen Bruch mit der gesellschaftlichen Funktion der schwarzen «mainline»-Kirchen, einen gesicherten Platz im Spektrum konfessioneller und politischer Respektabilität zu etablieren. Einen solchen Platz können die zahlreichen Sekten nicht erlangen, wollen es – mit Ausnahme der Muslime – wohl auch nicht. Dafür sind ihre Grenzen auch oft zu verschwommen, ihre Botschaften zu wandelbar und ihre Mitgliedschaft zu fluktuierend. Durch ihre amorphe Natur gewähren sie gerade nicht, was die schwarzen «mainline»-Kirchen als ihre große historische Leistung im 20. Jahrhundert ansehen dürfen: *Sicherheit* zu vermitteln.

Diese Sicherheit schufen die Kirchen auch und gerade in den turbulenten Jahren des Bürgerrechtskampfes. Sie (und ihre Bünd-nispartner) erreichten einen radikalen Wandel, ohne dabei selbst ra-dikal zu erscheinen. Als radikal, ja extremistisch erschienen hinge-gen viele Verteidiger des Status quo und der weißen Suprematie. «Civil rights» bedeutete nichts anderes als die Inklusion in ein schon bestehendes Rechts- und Institutionensystem, das an seinen eigenen Ansprüchen zu messen war. Der erreichte Wandel schuf somit nicht nur im Ergebnis, sondern bereits im Prozess die *Respektabilität*, die dann den Status in der Gesellschaft abermals sicherer machte. Das erklärt, warum das zuvor gezeichnete Bild eines selbstbezogenen, latent konservativen Gemeindelebens mit dem «civil rights»-Akti-vismus nicht im Widerspruch steht. Schutz und Orientierung ge-währende Strukturen zu schaffen und einen geachteten Platz in der Gesellschaft zu sichern ist das zugrunde liegende, einende Motiv in beiderlei Hinsicht.

Diese eigenartige Kombination aus Werthaltungen, die konser-vativ anmuten, und einer gesellschaftspolitischen Parteinahme, die in den U.S.A. als eher links eingestuft wird, hat bislang dauerhaften Bestand gezeigt. Doch bereits im Jahre 1990 mutmaßten Journalis-ten (Edsall/Edsall 1992, S. 263 f.), dass nicht alles so bleiben muss, nur weil es sich so eingespielt hat. Die über viele Jahrzehnte währende Verbindung zwischen der Demokratischen Partei und den Schwarzen als ihrer treuesten Stammwählerschaft sei vielmehr gefährdet. Die Demokraten hätten sich seit den rebellischen 6oer Jahren stets mit «insurgent values» assoziiert: Werten, die tradierte Autoritäten anfechten, die auf individuelle Entfaltungsfreiheit, auf Pluralität der Lebensstile und auf die Ansprüche neuer Interessenkoalitionen setzen. Die meisten Werthaltungen in der schwarzen Gemeinschaft aber seien ordnungs- und stabilitätsbezogen. Ausgleich und Solidarität, Geltung von Regeln und Autoritäten, Stärkung von Sozialnormen durch Religion und organisierte Freizeit sind typische Antworten einer Gemeinschaft, die gerade in urbanen Nachbarschaften ständige Gefährdungen erfährt. Arbeitslosigkeit, Jugendbanden, Wohnungsnot, «unvollständige» Familien, Kriminalität sind typische Schlagwörter, die dieses Bild in den Medien prägen.

Die Tendenzaussage einer Entfremdung zwischen Demokratischer Partei und schwarzer Population hat sich seit 1990 bislang noch nicht bewahrheitet. Der Personen-Faktor mag dabei eine große Rolle gespielt haben: Während Bill Clinton in den Wahlen von 1992 und 1996 sich als Magnet für schwarze Stimmen zugunsten der Demokraten erwies, war George W. Bush ein Kandidat der Republikanischen Partei, der den Graben zur schwarzen Bevölkerung eher vertiefte (Reichley, 2002, S. 311 f. u. 344). Die dubiosen Umstände seiner Wahl im Jahr 2000, insbesondere Auszählungs- und Registrierungsprobleme im Bundesstaat Florida, die sich vor allem zu Lasten schwarzer Wähler auswirkten, haben die Distanz gewiss nicht gemildert.

Aber die Trendaussage trifft dennoch ein Phänomen, auch wenn sie offenbar noch nicht für Wahlprognosen taugt. Die wichtigste Leistung, die schwarze «mainline»-Kirchen für ihre Mitglieder erbringen, ist *Stabilisierung*: von Sozialbeziehungen, von religiösen und spirituellen Traditionen, von Alltagsnormen, von kultureller Identität (MST 08.02.2003). Das erinnert stark an jene Eigenschaften, die im vorigen Abschnitt als Gründe für die relativ höhere Attraktivität «konservativer» protestantischer Gemeinden angeführt wurden. Wenn schon die Republikaner die Schwarzen insgesamt nicht erfolgreich umwerben können, dann können doch vielleicht die evangelikalen Protestanten Brückenköpfe des Konservatismus in schwarzen Kirchen schaffen? Solche Versuche sind tatsächlich nachweisbar, und sie können sich auf einige Faktoren im angepeilten religiösen Spektrum stützen.

Wir sahen bereits, dass es bei dem Kriterium «evangelikal» eine Kluft zwischen Selbsteinschätzung und Objektivierung gibt: Während eine große Mehrheit der Schwarzen dieses Etikett für sich zurückweist, trägt doch eine ebenso große Mehrheit Glaubensgrundsätze mit, die für das evangelikale Profil ausschlaggebend sind: so die «born-again»-Haltung und das Insistieren auf die Bibel als direktem Wort Gottes (Calhoun-Brown 1998, S. 85 f.).

Die Ansprechbarkeit seitens konservativer weißer Protestanten hört hier nicht auf: In Fragen der «family issues» (z. B. Scheidung, Elternrechte, Vaterrolle, Schwangerschaftsabbruch) beziehen schwarze Protestanten Positionen, die den Evangelikalen näher stehen als den «mainline»-Protestanten; in der Frage, ob Schulgebete zugelassen oder gar vorgeschrieben werden sollen, halten sie sogar die konservativste Position von allen Gruppen (Calhoun-Brown 1998, S. 93 f.).

Eine Kampagne, die in den neunziger Jahren im Staate Colorado stattfand, illustriert, wie weiße Evangelikale dieses Potential in ihrem Sinne zu aktivieren suchten. Es ging darum, rechtliche Schutzbestimmungen und Diskriminierungsverbote zugunsten von Homosexuellen abzuschaffen. Schwarze Kirchen wurden dafür partiell als Koalitionspartner gewonnen, wobei feinsinnige Unterscheidungen zwischen «echten» – d. h. vormals diskriminierten oder noch schutzbedürftigen – Minoritäten und fordernden, frivolen «Pseudo-Minderheiten» getroffen wurden (vgl. Wadsworth 1997, S. 350–358). Die Kampagne scheiterte, aber sie bewies die Ansprechbarkeit schwarzer Christen, die auch bei diesem Thema eine eher konservative Position einnehmen. Die «Promise keepers» haben das erkannt und können einige Erfolge dabei verzeichnen, schwarze Gläubige zu gewinnen. Das einende Band ist hier die Beunruhigung über die Anfechtungen, die traditionelle Väter- und Männerrollen durch kulturellen Wandel in der Gesellschaft erfahren (Wadsworth 1997, S. 365).

Die Rolle des afro-amerikanischen Mannes in der U.S.-Gesellschaft wird jedoch auch von anderen Einflüssen gefährdet als nur von jenen, die Evangelikale mit den Sammelbegriffen «family values» und «moral issues» thematisieren wollen. Die ungleiche Chancenverteilung im Bildungssystem und auf dem Arbeitsmarkt sowie die überproportionale Konfrontation gerade junger, männlicher Schwarzer mit der Strafjustiz seien hier nur als drei, hinreichend bekannte Beispiele benannt. In der Reaktion auf solche Herausforderungen wirkt dann die Tradition der schwarzen Kirche nach, die eben nicht *nur* eine Instanz der religiös-moralischen Festigung war und ist, sondern auch Kern eines Netzwerkes zur pragmatischen Problembewältigung. In diesen Bereichen reagiert die schwarze Gemeinschaft entsprechend der Identität, in der sie betroffen ist: als Ethnie. In den angesprochenen Streitfragen verdient die Reaktion der schwarzen Christen daher eher als durch «Affekte», denn durch Glaubensgrundsätze gesteuert bezeichnet zu werden (Calhoun-Brown 1998, S. 103). Ein gutes Beispiel für diese Aussage ist die Todesstrafe. Bei den weißen Evangelikalen ist diese archaische Form des Strafens ungebrochen populär, auch weil sie als Gebot der Bibel aus diversen Schriftstellen herausgelesen wird (RNS 20.01.2003 und 06.02.2003). In keiner anderen Glaubensgemeinschaft ist die Skepsis gegen die Todesstrafe hingegen so groß wie bei den schwarzen Christen – nicht aber, weil diese eine andere Bibelinterpretation vorlegen, sondern weil unter den Opfern überproportional viele Schwarze sind und weil diese oft in äußerst anfechtbaren Verfahren verurteilt wurden.

Das bedeutet nicht, dass die religiösen Bindungen ohne Einfluss auf die Formierung von politischen Positionen sind. Der Begriff «Affekte» schließt ein, dass in Lebensbereichen, in denen die Problembewältigung in normativen Dimensionen stattfindet, die kirchlichen Lehren entsprechend stark einwirken. Eher materielle Interessen entfalten hingegen ihre Eigendynamik. So zeigt sich, dass zwar einerseits Schwarze mit besonders starker Bindung an die Gemeinden und starker Religiosität sich weniger stark für staatliche Wohlfahrtsprogramme aussprechen. Die Unterstützung verbleibt dennoch auf einem vergleichsweisen sehr hohen Niveau, nimmt man beispielsweise weiße Evangelikale zum Maßstab, bei denen religiöse Bindung stark mit marktliberalen Positionen in der Sozialpolitik korreliert (Corbett/Corbett 1999, S. 327). Die positiven Erfahrungen, die staatliche Programme für die Sicherung des eigenen Status gebracht haben, wiegen in diesem Fall für Schwarze schwerer als die Impulse, die aus einem religiös geprägten Konservatismus überspringen könnten.

Die punktuelle Ansprechbarkeit für Themen der weißen Evangelikalen bedeutet demnach nicht, dass die schwarzen Wähler in absehbarer Zeit der Republikanischen Partei zuströmen werden. Dafür sind ihre Einstellungen zur Sozial- und Wirtschaftspolitik weiterhin zu «liberal» (im amerikanischen Wortsinne). Zudem sehen sie sich personell nicht repräsentiert. Die überwiegende Zahl schwarzer Amtsträger in Bund, Staaten und Kommunen gehört immer noch der Demokratischen Partei an; die zweite Bush-Präsidentschaft hat wenig dazu beigetragen, diese Bindung zu lockern. In der Vorphase des Irak-Feldzuges 2003 waren sich schwarze Prediger und ihre Gemeinden überwiegend darin einig, die Pläne der U.S.-Regierung abzulehnen (Pew Research Center 2003, S. 2 f.). Dabei haben viele Schwarze eine positive Einstellung zum Militär, das sich während der letzten vier Jahrzehnte als eine bedeutende Leiter zu sozialem Aufstieg erwies. Gerade weil aber viele schwarze Soldaten bei Militäraktionen ein besonderes Risiko tragen, schlug das tief sitzende Misstrauen gegen den «Commander in Chief» (der sich selbst während des Vietnamkriegs dem Einsatz geschickt entzog) besonders stark zu Buche. Auch hier wird darum ein aus politischer Positionierung gespeister «Affekt» wirksam, nicht etwa ein religiös angeleiteter, grundsätzlicher Pazifismus.

Wenn also in voraussehbarer Zukunft die schwarzen Kirchen ihre etablierte Stellung im konfessionellen Konsensspektrum nicht mit einem Schwenk in das konservative Lager honorieren werden, so kann das für zwei weitere Partner der alten «New Deal»-Koalition nicht mit derselben Gewissheit ausgeschlossen werden. Gemeint sind hier die Katholiken und die Juden, beides religiöse Gemeinschaften, die noch im 19. Jahrhundert unter offener Diskriminierung zu leiden hatten und die erst durch die Unterstützung F. D. Roosevelts systematischen Zugang zu den Netzwerken der nationalen Politik fanden. Ihre Option zugunsten einer sozialeren, staatsinterventionistischen Politikausrichtung hatte damals auch einen in Grundzügen vergleichbaren soziologischen Hintergrund: Beide umfassten eher urbane Bevölkerungssegmente, die mit den Problemen der industriellen Zentren konfrontiert waren und enge Kontakte zur Gewerkschaftsbewegung hatten; beide hatten innerhalb ihrer Gemeinden mit einem andauernden Zustrom von Immigranten zu leben. Beide zeichnete darum ein hohes Engagement beim Angehen sozialer Probleme aus; bei den Juden schlug sich das nicht nur in der Aktivität religiöser und mildtätiger Einrichtungen nieder, sondern auch in der überdurchschnittlichen Repräsentanz (überwiegend sä-kularer) Juden in der Arbeiterbewegung und in sozialistischen Par-teien (Feingold 2002, S. 158–178, 262 f.).

Die Hinwendung zu sozialen Fragen und die Unterstützung für einen kompensierenden Staat überdauerten vielfach die eigene Be-nachteiligung in der Gesellschaft. Sowohl Juden als auch Katholiken haben seit dem Zweiten Weltkrieg einen bemerkenswerten Aufstieg hinsichtlich ihres relativen, materiellen Wohlstands und ihrer Posi-tion innerhalb der sozialen Statushierarchie vorzuweisen (Roof/McKinney 1987, S. 110). Die Pauschalbeurteilung verdeckt aber, dass bei den Katholiken zumindest ein großer Teil der Gemeinden immer noch von den ärmsten Schichten der Bevölkerung gestellt wurde – nämlich von den «Hispanics». Die römisch-katholische Kirche war immer schon eine Multikulti-Einrichtung, was sich mit ihrem universalen Anspruch ja auch gut vertrug. Ihre innere Plura-lität hat sich jedoch mit der lateinamerikanischen und philippi-nischen Zuwanderung nach dem Zweiten Weltkrieg weiter aufge-fächert. Die Besonderheit der «Hispanics» war nicht nur, dass sie stärker als alle früheren Immigranten an ihrer Sprache festhielten, sondern auch, dass sie eigene religiöse Traditionen weiter pflegten. Für beides war bei mittelamerikanischen und karibischen Katholi-ken natürlich die räumliche Nähe zu den Herkunftsregionen haupt-verantwortlich. Aber auch ein innerer Wandel der römisch-katholi-schen Kirche begünstigte diese gewachsene Vielfalt im Erschei-nungsbild.

Wie kein anderes Ereignis hat das Zweite Vatikanische Konzil (1962 bis 1965) das Selbstverständnis und die gesellschaftliche Stel-lung der amerikanischen Katholiken verändert. Es folgte auf ein be-reits bedeutendes Ereignis: auf die Wahl John F. Kennedys 1960, also des ersten U.S.-Präsidenten katholischer Konfession. Das Konzil, initiiert durch den auch bei Nicht-Katholiken populären Papst Johannes XXIII., trug bei zu einem wachsenden Selbstbewusstsein, das bereits durch die Kennedy-Wahl stimuliert worden war: Es war beflügelt durch das Gefühl, «mitten in der Gesellschaft» zu stehen, an deren Wandlungen teilzuhaben und einer «entstaubten» Kirche anzugehören, die zeitgemäße Antworten auf neue Herausforderun-gen finden kann (Gillis 1999, S. 98–90).

Dieser Umschwung ist in seiner Tragweite nur nachzuempfinden, wenn man bedenkt, dass noch in den vierziger und fünfziger Jahren anti-katholische Propaganda in den U.S.A. einen aufnahmefähigen Markt fand (vgl. Dolan 2002, S. 166–168). Die Kennzeichnung als anti-demokratisch, rückschrittlich und autoritär-ferngesteuert waren typische Klischees, die dem Katholizismus damals noch anhingen und die das Vaticanum II überwinden half.

Ein Schritt auf diesem Weg war ein Konzilsbeschluss, der billigte, was der Vatikan zuvor verächtlich «Amerikanismus» genannt hatte: die Trennung von Staat und Kirche (Gillis 1999, S. 93 f.). Damit war für die Kircheneliten in den U.S.A. ein alter Rollenkonflikt beseitigt: sie mussten nicht mehr länger zwischen den offiziellen Doktrinen der kirchlichen Lehrmeinung und der politischen Verfassungstradition hin und her lavieren. Zugleich erkannte der Konzilsbeschluss an, dass die amerikanische Tradition eine legitime Entwicklung in einer besonderen, nationalen Kultur war und dass die dortigen Diözesen ein Recht hatten, sich demgemäß zu orientieren. Die Abkehr von uniformen Gestaltungsprinzipien prägte konsequenterweise auch die parallelen, liturgischen Reformen: Die heilige Messe war nicht mehr in Latein, sondern in den jeweiligen Landessprachen zu lesen, die Berücksichtigung kultureller Besonderheiten, die mit diesen Sprachen einhergingen, wurde ermutigt.

Diese Innovationen stärkten nicht nur die kulturelle Identität sprachlicher Gemeinschaften innerhalb der Messe, sondern auch außerhalb derselben: Dies war gerade für die «Hispanics» essentiell, denn sie brachten eine doppelte religiöse Tradition mit in die U.S.A. Neben der förmlichen Religionspraxis mit ihren Messen und Sakramenten gab es immer eine sehr vitale, inoffizielle Popularreligion mit ihren lokalen Festen und Folkloren, mit dem Zelebrieren von Lebensabschnitten, mit allerhand Gebräuchen und kultischer Verehrung (Dolan 2002, S. 245–248). Ab den sechziger Jahren wurden diese Formen nicht mehr ignoriert oder gar ausgegrenzt; sie trugen fortan zur Attraktivität des Gemeindelebens bei, auch die Liturgie und die Kirchenmusik wurden «hispanisiert».

Diese ethnische Pluralisierung folgte einem Pfad, der für die Gesamtkirche durch das Konzil eröffnet wurde: der dramatisch gestärkten *Laienkomponente*. Anfangs war diese Richtungsvorgabe nicht einmal aus der Not geboren, denn die fünfziger Jahre waren noch eine Zeit, in der die katholischen Priesterseminare einen starken Zustrom an Neubewerbern verzeichneten, selbst die Klöster erlebten eine Zahl von Novizinnen und Novizen, die Rekordmarken

erreichte (Dolan 2002, S. 181) Diese Tendenz kehrte sich aber alsbald in ihr Gegenteil um: Die Zahl der Studierenden in der Priester-
ausbildung ging zwischen 1965 und 1998 um 60 % zurück; die Zahl
der Priester selbst sank von 58 621 im Jahr 1990 auf 47 582 im Jahr
1998, während in derselben Zeit die katholische Population in den
U.S.A. von 46,6 Mio. auf 61,5 Mio. anstieg (Porterfield 2001, S. 74).
Viele der Gemeindefunktionen, gerade im Bereich der sozialen und
persönlichen Betreuung sowie in den Kulturangeboten, mussten
darum von Geistlichen auf Laien übertragen werden.

Dazu kam die Notwendigkeit einer Professionalisierung gerade in
der Sozial- und Bildungsarbeit (eine Notwendigkeit, der sich auch
andere Kirchen beugen mussten). Für das katholische Selbstbewusstsein und für die eigene Elitenrekrutierung hatten gerade die
konfessionellen Schulen und Hochschulen in den U.S.A. stets eine
herausragende Bedeutung. Die katholischen Schulen verloren viel
von jener besonderen Aura, die in früheren Jahrzehnten viel Stoff
für Satiren geliefert hatte: Damals waren unterrichtende Ordens-
schwestern das Markenzeichen, das Objekt kindlichen Respekts
und erwachsenen Spottes. Ihr Anteil am Lehrpersonal ging jedoch
rapide zurück: von der überwältigenden Mehrheit in den vierziger
Jahren auf nur noch 12 % im Jahre 1994 (Gillis 1999, S. 202 f.). Auf
diesem Wege verloren die katholischen Schulen auch manches von
dem Charakter subkultureller Enklaven: In zunehmendem Maße
sind auch nicht-katholische Eltern gewillt, ihre Kinder dorthin zu
senden, wo sie sich bessere Lernbedingungen und ein geordneteres
Umfeld als in den öffentlichen Schulen versprechen. Ähnliches kann
über die katholischen Universitäten (z. B. Georgetown, Notre Dame,
Marquette, Boston College u. a.) gesagt werden: Sie versuchen, Spit-
zenwissenschaftler ohne Rücksicht auf deren Konfession zu rekrutieren, verzichten nur gelegentlich auf bestimmte Forschungen aus
religiösen Gründen und haben nicht mehr so viele Ordensgeistliche
in Lehr- und Verwaltungspositionen. Demgemäß ist auch ihre Stu-
dentenschaft repräsentativer für die Bevölkerung als sie es einmal
war. Das hat schon in den sechziger Jahren zu erstem Unmut im hohen Klerus geführt (Gillis 1999, S. 262 f.), aber erst in den Jahren
2001 und 2002 kam es zu öffentlich sichtbaren Versuchen der
Bischöfe, die Universitäten per Statut wieder auf eine stärkere katholische Identität zu verpflichten.

Die gestärkte Laienrolle hat also eine ihrer Ursachen darin, dass die Kirche rein quantitativ außerstande ist, viele ihrer traditionellen Leistungen mit geistlichem Personal zu erbringen. Aber der Wandel wäre nicht so grundsätzlich ausgefallen, wäre er nicht auch doktrinär abgesichert gewesen: Das Vaticanum II befestigte zwar einerseits die Pflicht der Laien, den autoritativen Lehren der Kirche zu folgen, eröffnete aber andererseits auch Wege zur nicht-hierarchischen, kollektiven Willensbildung, da das Handeln der Kirche und der Gläubigen in der Welt durch den Austausch von pluralen Einsichten und praktischen Erfahrungen bereichert werden sollte (Dillon 1999, S. 50f.).

Der Strom praktischen Engagements begann schon bald reichlich zu fließen. Katholische Laienorganisationen und Priester (wie die berühmten Brüder Berrigan) zählten zu den prominentesten Gegnern des Vietnamkrieges; junge Katholiken, die sich hier oder in den Bürgerrechtskonflikten engagierten, gehörten zur Gründungsgeneration der studentischen «Neuen Linken» (Prätorius 2001). In den frühen siebziger Jahren ergriffen sogar einige Bischöfe in aufsehenerregender Weise Partei, als sie sich für den Latino-Aktivisten Cesar Chavez einsetzten, der in Kalifornien entrechtete Landarbeiter gewerkschaftlich mobilisierte (Gillis 1999, S. 79f.). Eine wichtige Wurzel dieses Engagements ist in Prinzipien jesuitischer Erziehung gerade an den angesehensten Schulen und Hochschulen des katholischen Netzwerkes zu vermuten. Diese Erziehung ist zentriert auf die Erfahrung des Selbst, in seiner Begrenztheit, aber auch in der Möglichkeit, diese Begrenztheit durch die existenzielle Entscheidung für Gott zu überwinden. Die amerikanische jesuitische Erziehung leitete an zu einem solchen Ideal des «sich-selbst-transzendierenden» Menschen, der in der «cura personalis» die Bewährung an einem Größeren als dem isolierten Ich sucht: Die Erziehung war auf den Einzelnen gerichtet, aber prinzipiengeleitet und mit dem Appell versehen, durch soziales Handeln innere Stärke zu finden (Porterfield 2001, S. 77f.).

Eine Zeit lang, besonders in den siebziger Jahren, konnte es so erscheinen, als sei die römisch-katholische Kirche die wichtigste Bastion einer gesellschaftspolitisch engagierten, religiösen Linken. Dieser Eindruck erwies sich als trügerisch – einmal, weil der Einfluss der jesuitischen Erziehung schon aus den oben erwähnten, quantitativen Gründen nachließ; er erreichte ohnehin nur eine gut ausgebildete und gesellschaftlich stark vernetzte Schicht, die vermutlich auch unter anderen Einflüssen ein hohes Engagement gezeigt hätte. Ein weiterer Faktor des Wandels war natürlich der Übergang zu einer sehr viel konservativeren Linie des Vatikans unter dem Pontifikat Johannes Pauls II. Aber Divergenzen lagen schon davor offen zu Tage. Bei den Fragen des sozialpolitischen Ausgleichs mochten progressive Aktivisten in den amerikanischen Laienorganisationen noch mit Zustimmung aus Teilen der Amtskirche gerechnet haben, bei den «moral issues» hingegen zeigte sich die katholische Kirche der U.S.A. schon ab den sechziger Jahren als eine gespaltene und verunsicherte Institution. Die Ablehnung jeglicher «künstlichen» Empfängnisverhütung trugen im Jahre 1974 nur noch 13 % der Katholiken über 30 Jahren und 7 % der Katholiken unter 30 Jahren mit; bei der Ächtung der Ehescheidung mit anschließender Wiederverheiratung lagen die Anteile der Konformen bei 25 % bzw. 17 %; die Doktrin der Unfehlbarkeit des Papstes als oberstem Kirchenlehrer bejahten dann nur noch 32 % bzw. 22 % (Roof/McKinney 1987, S. 55).

Viele U.S.-Katholiken lebten nach anderen Grundsätzen als den von ihrer Kirche gelehrten und darunter waren wiederum viele, die dies als bewusste Glaubensentscheidung interpretierten. Darin mag keine Besonderheit gegenüber zahlreichen anderen christlichen Kirchen bestehen, doch diese unterscheiden sich darin vom Katholizismus, dass sie allesamt kein Äquivalent zum zentralen römischen Lehramt kennen. Es gibt somit auch keine Instanz, an der sich der Dissens so öffentlichkeitswirksam reiben kann, dass dies auch außerhalb der Konfession zu Diskussionen anregt. Außerdem sahen wir ja auch, dass liberale und konservative protestantische Konfessionen häufig «benachbarte» Gemeinschaften mit graduell verschiedenen Glaubensauslegungen kennen – so z.B. die Lutheraner. Dissens kann hier auch individuell durch den Übertritt in eine Gemeinde gelöst werden, die den eigenen Idealen näherkommt. Dies ist bei den Katholiken, die das Aufkommen «benachbarter» Konkurrenz im eigenen Spektrum erfolgreich verhindert haben, nicht möglich. Für die Kirchenführung führt das zu dem zwiespältigen Effekt, dass die Dissonanzen in der Kirche sich zwar nicht durch Abwanderung, wohl aber in Form innerer Organisationsbildung und kollektiv vorgetragener Abweichung äußern (vgl. auch Cimino 2001, S. 137f.).

Die Kombination dieser Spezifika – innere Divergenzen, zentrales Lehramt, «Widerspruch statt Abwanderung» – prädestinierten die römisch-katholische Kirche dafür, in den U.S.A. der sechziger bis achtziger Jahre zu *dem* öffentlichen «Schlachtfeld der Kulturkämpfe» zu werden. Viele Evangelikale und orthodoxe Juden vertraten hinsichtlich Empfängnisverhütung und Ehescheidung mindestens ebenso restriktive Lehren, die Probleme der Lutheraner oder Methodisten mit den ersten bekennenden Homosexuellen waren nicht geringer, alle Kirchen taten sich anfangs schwer, dem Wandel der Geschlechterrollen Rechnung zu tragen – keine andere Kirche stand bei den dabei ausgelösten Konflikten aber so beständig im Brennpunkt des kritischen Interesses wie die katholische. Nicht allein die Verweigerung der Frauen-Ordination und die Position zum Schwangerschaftsabbruch trugen ihr permanente Kritik seitens des Feminismus ein, auch z. B. der Marienkult wurde häufig in einer gefühlsverletzenden Weise herabgesetzt, die andere Religionen bei ihren zentralen Positionen nicht hinnehmen mussten (vgl. Jenkins 2003, S. 77–91 u. 125–132).

Mit dieser Feststellung soll nicht davon abgelenkt werden, dass sich der Vatikan in den angesprochenen Fragen mit Lehren exponierte, die von breiten Mehrheiten – milde gesprochen – als unzeitgemäß aufgefasst wurden. Bei der negativen Medienresonanz wurde aber oft die gesamte katholische Glaubenstradition der Lächerlichkeit ausgesetzt (viele Beispiele bei Jenkins 2003), was verletzend auch für Laien sein musste, die sich im Widerspruch zu vatikanischen Doktrinen befanden.

Solche «Kollektivhaftung» verstellt zudem auch die Sicht auf die reale Vielfalt des U.S.-Katholizismus nach innen. Neben vielen lokalen Organisationen versucht z. B. seit 1976 die Laienbewegung «Call To Action» im nationalen Maßstab den Reformgeist des Vaticanum II am Leben zu erhalten (Cimino 2001, S. 122 ff.). Starke Unterstützung findet diese Organisation gerade in ihrer Kritik an den rückschrittlichen Positionen des Vatikan zu frauenspezifischen Fragen; unter den Klerikern, die sich dieser Kritik angeschlossen haben, befinden sich überdurchschnittlich viele Nonnen (Cimino 2001, S. 128). Von Bischöfen, die in der «liberalen» Phase der siebziger Jahre ins Amt kamen, durfte solche Laienkritik sich noch duldende Sympathie erhoffen, Papst Johannes Paul II. hat jedoch bei seinen Einsetzungen eine strikt konservative Personalpolitik verfolgt, die nun in einer Ausgrenzung von Organisationen wie «Call To Action» ihre Früchte trägt (Cimino 2001, S. 145).

Das gewählte Beispiel sollte allerdings nicht zu der Annahme verleiten, dass die interne Organisationsbildung innerhalb der römisch-katholischen Kirche notwendig in einem progressiven Dissens begründet ist – es gibt auch spiegelbildliche konservative Gruppierungen und ein eher neutrales Engagement in kulturellen und sozialen Belangen. Selbst Organisationen mit stark abweichenden Ideologien teilen eine starke Bindung an die Kirche als solche und an ihre zentralen religiösen Symbole (Dillon 1999, S. 207 f.).

Für Politiker bedeutet das: Allein schon wegen ihrer Bedeutung als größte amerikanische Religionsgemeinschaft ist die katholische Kirche ernst zu nehmen, auch wegen der einenden Loyalität zu bestimmten, grundlegenden Gemeinsamkeiten ist sie ein interessanter Adressat, aber sie bleibt doch ein großes Haus mit vielen Zimmern. Auch das macht sie für Politiker wiederum interessant. Weil die Katholiken so viele verschiedene Ethnien, ein so breites Spektrum an Soziallagen und so divergierende religiöse Auffassungen unter einem gemeinsamen Dach vereinen, können sie keiner politischen Grundrichtung als Stammloyalität zugerechnet werden. In den Kongresswahlen von 1994 beispielsweise stimmten sie zu 52 % für die Demokraten und zu 48 % für die Republikaner: Hier ist also eine große Konfession, die nicht mehr (wie noch in der «New Deal Coalition») einer Partei allein als Unterstützungspotential zugehört (Wilcox 1995, S. 18). Selbst die «Hispanics» gehen unterschiedliche Wege: Die Exilkubaner in Florida sind beispielsweise den Republikanern treu verbunden, wohingegen Puertoricaner und kalifornische «Chicanos» eher demokratisch wählen. Während diese Divergenzen auf zusätzliche Faktoren (z. B. außenpolitische Orientierungen) zurückführbar sind, hat die unentschiedene Position der anderen Katholiken viel mit ihrer gesellschaftspolitischen «Mittellage» zu tun.

Katholiken zeigen bei Umfragen ein sehr weit gefächertes Spektrum an Politik-Präferenzen; vielleicht gerade wegen dieser inneren Pluralität äußern sie häufig eine größere Kompromissbereitschaft (Pew Forum 2001 b, Sec. III, S. 4): Sie verlangen z. B. weniger als Evangelikale, dass die von ihnen gewählten Repräsentanten haargenau auf der eigenen Linie hinsichtlich der «moral issues» liegen (Farkas u. a. 2001, S. 53) – die Spannungen im eigenen Hause haben sie offensichtlich in dieser Hinsicht anspruchslos und vorsichtig, vielleicht aber auch tolerant gemacht.

Zusammen mit einem überwiegend gediegenen, mittleren Sozialstatus führt dies die große Mehrheit der Katholiken in den moderaten Zentralbereich des politischen Meinungsspektrums (Kohut u. a. 2000). In der Mitte aber werden bekanntlich die Wahlen entschieden, darum wurden die Katholiken zu einer besonders umworbenen politischen Klientel (vgl. Oldopp/Prätorius 2002). Dieser Effekt wird noch verstärkt durch die Tatsache, dass etliche Bundesstaaten mit starkem katholischen Bevölkerungsanteil (z. B. Illinois, Louisiana) sogenannte «Swing-States» sind – also Staaten, die schon einmal die Mehrheitsausrichtung wechseln und darum bei Präsidentschafts- und Kongresswahlen die Balance kippen können.

Will man diese Wähler der Mitte gewinnen, dann darf man sie allerdings nicht auf Themenfeldern ansprechen, auf denen sie selbst Unbehagen verspüren. Die «moral issues» eignen sich jüngst noch mehr für einen solch missliebigen Effekt, weil die Kirche selbst in eine moralische Krise geraten ist, die die internen Dissonanzen weiter hat wachsen lassen. Seit einigen Jahren plagt sie ein Phänomen, das der Vatikan verniedlichend als «american problem» abtun wollte: eine Welle von Skandalen, die alle auf spät aufgedeckten Fällen sexuellen Missbrauchs durch Priester an Minderjährigen beruhten (vgl. Jenkins 2003, S. 133–154). In den Jahren 2001 und 2002 verging kaum eine Woche ohne Negativschlagzeilen für den katholischen Klerus; der Vertrauensverlust unter den Gemeindemitgliedern war enorm, er erfasste sogar die allgemeine Meinung der Bevölkerung hinsichtlich der Wertschätzung von Amtskirchen und Pfarrern schlechthin.

Zum internen Verdruss hat auch das starrsinnige Agieren der Amtskirche nach den ersten Skandalen dieser Art beigetragen: Ein Aufklärungswille war nicht erkennbar, Übeltäter wurden gedeckt und Betroffene unter Druck gesetzt; die Sorge über anstehende Schmerzensgeldklagen schien größer zu sein als das Verlangen nach einer Umkehr und nach Neuerungen von innen. Interne Protestbewegungen, die letzteres verlangten – wie «Voice of the Faithful» in Boston – wurden massiv unter Druck gesetzt, was sich als Bumerang erwies: Inzwischen wurde der Bostoner Kardinal durch die Öffentlichkeit zum Rücktritt gezwungen, das «Krisenmanagement» der Erzdiözese ist Gegenstand staatsanwaltlicher Ermittlung und «Voice of the Faithful» erfreut sich breiter Zustimmung (BG 12.05.2003).

Kurzfristig befindet sich der organisierte Katholizismus in den U.S.A. dadurch in einer paradoxen Lage: Die Gemeinden und ihre Mitglieder sind zweifellos in der Mitte der Gesellschaft angekommen, durch ihre quantitative Stärke und ihre umworbene Position haben sie sogar das Potential, eine ausschlaggebende Rolle in der Politik zu spielen. Sie werden diese Rolle aber kaum unter der Führerschaft einer Amtskirche wahrnehmen, die einen solchen Autoritäts- und Vertrauensverlust hat hinnehmen müssen. Das Gewicht ist also da, nicht aber die Organisation, dieses Gewicht in die Waagschale der Politik zu werfen. Vielmehr spricht vieles für die Vermutung, dass die jüngste Krise ihrer Kirche viele Katholiken dazu bewegt, sich mehr ins Private zurückzuziehen und politische Präferenzen von anderen Kriterien leiten zu lassen als von ihrer katholischen Identität.

Ein solcher Rückzug ist bei den Juden kaum wahrscheinlich: Seit langem gelten sie als die religiöse Gruppe mit dem höchsten politischen Interesse und Engagement. Ansonsten weisen sie aber einige überraschende Gemeinsamkeiten mit den Katholiken auf, von denen die Überwindung eines diskriminierten Randstatus bereits erwähnt wurde. Die zweite Gemeinsamkeit ist, dass in beiden Fällen die Entwicklung der Religion in den U.S.A. nicht ablösbar ist von internationalen Zusammenhängen. Was für die eine Seite der Vatikan und der globale Anspruch der römischen Kirche ist, ist für die anderen die Sorge um den Staat Israel und die jüdische Diaspora in vielen Ländern der Welt. Beide Gemeinschaften erleben fortwährend, dass ihre Stellung in den U.S.A. und ihre internen Auseinandersetzungen von Entwicklungen beeinflusst werden, die nicht wirklich von ihnen selbst kontrollierbar sind. Dazu zählen auch Symptome der Annäherung und Entfremdung im wechselseitigen Verhältnis. Während der gesamten siebziger und achtziger Jahre kam es immer wieder zu Irritationen – meist aufseiten von Juden, die darüber klagten, dass die katholische Kirche nicht versteht, welche Bedeutung die Shoa und die Existenz Israels für die Identität und das Überleben des Judaismus hat. Zwar hatte nach dem Sechstagekrieg bei allen U.S.-Christen eine gewisse Bewusstwerdung über die Israel-Problematik Boden gewonnen, doch blieben die U.S.-Bischöfe zunächst skeptisch: Sie fürchteten wegen der Einnahme Ostjerusalems um die christliche Präsenz an den heiligen Stätten (Feldman 2001, S. 212). Überreaktionen der jüdischen Publizistik, die jede

Israel-Kritik unter Antisemitismusverdacht stellten, trugen nicht zur Besserung bei, doch überwiegend waren es Entscheidungen aus dem Vatikan, die Salz in die Wunden streuten.

Ab den achtziger Jahren war nicht mehr Israel das Hauptproblem, denn 1984 bekannte sich Johannes Paul II. zu dessen Recht, in gesicherten Grenzen fortzubestehen, und 1992 ergriff er eine überraschende Initiative zur diplomatischen Anerkennung, die ein Jahr später zu einem «fundamental agreement» führte. Dafür sorgte der Umgang mit der Vergangenheit für neuen Zündstoff. Bei den Konfrontationen um die Errichtung eines Karmeliterinnenkonvents auf dem Auschwitz-Gelände spielte der Papst erst zu einem späten Zeitpunkt eine problementschärfende Rolle, durch die Verleihung einer Ehrenmedaille an Kurt Waldheim 1994 und durch die Seligsprechung von Edith Stein 1998 (die vom jüdischen zum katholischen Glauben übergetreten war, jedoch von den Nazis als Jüdin, nicht als Ordensschwester verfolgt wurde) schuf er selbst die Provokationen (Feldman 2001, S. 232–234). Die Katholiken der U.S.A. glichen den anderen christlichen Kirchen darin, dass ihre Geschichte sicher nicht frei war von antisemitischen Ausfällen. So duldeten sie in den dreißiger Jahren die populistische Rundfunkagitation des berüchtigten Pater Coughlin, der die Juden zu einer seiner zahlreichen Feindgruppen erklärte (Feingold 2002, S. 274). Die rechtskonservative Strategie des katholischen Präsidentschaftskandidaten Pat Buchanan in den neunziger Jahren wurde wiederholt wegen einer ähnlichen Argumentation kritisiert.

Das Hauptproblem für die jüdischen Menschen in den U.S.A. ist jedoch, dass die internationale Verflechtung nicht nur Konfliktstoff im Verhältnis zu anderen Glaubensgemeinschaften bergen kann, sondern diesen auch in die eigenen Reihen trägt. Zentral ist hier natürlich die Interpretation Israels. Schon der frühe Zionismus war ein Streitgegenstand in der Entstehungsgeschichte der drei Hauptrichtungen des amerikanischen Judentums. Diese bestehen aus den Reform-Juden, hauptsächlich eine Entwicklung aus den deutschstämmigen Gemeinden mit starken Anklängen an Aufklärung, Assimilation und erneuerter Liturgie; der konservativen Richtung, die 1919 primär durch osteuropäische Immigranten formiert wurde und stärker an Riten und Geboten festhält, dies aber auf den religiösen Binnenraum beschränkt (Feingold 2002, S. 182–185), wohingegen die Orthodoxen für das unbedingte Befolgen der Tora-Gebote auch eine subkulturelle Isolierung im Alltag in Kauf nehmen und eine weitgehende Konzentration auf das schriftgerechte Leben betreiben.

Zwischen diesen Richtungen herrschte stets auch Dissens über die Frage, in welchem Maße die eigene Identität nur aus dem «Judaism» entspringe oder zusätzlich auch als «Jewishness» zu fassen sei (grundlegend dazu: Glazer 1989): ob also die Gemeinsamkeit einzig in der Religion wurzle oder ob sie auch Grundlagen in einer jüdischen (säkularen) Nation habe. Der Zionismus, der ab den dreißiger Jahren durch die deutsche Judenverfolgung neuen Zulauf erhielt, verschärfte die Debatte, da er die Option «Jewishness» durch ein konkretes, nationales Gründungsvorhaben dem Hypothetischen entriss. Wenn auch nicht einhellig, so reagierten doch viele Reformjuden positiv, wohingegen die Orthodoxen entschieden ablehnend blieben, da nach ihrer Sicht der Staat Israel erst mit dem Messias kommen kann, seine voluntaristische Gründung jetzt also ein Frevel ist (Auerbach 2001, S. 42 ff.).

Die Gründungsgeneration Israels bildeten Zionisten, die zudem sozialistischen Wirtschaftsmodellen anhingen. Doch diese bekamen nicht den Idealstaat ihrer Konzeptionen. Sie benötigten für den gesellschaftlichen Konsens und für demokratische Mehrheiten die Unterstützung der Religiösen und gewannen diese, indem sie bei der Beantwortung der uralten Frage «Wer ist ein Jude?» der religiösen Interpretation den Schlüssel zur Staatszugehörigkeit in die Hand gaben (Auerbach 2001, S. 133). Dazu musste im neuen Staat dem Rabbinat weitgehende Autorität über das Familienrecht, das Bildungswesen und die Regulierung des Alltags (Feiertage!) eingeräumt werden. Den U.S.-Juden, die in der Vergangenheit häufig für die Trennung von Staat und Kirche eingetreten waren, wurde nun ein jüdischer Staat präsentiert, der Religion und weltliches Recht kräftig miteinander vermischte (Viorst 2002, S. 220). Das entbehrt nicht einer gewissen Pikanterie, insofern häufig die wichtigsten Beiträge zur materiellen Unterstützung aus den wirtschaftlich erfolgreichen und intellektuellen jüdischen Schichten der U.S.A. kamen, die eher säkular und liberal orientiert waren.

Die Rolle der Ultra-Orthodoxen in Israel war ein weiterer Streitpunkt. Obwohl sie den Staat eigentlich ablehnten, richteten viele von ihnen sich gut in ihm ein und erwirkten Privilegien wie beispielsweise die Freistellung vom Wehrdienst. Für die Verteidigung jener Privilegien sterben junge Israelis in einer Armee, die traditionell eher ein Hort säkularerer Juden ist. Gleichzeitig müssen diese säkulareren Juden sich dann Einschränkungen im Alltag fügen, die den Geboten des orthodoxen Lebensstils folgen (Viorst 2002, S. 221). Wie man sich denken kann, sind dies Konflikte der israelischen Gesellschaft, die direkt auf die Diskussion zwischen den jüdischen Glaubensrichtungen in den U.S.A. ausstrahlen. Dabei wird dort Israel nicht etwa nur im Licht liberalerer Präferenzen kritisiert: Auch die Stimmen, die eine zu weit gehende Säkularisierung Israels beklagen, sind zu vernehmen (z.B. Auerbach 2001, S. 207).

Der Sechstagekrieg hatte scheinbar erst einmal in beiden Ländern alle Gräben zugeschüttet. Der berühmte Soziologe Nathan Glazer hatte in seinem Klassiker über den amerikanischen Judaismus in den fünfziger Jahren noch behauptet, die beiden dramatischsten Ereignisse jüdischer Geschichte des 20. Jahrhunderts, der Holocaust und die Gründung Israels, seien nahezu irrelevant für das Selbstverständnis. In späteren Auflagen zog er diese Bewertung ausdrücklich zurück (Glazer 1989, S. 172). Als maßgeblich dafür sah er das Jahr 1967 an: Es schuf eine Klammer um diese beiden Erfahrungen. So erklärt er die plötzlich wiederkehrende Attraktivität orthodox-nationalistischer Bewegungen (wie die durch den extremistischen Rabbi Meir Kahane geführte) gerade unter jungen amerikanischen Juden folgendermaßen: «survival» sei ihr Schlüsselbegriff (Glazer 1989, S. 183f.) – zweimal habe das Judentum am Rande einer intendierten Vernichtung gestanden, zweimal sei es nur knapp entronnen, die Konsequenz müsse eine Besinnung auf den religiösen Kern sein, aus dem heraus das Judentum eigene Kräfte zum Kampf gegen die feindliche Umwelt entwickeln müsse.[']

Dies war jedoch nicht die einzige religiöse Mobilisierung, die aus dem Sechstagekrieg folgte. In Israel hatte sich auch eine religiöse Variante des Zionismus gebildet, die in der Staatsgründung kein Sakrileg, sondern ein Hinwirken auf die Voraussetzungen des messianischen Zeitalters sah. Ursprünglich war sie eher ein Bindeglied zwischen der säkularen und der fundamentalistischen Gesellschaft, doch mit der Eroberung Ostjerusalems und anderer bedeutungsträchtiger Orte aus alttestamentarischer Zeit erfasste sie eine visionäre Radikalisierung: In «covenant»-Tradition deutete sie das Land als die heilige Verbindung zu Gott – und dessen Verteidigung (und Mehrung) somit in geschichtstheologischer Perspektive. Die religiösen Zionisten («Mizrachi») wurden mit dem nach 1967 hinzugewonnenen Enthusiasmus zu den Haupttriebkräften des Ultranationalismus in Israel (Viorst 2002, S. 184 f.).

Die innerjüdische Diskussion in den U.S.A. wurde dadurch nur noch komplizierter. Die alten Entgegensetzungen «säkular versus religiös», «liberal versus konservativ», «staatsbejahend versus staatsablehnend» verloren die ordnungsstiftende Klarheit – Positionen entstanden plötzlich aus völlig neuen Kombinationen dieser Elemente. Zugleich wurden die Diskussionen gleich doppelt aufgeladen: zum einen durch die Tatsache, dass es nach dem Verständnis aller Beteiligten um Überlebensfragen Israels (und damit des Judaismus) ging, zum anderen z. B. dadurch, dass plötzlich pragmatische Sicherheitspolitik nicht mehr außerhalb religiöser Kontexte erörtert werden konnte. Der Versuch, zu praktischen Fragen der «policy choice» zurückzukehren und dabei vielleicht auch die Interessen der Gegenseite einzukalkulieren, konnte dann leicht als eine willkürliche Positionsnahme denunziert werden, die nicht in (religiöser) jüdischer Identität wurzelt. Die liberalen und säkularen Juden, die mehr als alle anderen für die Unterstützung Israels geworben und selbst geopfert hatten, gerieten bei diesem, ihrem ureigensten Thema in die Defensive.

Auch im Verhältnis zur nichtjüdischen Bevölkerung änderte sich nach dem Sechstagekrieg einiges. In breiten Kreisen der amerikanischen Bevölkerung schuf er das Bewusstsein einer «Wertegemeinschaft»; Israel und die U.S.A., die jüdische und die in mancherlei Wunschdenken christliche Nation gehörten auf dieselbe Seite, die von antidemokratischen Kräften jeglicher Couleur (Kommunisten, Islamisten, extremistischen Antisemiten) Anfeindung zu erwarten hatte. Auf diese Stimmung der späten sechziger Jahre lässt sich ziemlich präzise die Karriere des Attributs «judeo-christian» als Kennzeichnung der U.S.-Kultur zurückverfolgen (vgl. Silk 1988, S. 42 ff.). Der Gebrauch dieser Worte war in den Jahrzehnten davor eher beschränkt auf Professoren und liberale Intellektuelle, die damit eine gemeinsame Abwehrfront nach den Greueln der nationalsozialistischen Judenverfolgung zum Ausdruck bringen wollten. Bestärkt wurden sie darin durch einige protestantische Theologen, die in den sechziger Jahren die «hebräischen» Traditionen im Christentum herausarbeiteten. Ab dem Sechstagekrieg ging diese Wortschöpfung jedoch in den allgemeinen Sprachgebrauch über: Sie stand für eine Inklusion der Juden in das Tandem jener Weltreligionen, die als

Wurzeln der Ideale von wirtschaftlicher und politischer Freiheit in einer ansonsten freiheitsfeindlichen Welt gepriesen wurden.

Die Aufnahme in den Kernbereich des religiösen Pluralismus war natürlich eine markante Erfahrung für eine Religionsgemeinschaft, die auch in den U.S.A. Phasen der Bekämpfung durchleiden musste (wenn auch die Vorkommnisse der zwanziger bis vierziger Jahre in keiner Weise an den europäischen Antisemitismus heranreichen, selbst wenn man Nazi-Deutschland bei diesem Vergleich ausklammert). Nicht ganz abwegig ist vor diesem Hintergrund eine Sichtweise, die den nach 1967 aufkommenden innerjüdischen Streit als ein eigentlich erfreuliches Symptom interpretiert (so z. B. Lippy 2000, S. 60): Während früher Dissens manchmal durch inneren Zusammenhalt gegenüber einem antisemitischen Umfeld überkleistert wurde, konnte die erfahrene Integrationskraft des Pluralismus von außen auch die Pluralität nach innen freisetzen.

Bei dieser Divergenz konnte «Israel» das Stichwort für neue Orientierung abgeben: Während die Unterstützung des jungen Staates zuvor vor allem ein Anliegen der säkularen und reformierten Juden war, wurde sie nun zum Objekt eines Wettstreites; auch die religiösen Juden konservativer und orthodoxer Provenienz beanspruchten, Antworten auf die zentral gewordene Überlebensfrage bereitzuhalten; aber es wurde dabei leicht erkennbar, dass die jeweils unterschiedlichen Schattierungen des U.S.-Judentums auch das Überleben eines jeweils anders entworfenen «Israels» im Sinne hatten.

Dieser besondere Stellenwert manifestierte sich auch darin, dass die auf Israel projizierte Überlebensthematik auch zu einer Neusortierung der politischen Affinitäten und Bündnisse führte. Jüdische Studenten, Aktivisten und Intellektuelle waren in großer Zahl in den Campusrevolten, «civil rights»-Protesten und Anti-Kriegskampagnen der sechziger Jahre präsent. Gegen Ende dieses Jahrzehntes wurde allerdings eine Entfremdung zu manchen anderen Partizipanten dieser Protestbewegungen spürbar. In der Neuen Linken wurden viele Stimmen laut, die Israel aus einer «anti-imperialistischen» oder «Dritte Welt»-Perspektive heraus an den Pranger stellten; gegen diese Anfeindungen schirmten viele jüdische Studenten sich durch einen Rückzug in die eigenen Zirkel ab (Glazer 1989, S. 167). Die Distanz zur linken Szene und zur «Counterculture» barg die Anfänge zu einer neuen Subkultur eigener Art: Jahre später wurde festgestellt, dass viele Angehörige der neu aufblühenden neo-

orthodoxen Gruppen ihren Weg dorthin über spirituelle Gemeinschaften der jugendlichen Gegenkultur gefunden hatten (Danzger
1998, S. 180f.). Zum von Riten geleiteten, der Konformität modernen Lebens entsagenden Lebensstil extrem konservativer Orthodoxie umzukehren, erschien diesen jungen Juden als eine konsequente
Fortsetzung ihrer Expeditionen in all jenen «bewusstseinserwei-
ternden» und pseudo-religiösen Nachbeben der bewegten «Sechziger». Andere gingen den Weg über eine ethnische Selbstidentifika-
tion: Die aufrüttelnde Erfahrung des Krieges von 1967, der Stolz
über den israelischen Sieg und die erlittene Ausgrenzung in der
Neuen Linken bewegten sie, ihr jüdisches Selbstverständnis durch
Aufenthalte in Israel vertiefen zu wollen. Dort aber gerieten sie in
den Bannkreis orthodoxer Yeshivu-Seminare und übernahmen von
diesen die strikt religiöse Grundlegung jüdischer Existenz (Danzger
1998, S. 180).

Das Exemplarische an solchen verschlungenen Lebenswegen ist,
dass sie zwischen den Polen säkular politischer und religiöser Selbst-
deutungen des Judentums hin- und herschwanken und dass die
Stärke der Einflüsse dann schließlich schwer unterscheidbar wird.
Ein gemeinsamer Trend in den siebziger bis neunziger Jahren war,
dass die Neigung zu konservativen Positionen (sowohl im Politischen als auch im Religiösen) unter U.S.-Juden zunahm. Das Zer-
bröckeln alter Allianzen war ein maßgeblicher Grund dafür. Von
allen Weißen hatten sich Juden am meisten für den Bürgerrechts-
kampf der Schwarzen eingesetzt – eigenes Erleiden von Rassismus
und Diskriminierung sowie eine weitverbreitete Parteinahme für
Menschen- und Freiheitsrechte schufen bei ihnen dieses abrufbare
Engagement (Kaufman 1989, S. 17f. u. 89ff.). Diese besondere Verbundenheit wurde allerdings bereits gegen Ende der sechziger Jahre
brüchig. Die schwarze Mobilisierung wandte sich neuen Themen zu:
Nicht mehr die Erkämpfung gleicher Rechtspositionen und politischer Partizipationschancen stand im Mittelpunkt, sondern die Er-
leichterung des Zugangs in das Bildungs- und Berufssystem durch
gruppenhafte Kompensation der früher erlittenen Diskriminierung
(«affirmative action»). Viele Juden sahen darin eine Unterhöhlung
des «farbenblinden» Leistungsprinzips, für das sie selbst so lange
gestritten hatten und dem sie jetzt eine überproportionale Repräsentation gerade unter den akademischen Eliten verdankten. Eine
eher formale, abstrakte und auf das Individuum zentrierte Ge-

rechtigkeitsvorstellung stand der eher kollektiven, solidarischen und pragmatischen Gerechtigkeitskonzeption der Schwarzen gegenüber: Gerecht ist danach, was das erlittene Leid mildert und der vormals geplagten Gemeinschaft künftig ein besseres Leben eröffnet. In den Augen der Verteidiger einer gleichen Gerechtigkeit «ohne Ansehen der Person» war das aber wieder nur eine umgekehrte Diskriminierung. Zu der Dissonanz über die Gleichstellungspolitik kamen die Zerwürfnisse, die durch die Solidarisierung der Schwarzen mit der Dritten Welt und daraus folgender Israel-Kritik entstanden. Ab den siebziger Jahren attackierten sich schwarze und jüdische Politiker wechselseitig mit Reizthemen, die den jeweils größten Emotionalisierungs- und Alarmcharakter besaßen: «affirmative action» und Israel (Kaufman 1989, S. 232).

Die weithin sichtbare Entfremdung wurde von vielen schwarzen und jüdischen Sprechern sehr beklagt, weil sie mit der euphorischen Erfahrung einer «Ökumene» in den frühen sechziger Jahren kontrastierte. Die Wahlverwandtschaft wurde bei progressiven Juden der sechziger Jahre nicht allein in der gemeinsamen Frontstellung gegen diskriminierende Vorurteile gesehen, sondern auch theologisch begründet. Auch in der orthodoxen Glaubenslehre ist das Gebot des Helfens zugunsten der Leidenden und ungerecht Verfolgten fest verankert; im liberalen und reformierten Engagement der sechziger Jahre wurde dieses Mitmenschlichkeitsprinzip in eine allgemeine Ethikregel übertragen: Zu handeln war demnach geboten, weil der Schöpfer alle Menschen mit unveräußerlichen Rechten ausgestattet hat, nicht allein, weil er dem jüdischen Volk bestimmte Gesetze auferlegt hat. Dieser ethische Universalismus traf sich gut mit entsprechenden Tendenzen im liberalen Protestantismus und den Öffnungsbemühungen in der römisch-katholischen Kirche nach dem Konzil – es war ihm aber damit auch ähnliches Schicksal beschieden wie vielen progressiven Bestrebungen dieser Aufbruchszeit (Corbett/Corbett 1999, S. 125–127). Zum einen gewann die orthodoxe Richtung einen Einfluss auf die Kultur und die Selbstdarstellung des Judentums, der ihre zahlenmäßige Relevanz weit überstieg. Das politisch liberale, reformierte bis säkulare Judentum erlangte zunächst nach Jahrzehnten der Diskriminierung zur Mitte des 20. Jahrhunderts einen großen Stellenwert im öffentlichen, intellektuellen Leben – insbesondere durch seine überproportionale Repräsentation im Lehrkörper der Eliteuniversitäten (Hollinger 1997,

S. 472). Diese intellektuellen Leitfiguren profilierten sich vor allem in öffentlichen Debatten, bei denen religiöse Wurzeln von Argumenten hinter die universalen ethischen und politischen Geltungsansprüche zurücktraten. Das Bestreben, die allgemeine Öffentlichkeit zu überzeugen, war wichtiger als das Anknüpfen an die eigene religiöse Tradition. Die liberaleren Richtungen überließen die religiös begründete Identitätspflege in mancher Hinsicht als unbestelltes Feld den konservativen und orthodoxen Anbietern. Dies gilt besonders für die Rabbiner-Ausbildung. Diese wurde zunehmend orthodox geprägt, da auch konservative Rabbiner häufig aus orthodoxen Familien stammten (Glazer 1989, S. 109) und da die selbstfinanzierten Tagesschulen dieser Glaubensrichtung eine Prägekraft und ein Zugehörigkeitsgefühl erzeugten, gegen die das universalistische Denken der reformjüdischen Einrichtungen blass und positionslos wirkte (Glazer 1989, S. 158 f. u. 182 f.). Die Verbindung der identitätsstiftenden Israel-Erfahrung mit orthodoxen Erziehungseinrichtungen dortselbst wurde als weitere Einflussquelle bereits erwähnt. Sie ist nur ein Ausdruck dafür, dass die scheinbar rückschrittlichste Richtung überraschend gut in der Lage war, auf die neuen Bedürfnisse nach Orientierung und Spiritualität im U.S.-Judentum eine Antwort zu offerieren.

Diese unvermutete Attraktivität darf jedoch nicht darüber hinwegtäuschen, dass die Orthodoxen in ihrer relativen Bedeutung noch weiter verlieren: Ihr Anteil an der jüdischen Gesamtpopulation sank von 11 % im Jahr 1971 auf 6 % im Jahr 1990 (Laserwitz u. a. 1998, S. 39). Sie haben allerdings auch die stärkste Neigung, ihre Glaubensgemeinschaft und ihren Lebensstil distinkt zu halten; mit großer Entschiedenheit bevorzugen sie ein Leben in dominant jüdischen Primärgruppen – fordern also Heirat unter Juden, suchen Freundschaftsbeziehungen unter diesen und organisieren die Freizeit entsprechend (Laserwitz u. a. 1998, S. 51). Sie können diese Tendenz zur Selbstsegregation auch deshalb realisieren, weil sie räumlich konzentriert siedeln: 57 % von ihnen leben in dem Großraum New York City (Laserwitz u. a. 1998, S. 49). Dort ist es in den achtziger und neunziger Jahren (besonders im Stadtteil Brooklyn) wiederholt zu Konfrontationen mit benachbarten Schwarzen gekommen, die das ohnehin angespannte Verhältnis weiter belastet haben.

Für die große Mehrheit der U.S.-Juden – Reform-Juden, Konservative, Säkulare und Ungebundene – löst diese Minderheit ambivalente Gefühle aus. Stand der orthodoxe Glaube einstmals unter dem Verdikt, eine schicksalsergebene, politisch passive Haltung zu befördern, so hat er sich durch die neue Kombination mit der Israel-Thematik dieser Einordnung zwar entzogen. Trotzdem bleibt die rituelle Striktheit (in der Verbindung mit sozio-kultureller Selbstisolation) ein Lebensentwurf, den die meisten U.S.-Juden für sich selbst nicht übernehmen wollen. Andererseits erscheinen die Orthodoxen als die konsequentesten Wahrer jüdischer Identität, als personifizierte Mahnung, die Überlebensthematik nicht zu verdrängen. Als solche Bezugsgruppe stimulieren sie auch außerhalb ihrer eigenen Reihen eine Selbstbesinnung, die an der alten Gleichung «jüdisch = liberal» nagt.

Schon 1961 hatte Daniel Bell (Wiederabdruck in: Bell 1980, S. 314–323, bes. 317–319) gewarnt, dass die Universalisierung von Glaubensprinzipien in Gestalt von Sozialethik und die entsprechende Umsetzung in philanthropischen Organisationen den Judaismus in den U.S.A. entkernen wird. Die Entwicklung der Folgejahrzehnte wirkt wie eine Reaktion auf seine Ermahnung. Diese Entwicklung schließt dann aber auch eine relative Distanznahme ein zu jenen Bündnissen, in denen sich das ethisch motivierte Engagement zumeist auslebte: zu Bürger- und Freiheitsrechtsorganisationen, zu philanthropischen und sozialen Projekten, zum Aktivismus im akademischen Milieu – insgesamt also zu Anliegen, die links von der politischen Mitte zu verorten sind (Corbett/Corbett 1999, S. 125). Durch die gestiegene Bedeutung der Identifikationsquelle Israel sei an die Stelle dieser alten Allianzen für viele Juden inzwischen eine «neue Ökumene» getreten – so meinen manche Chronisten (z.B. Silk 1988, S. 171 f.). Der überraschende Befund, der zu dieser Diagnose führte, ist: Während die wachsende Bedeutung Israels im jüdischen Selbstverständnis bei liberalen Protestanten und Katholiken sowie vor allem bei Schwarzen sukzessive auf allenfalls geteilte Resonanz und Irritationen stieß, entpuppten sich konservative, evangelikale Protestanten plötzlich als verlässliche Bundesgenossen auf diesem Gebiet (Fowler/Hertzke/Olson 1999, S. 76).

Dieses Milieu, insbesondere bei südstaatlicher Herkunft, galt in der Vergangenheit durchaus als anfällig für Antisemitismus; das Engagement von Juden in den «civil rights»-Konflikten hatte ebenfalls eher das Trennende akzentuiert. Noch in den achtziger und neunziger Jahren gerieten prominente Politiker der «christian right» ins

Schussfeld der Kritik, weil bei ihnen Restbestände der antisemitischen Tradition vermutet wurden – so geschehen mit Pat Robertson. Derselbe Robertson hatte jedoch bereits bei seiner Präsidentschaftsbewerbung 1988 einen bekannten jüdischen Aktivisten in seinem engsten Wahlkampfteam (Fowler/Hertzke 1995, S. 74 f.), aus seiner «christian coalition» heraus wurde eine Initiative lanciert, die zur Gründung des «Centers for Judeo-Christian Values in America» führte (Corbett/Corbett 1999, S. 372); in dessen Vorstand fungierte neben den prominenten christlichen Konservativen Ralph Reed und William Bennett auch der orthodoxe Rabbi Yechiel Eckstein. Bei Geistlichen wie dem letztgenannten erhoffen sich die Politiker der «christian right» zu Recht Unterstützung in der Politik der sogenannten «family values»: In ihrem Verständnis der Geschlechterrollen und in ihrer Ablehnung der Abtreibung stehen orthodoxe und manche konservative Juden hinter hartgesottenen, fundamentalistischen Christen nicht zurück, die Verdammung der Homosexualität hat gleichfalls eine starke (wenn auch jüngst angefochtene) Tradition in jüdischen Doktrinen (Lippy 2000, S. 61 f.).

Umgekehrt lag das Interesse an den Evangelikalen und an den christlichen Rechten allerdings nicht primär bei diesen Politikthemen: Interessant werden diese Gruppen aus jüdischer Sicht vor allem, weil sie stringent für eine machtbetonte U.S.-Außenpolitik, für militärische Stärke und für eine unbedingte Parteinahme zugunsten Israels eintreten – alles Positionen auch jüdischer Neokonservativer ohne tiefe religiöse Bindung. Aus diesen Kreisen kam daher schon seit den siebziger Jahren die Anregung, das traditionsreiche Bündnis der Juden mit der Demokratischen Partei nicht mehr als ausschließliche Option anzusehen: Dieses Bündnis habe zwar zu einer guten Repräsentation unter den politischen Eliten geführt, da aber Außenpolitik hauptsächlich von der Exekutive gemacht werde und da seit dem Vietnamkrieg das Weiße Haus häufiger in republikanischer Hand sei, sei es besonders erstrebenswert, auf diese Einflussrichtung zuzugehen (Ginsberg 1993, S. 225 f.). Die Unterstützung seitens eines anderen, wichtigen Einflusses auf die Republikanische Partei, der christlichen Rechten, erschien aus dieser Sicht als eine begrüßenswerte Rahmenbedingung.

Allerdings enthält diese Unterstützung eine implizite Motivation, die manchem Juden doch befremdlich anmutet. Wesentlichen Einfluss auf die israelfreundliche Haltung vieler Evangelikaler hat nämlich deren millennialistisches Weltbild. Nach diesem Szenario kündigt die Rückkehr der Juden in das Heilige Land eines der letzten Stadien vor der Rückkehr Christi an. Dieser wird in der Schlacht von Armageddon nach der apokalyptischen Interpretation die Juden gegen die Truppen des Anti-Christen und die Armeen des «Ostens» als Feldherr in den Kampf führen; die Schlacht endet nach göttlicher Intervention siegreich für Israel, aber zwei Drittel der Juden fallen in ihr, das überlebende Drittel bekehrt sich zu Jesus Christus (Halsell 1988, S. 267). Aus solchen Szenarien folgt, dass christliche Millennialisten ein hochgerüstetes Israel gutheißen und eine aggressive Politik der U.S.A. gegen seine mutmaßlichen Feinde fordern, aber gleichwohl ist in diesen Prophezeiungen kein Platz für ein Überleben des Judentums als Religion (vgl. Katz/Popkin 1999, S. 205 ff.). Diese Entwicklung könnte sarkastisch stimmen: Zunächst haben die U.S.-Juden schon genug interne Probleme damit, dass Israel zwar als Schutzgut Einheit stiftet, aber gleichzeitig einen permanenten Streit darüber erzeugt, *welches* Israel denn für die Zukunft wünschenswert sei; sodann kommen ungefragte Unterstützer hinzu, die ein starkes Israel letztlich nur als Opfergabe erstreben. Das verträgt sich auch mit der scheinbar widersprechenden Tendenz, dass Evangelikale unter Juden missionieren: Beides, Bekehrung *vor* oder *nach* Armageddon, sind nur (alternative) Wege zum vermeintlich einzig erlösenden Glauben. Die Absolutheit in dem eigenen Glaubensanspruch macht politisierende Evangelikale und Fundamentalisten für die meisten Juden suspekt – eine «neue Ökumene» ist hier schwerlich zu erwarten.

Die vorherrschende Position unter den Juden ähnelt in mancher Hinsicht jener vieler U.S.-Katholiken: Die lange historische Minderheitserfahrung hat skeptisch gemacht gegenüber Ansprüchen einer «einzig richtigen» Religion für die Nation. Auch wenn massive Diskriminierung der Vergangenheit angehört, so bleibt doch die Vorsicht, denn ein anderes Motiv begründet diese nun: Juden und Katholiken haben Anlass, Pluralismus und religiöse Vielstimmigkeit außerhalb ihrer Religion zu begrüßen, weil ihre jeweils eigene Religionsgemeinschaft so plural aufgefächert ist (vgl. Segers 2000, S. 120; Dorff 2000, S. 212 f.). Diese innere Pluralität mag manchen konservativen Kräften innerhalb dieser Religionen ein Ärgernis sein; sie könnten darum ansprechbar sein, wenn aus ebenfalls konservativer, protestantischer Richtung «Religion 2» im Sinne unseres ersten Kapitels massiv in die politische Öffentlichkeit getragen wird. Das Kalkül dabei könnte etwa so aussehen: Wenn andere Glaubensrichtungen einen entschiedenen religiösen Ton in das öffentliche Leben tragen, dann können auch wir in unserer eigenen Kultur wieder der strikteren Glaubensinterpretation mehr Gehör verschaffen. Wenn also beispielsweise protestantische Fundamentalisten ihre Schöpfungslehre und das Pflichtgebet an Schulen durchsetzen, wenn konservative Katholiken durch Verfassungsrichter repräsentiert werden, die den liberalisierten Schwangerschaftsabbruch hintertreiben, dann entsteht ein orthodox-religiös geprägtes Meinungsklima, in dem auch die liberalen Auffassungen des Judentums intern zurückgedrängt werden könnten. Selbst wenn die Ausrufung einer «christian nation» durch Evangelikale unwillkommen wäre, so hätte das doch zumindest den Vorzug, dass es die eigene Gemeinschaft zu einem größeren Bekennertum für die eigenen religiösen Werte anspornen würde.

Ein solcher Gedankengang (gegen den Dorff 2000 argumentiert) mag in einigen konservativen Köpfen tatsächlich herumspuken. Wirksame Allianzen wird er nicht schmieden. Dafür ist die historische Erinnerung an «christliche Nationen» noch zu virulent: In europäischen Ländern mit starken Dominanzkonfessionen und Staatskirchen hatten die Juden regelmäßig mehr unter Diskriminierung und Verfolgung zu leiden als in Nationen wie den Niederlanden und den U.S.A., in denen eine Pluralität von Glaubensrichtungen sich wechselseitig vor zu großer Anmaßung bewahrte. Juden haben also hinreichend Gründe, eine zu starke Okkupation der öffentlichen Sphäre und der Politik durch christliche Rhetorik mit Argwohn zu sehen; die Trennung von Staat und Kirche hat darum in ihren Reihen immer noch den höchsten Anteil an Unterstützern (Kohut u. a. 2000, S. 98).

Auch wenn die politischen Präferenzen der Juden immer noch durchschnittlich etwas links vom amerikanischen Mehrheitstrend angesiedelt sind und wenn sie noch einen treuen Wählerstamm für die Demokratische Partei abgeben (Kohut u. a. 2000, S. 148 f.), so haben sie doch ihre Loyalitäten in den vergangenen Jahren merklich neu orientiert. Die Bindung an die Demokratische Partei erschien in der Präsidentschaftswahl des Jahres 2000 noch einmal sehr stark, doch war dies vor allem dem orthodox-jüdischen Kandidaten für die Vizepräsidentschaft, Joseph Lieberman, zu verdanken. In den nachfolgenden Jahren zeigte sich eine wachsende Bereitschaft, die Wahl-präferenz zugunsten der Republikaner zu ändern (RNS 27.01.2003). Diese Tendenz darf aber nicht zu Überinterpretationen verleiten. Einerseits setzt sie an einem hohen Sockel liberaler Werte an – Juden bewegen sich allenfalls hin zur durchschnittlichen «Normalität» des amerikanischen Meinungsspektrums, sie werden schwerlich eine ex-zeptionell konservative Gruppe. Zudem lassen sie sich kaum in das Schreckbild einer «reaktionären Ökumene» integrieren, das manche Journalisten (z.B. Greider 2003) mit Bezug auf die zweite Bush-Administration zeichnen. Danach ist die unterstützende Basis dieser Politik eine Allianz aus rechten Evangelikalen, Mormonen, Katholi-ken, Juden usw., die allesamt die erreichte Säkularisierung der U.S.-Gesellschaft rückgängig machen wollen. Wir haben jedoch gesehen, dass das Programm einer solch übergreifenden religiösen Rechten kaum auf Resonanz bei der Mehrheit der Juden rechnen darf. Wenn also ein Trend zum Konservatismus zu verzeichnen ist, dann ist es allenfalls *etwas* mehr Konservatismus, der sich hier niederschlägt, und keiner von der Art, der die Trennung von Staat, Kirche und Synagoge in den U.S.A. in Frage stellt.

Die Motive für den Wandel sind eher in weltlichen Anliegen zu suchen: in der Hoffnung auf eine Nahost-Politik der Stärke seitens republikanischer Präsidenten und in dem erreichten Wohlstand, der irgendwann einmal auch den Wahrheitsgehalt der alten Redensart, die Juden seien die einzigen Wähler, die nicht gemäß ihrer Brief-tasche abstimmen, reduziert.

Mit nur 2% der Bevölkerung und einer rückläufigen Entwick-lung (WP 09.10.2002) haben die Juden eine wesentlich stärkere Motivation, auf religiöse Pluralität und auf das Trennungsgebot der Verfassung zu achten als die Katholiken mit ihren 22% (CSM 10.10.2002). Die Ähnlichkeiten jenseits dieses Unterschiedes sind jedoch bemerkenswert. Beide Gemeinschaften belegen (gemeinsam mit den Mormonen und den schwarzen Kirchen) die Integrations-kraft des religiösen Pluralismus der U.S.A. Aus einer ehemals mar-ginalisierten Position heraus wanderten sie während des 20. Jahr-hunderts in das Zentrum der kulturellen, sozialen und politischen Dynamik und gehören nun selbst zu einem «Establishment» gegen das sie sich einst noch mittels der «New Deal Coalition» behaupten mussten. Diese Koalition hat heute nicht mehr die Bedeutung der dreißiger Jahre für sie, da sie nicht mehr als Schutz- und Trutzbündnis derer fungiert, die ihren adäquaten Platz im politischen System noch suchen müssen. Die Situation der Schwarzen ist anders: Ihre Kirchen gehören zwar zum anerkannten, ja hochgeschätzten Bestandteil der religiösen Organisationslandschaft, aber afro-amerikanische Ethnizität geht immer noch mit starker sozialer Benachteiligung einher. In Konflikten mit Juden über «affirmative action» schimmert durch, wer auf die Leistungen unter dem Dach der alten Koalition heute noch angewiesen ist und wer nicht.

Für alle drei Gemeinschaften waren die sechziger Jahre ein Schicksalsjahrzehnt, das bis heute nachwirkt. Für die Schwarzen brachten sie die Bürgerrechtskämpfe und die damit erfochtene Gesetzgebung, für die Katholiken zunächst den ersten U.S.-Präsidenten ihrer Konfession und dann das Vatikanische Konzil, für die Juden den Sechstagekrieg mit seinen sowohl traumatischen wie auch identitätsstiftenden Folgen für das Kollektivbewusstsein.

Im Falle der Katholiken und Juden zeitigten die Ereignisse der sechziger Jahre einen ähnlichen Doppeleffekt. Einerseits bewirkten sie eine verbesserte Akzeptanz in der Gesamtgesellschaft, eine höhere Aufmerksamkeit und Verankerung in der Öffentlichkeit, also Symptome der Etablierung im äußeren Pluralismus. Andererseits intensivierten sie den inneren Pluralismus: als gestärkte Laienpartizipation und ökumenische Diskussion im Katholizismus, als religiös-politische Divergenzen über Israel und den Holocaust im Judentum. Erfolgsgeschichte und Spannungen bewirken also in beiden Fällen, dass ein überwiegendes Interesse an der Erhaltung der Pluralität in beiden Religionsgemeinschaften fortwirkt. Sie gehören aber nicht mehr wie einst zum Rand des pluralen Spektrums, d.h. sie sind nicht mehr als Herausforderungen für dessen Integrationskraft zu bewerten. Diese Rolle haben heute andere Religionen übernommen, die das für die U.S.-Kultur gebrauchte Attribut «judeo-christlich» als Ausgrenzung empfinden müssen: Buddhismus, Hinduismus, weitere asiatische Religionen, Islam sowie die Religionen der «native americans». Hier steht die endgültige Bewährungsprobe des Pluralismus noch aus. Das lehrt z.B. die Erfahrung des Islam: Nach dem 11. September 2001 wurde zwar durch Meinungsforscher eine durchaus positive Einstellung dieser Religion gegenüber erhoben, gleichzeitig waren aber einzelne hässliche Vorkommnisse (wie Übergriffe gegen Personen und Einrichtungen) nicht zu ignorieren (RNS 26.11.2001).

Feindselige Äußerungen und Missionierungsbemühungen seitens konservativer Protestanten (vgl. Kapitel 3.2.) fügten sich in dieses Bild einer Religion, die von großen Teilen des «judeo-christlichen» Konsensspektrums mit Argwohn beobachtet wurde. Dabei war nicht immer klar, ob mit den aufgebauten Frontstellungen die islamische Religion oder die Herkunft aus dem arabischen Raum gemeint war. Dieses Problem führt auf ein Charakteristikum des Islam in den U.S.A. (wie auch anderer, zuvor erwähnter Religionen) hin: Seine Präsenz ist das Resultat einer relativ neuen Einwanderung – sowie einer Immigration, die «nicht-traditionellen» Herkunftsländern zugeschrieben wird. Zwar lebten auch schon vor Jahrhunderten Muslime auf dem Gebiet der heutigen U.S.A. (u.a. unter den Sklaven), aber eine wirklich signifikante Einwanderung setzte erst ab den sechziger Jahren des letzten Jahrhunderts ein. Dann aber kam sie gleich aus allen Himmelsrichtungen. U.S.-Muslime sind ihrer Herkunft nach z.B. Indonesier, Zentralasiaten, Somalis, Inder, Araber oder Türken. Die Vielgestalt des Islam hindert sie an der Ausbildung eines Zugehörigkeitsgefühls, das über die Religion hinausgeht. Die späte Einwanderung geht auf eine rechtliche Voraussetzung zurück, die auch die asiatischen Religionen trifft. So zog der U.S.-Kongress erst im Jahre 1965 aus der nach innen gerichteten Anti-Diskriminierungspolitik der «civil rights» auch Konsequenzen für die Immigrationspolitik. Mit der Gesetzesgebung dieses Jahres wurde ein finsteres Kapitel der zwanziger Jahre beendet: Der Supreme Court hatte einem Sikh, der schon ein Jahrzehnt in den U.S.A. lebte, im Jahr 1923 die Staatsbürgerschaft verweigert, da diese durch die Verfassung auf die «weiße Rasse» zugeschnitten gewesen sei; der Kongress hatte 1924 mit einem Immigrationsgesetz nachgezogen, das durch Quoten die Einwanderung aus «nicht-weißen» Erdteilen nahezu unterband (Eck 2001, S. 39f.).

Die nach dem Fall dieser Barrieren verstärkt einsetzende Immigration aus Asien, dem Pazifikraum, Afrika und dem vorderen Orient brachte zugleich einen neuen Einwanderertypus mit sich – nicht allein wegen der Zugehörigkeit zu nicht «judeo-christlichen» Kulturkreisen, sondern auch wegen des inzwischen eingetretenen technologischen Wandels. Ein Immigrant der zwanziger Jahre musste noch damit leben, dass – von Briefen abgesehen – alle Brücken zu seiner ursprünglichen Heimat abgebrochen wurden. Er konnte die Fremde leichter ertragen, wenn er einige Zeit in gettoisierten Nachbarschaften seiner Ethnie verweilte, aber wollte er mobil und erfolgreich sein, musste er sich zumindest partiell kultureller Assimilation fügen. Dazu konnte auch schon einmal ein religiöser Übertritt gehören oder auch eine Anpassung an eine veränderte religiöse Praxis in der eigenen Konfession (z. B. bei Juden von der Orthodoxie in Reformsynagogen). Dem Einwanderer der achtziger und nachfolgenden Jahre stehen erschwinglichere und schnellere Reisemöglichkeiten zurück in die Heimat zur Verfügung, er kann demgemäß auch leichter von dort besucht werden; rapide expandierende Kommunikationswege (vom Telefon über das Satellitenfernsehen zur e-mail) bewirken, dass er im stetigen Austausch mit der Ursprungskultur verbleibt.

Diese Wandlungen bewirken, dass die Angehörigen des Islam und asiatischer Religionen mit ihrem Glauben eine zugleich stärkere *kulturelle* Eigenart fortführen. Das führt zu Ausgrenzungseffekten: Religiöse Handlungen, die in nicht-europäischen Kultformen, Symbolen und Riten, vielleicht gar noch in nicht-englischer Sprache und mit einem Appell an heimisches Brauchtum ablaufen, werden leicht fremder Loyalität verdächtigt. Besonders deutlich wurde dies, als der demokratische Vizepräsident Al Gore im Vorfeld des Präsidentschaftswahlkampfes 1996 einen buddhistischen Tempel aufsuchte und von den dortigen Mönchen angeblich eine Unterstützungszahlung entgegennahm. Sofort wurde in der Presse der Verdacht der Korrumpierung durch nicht-amerikanische Interessen laut – eine Reaktion, die bei Wahlkampfspenden jüdischer Organisationen hinsichtlich israelischer Interessen eher ausbleibt (vgl. Eck 2001, S. 147f.).

Die islamische Religion erfüllt das Kriterium des ausgegrenzten Immigrantenglaubens teilweise – aber eben *nur* teilweise. Die größte Teilgruppe dieser Glaubensanhänger (42 %) sind afro-amerikanische Konvertiten oder «black muslims» der zweiten Generation, also Menschen, die bereits in den U.S.A. geboren wurden. Entgegen einem landläufigen Vorurteil stammen die muslimischen Immigranten nicht überwiegend aus dem Mittleren Osten, vielmehr wanderte die größte Teilgruppe (24 %) aus südasiatischen Ländern ein (Blank 1998, S. 23). Diese Einwanderung erfolgte relativ spät (vor allem in den achtziger Jahren); die islamischen Gemeinden sind darum vergleichsweise jung und geprägt durch Menschen mit noch relativ schwacher Verankerung in den Routinen des «american way of life». Kontakte zwischen dem eingewanderten Islam und den schwarzen Muslimen sind noch schwach ausgeprägt; dies mag mit der besonderen Entwicklung der «Nation of Islam», der öffentlichkeitswirksamsten Organisation im letztgenannten Spektrum zu tun haben.

In den sechziger Jahren hatte das Wirken von Malcolm X dieser Organisation den Ruf gesellschaftsverändernder Militanz eingetragen. Nachdem die siebziger Jahre nahezu ein Verschwinden aus der öffentlichen Aufmerksamkeit brachten, steht die «Nation of Islam» in den letzten Jahrzehnten wieder im Zentrum hitziger Kontroversen, und diese entzünden sich abermals an einem charismatischen Führer: Louis Farrakhan. Militanz kann auch ihm nicht abgesprochen werden, doch kann man ihn kaum als progressiv bezeichnen. Einerseits agitiert Farakhan gegen die Diskriminierung der Schwarzen innerhalb der U.S.A. und bezieht Position zugunsten afrikanischer Länder. Andererseits äußert er sich in Fragen der Geschlechterrollen, der Ächtung von Homosexualität und zu anderen «moral issues» in einer Weise, die ihn rechts von der «christian right» plaziert. Hinzu kommen Belastungen des Verhältnisses zu anderen Bevölkerungsgruppen, die etwa in hasserfüllten Ausfällen Farrakhans gegen die Juden sowie in gelegentlich rassistisch anmutenden Äußerungen über eine Separation der schwarzen Rasse in einem gottgerechten Leben wurzeln. Solche ethnozentrischen Äußerungen kollidieren mit der orthodoxen Glaubenslehre immigrierter Muslime und werden insbesondere von Sunniten als Häresie verdammt. Gerade die inner-islamische Kritik hat so bewirkt, dass sich regionale Repräsentanten der «Nation of Islam» bereits von der inflammatorischen Rhetorik Farrakhans absetzen (LAT 14.02.2002).

Derartige Absetzungsbewegungen sind nicht neu. Die herausragende Prominenz Farrakhans täuscht darüber hinweg, dass er nur für eine sehr kleine Minderheit der islamischen Religion in den U.S.A. zu sprechen vermag. Zwar ist er ein hochbegabter Organisator, der mit seinem «Million Man March» auf Washington 1995 tatsächlich beachtliche Massen mobilisierte, wobei er eine Morallehre predigte, die mit der Führerrolle des religiösen Mannes als Familienvater überraschende Ähnlichkeiten mit der Botschaft der «Promise Keepers» aufwies. Seine organisierte Anhängerschaft ist jedoch viel kleiner als das Medienecho und die Veranstaltungsresonanz vermuten lassen. Mit ca. 20000 bis 50000 Gefolgsmännern (sic!) wird er klar übertroffen von den mindestens 500000 Anhängern von Warith Deen Muhammed, der als Sohn des früheren «Nation of Islam»-Führers Elijah Muhammed dessen Erbe in einer eher moderaten Tonlage fortführt (Blank 1998). Der Distanzierung von polarisierenden Öffentlichkeitskampagnen entspringt auch das Aufkommen mehrerer nationaler Organisationen des Islam, die sich allesamt mehr um eine Konsolidierung nach innen bemühen (LAT 24.11.2001): sie versuchen, muslimische Wähler zur Registrierung zu ermutigen, Lobbyismus und Imagekampagnen zu betreiben und vor allem die Barrieren zwischen den vielen – immigrierten und eingeborenen – Gruppen zu überwinden.

Dieser Ansatz trifft weit eher die Bedürfnislage der meisten Muslime: Diese suchen eine gesicherte Stellung im «mainstream» des U.S.-Pluralismus, was sich auch in einem politischen Meinungsprofil widerspiegelt, das in etwa der «Normalverteilung» der Restbevölkerung entspricht (Zogby 2002, S. 18). Sie sind in ihrer Gesamtheit an keine Partei fest gebunden, lediglich die Schwarzen unter ihnen präferieren stark die Demokraten. Dies wären eigentlich Voraussetzungen dafür, dass die Anhänger des Islam zu einer stark umworbenen Gruppe seitens der Politiker werden könnten, zumal sie eine schnell wachsende Population darstellen, die in – allerdings umstrittenen – Schätzungen (LAT 25.10.2001) manchmal auf 2,8 Mio., manchmal auf 6,7 Mio. veranschlagt wird. Zudem ist die Gemeinschaft in der Alterszusammensetzung sehr jung. Das bedeutet einerseits, dass die politischen Präferenzen noch im Fluss sind, zeitigt aber andererseits auch geographische Mobilität. Es gibt – sieht man von einigen Orten in Michigan und Ohio ab – keine Regionen mit einer überproportionalen Häufung islamischer Bewohner: Es gibt demgemäß dann auch keine Wahlen, in denen diese Stimmen als möglicherweise ausschlaggebender Block bedacht werden müssen. Das hat freilich auch den Nebeneffekt, dass in den U.S.A. Enklaven gettoisierten islamischen Zusammenlebens (wie sie in westeuropäischen Ländern wohlbekannt sind) nicht anzutreffen sind.

Das Leben in der Diaspora, insbesondere rund um die Moscheen, ähnelt in mancher Hinsicht dem Leben der urbanen schwarzen Kirchengemeinden zu Beginn des 20. Jahrhunderts. Die Zahl der Moscheen ist von 962 im Jahr 1994 auf 1 209 im Jahr 2000 angestiegen.

Sie fungieren als multifunktionale Orte der Begegnung, verknüpfen die ethnischen Gruppen und gewähren soziale Unterstützung und Lebenshilfe bei Alltagsproblemen (USAT 26.4.2001). Die Lehre, die im Freitagsgebet gepredigt wird, ist ganz überwiegend eine der Akkomodation: Die Gläubigen werden aufgefordert, am öffentlichen und politischen Leben aktiv teilzuhaben und die Verfassungswerte anzunehmen (ebd.). Dennoch verharren viele Muslime in einer moralisch-religiös fundierten Distanz: 49 % der in den U.S.A. geborenen und 57 % der afro-amerikanischen Muslime bezeichneten 2002 die U.S.A. als ein Land der «Unmoral» (Zogby 2002, S. 22). Je nach Fragestellung könnte man solche Werte jedoch auch bei protestantischen Fundamentalisten erzielen, die allerdings weniger Anlass haben, ihr moralisches Befremden mit einem Gefühl der Ausgrenzung zu verbinden. Die Ereignisse des 11. September 2001, die anschließenden militärischen Interventionen in islamischen Ländern, die restriktive und feindselige Visa- und Immigrationspolitik gegenüber der islamischen Welt waren insgesamt keine Vorkommnisse, die diese doppelte Distanz abbauen halfen.

Die asiatischen Religionen haben ähnliche Probleme wie die Muslime, die Trennlinie zum Zentralbereich des religiösen Pluralismus zu überwinden. Sie beschreiben ihre abweichende Identität allerdings in der Regel eher in ethnischen Herkunftsbegriffen – also z. B. als Inder (Eck 2001, S. 364). Diese Selbstdefinition wird eine gewisse Langlebigkeit behalten, da einerseits die erwähnten technologischen Möglichkeiten den Heimatbezug pflegen helfen. Andererseits hat die Bekämpfung des Terrorismus und die damit verbundene Betonung der besonderen Stellung der U.S.A. als Wächter von «Freiheitswerten» der offiziellen Politik sowie den Medien eine Tonlage verpasst, die alles andere als einladend für die zuletzt erwähnten Religionen erscheinen muss. Die «freie Welt» wird allzu oft als eine in «judeo-christlichen» Traditionen verankerte präsentiert – trotz häufiger Dementis durch Spitzenpolitiker entsteht bei Angehörigen von darin nicht eingeschlossenen Religionen so der Eindruck, dass «Demokratie» und «Marktwirtschaft» gemeinsam mit diesen beiden Weltregionen ein Amalgam unter U.S.-Führerschaft bilden sollen (RNS 15.05.2003).

Das könnte man als ein zeitgebundenes Symptom politischer Rhetorik abtun, wenn es nicht eine Entsprechung in der Einstellung der Bevölkerung hätte. Selbst in dem liberalen und aufgeschlossenen

Milieu des Großraums Washington D.C. wurde bei Befragungen festgestellt, dass die christlichen Einwohner in einer deutlich abgestuften Weise auf die Zunahme religiöser Vielfalt reagieren. Dort war die Zugehörigkeit zu allen christlichen Konfessionen zwischen 1993 bis 2000 von 72 % auf 62 % gesunken. Das Auftreten anderer Glaubensausrichtungen im unmittelbaren eigenen Lebensumfeld führte meist zu freundlich-neugierigen Reaktionen, wenn es um Religionen ging, die entweder der eigenen Tradition zugerechnet wurden (Juden) oder aber als irrelevante Exotismen abgetan wurden (indianische Religionen). Es führte aber gelegentlich zu Abgrenzung («us vs. them») bis hin zu einer mürrischen Wagenburgmentalität, wenn es um Religionen ging, die als Herausforderung des eigenen Kulturkreises von außen aufgefasst wurden – also z. B. Buddhismus, Hinduismus und Islam (Wilcox/Goldberg 2002, S. 375). Natürlich trifft diese Aussage nur auf eine Teilgruppe der Christen zu, aber sie illustriert, dass ein Potential vorhanden ist, Christentum und Judentum gemeinsam als Pfeiler einer «westlichen» (demokratischen, kapitalistischen, nicht-exotischen) Lebensart zu sehen, die andere Glaubensrichtungen nicht automatisch mit einschließt. Die weltpolitischen Entwicklungen seit 2001 nähren solche ausgrenzenden Identitätskonzepte zusätzlich.

Insgesamt betrachtet sind dies aber kurzfristige Entwicklungen. Die langfristigen historischen Erfahrungen bestärken einen soliden Optimismus – einstmals Ausgegrenzte haben regelmäßig ihren Weg zu einem sicheren und respektierten Platz im pluralistischen Spektrum gefunden. Dieses Spektrum wird zudem auf absehbare Zeit sein Gravitationszentrum bei jenen christlichen Ausrichtungen haben, die diese Position auch während des zwanzigsten Jahrhunderts innehatten (Greely 2001) – «Wagenburgmentalitäten» dort sind daher allenfalls psychologisch zu erklären, sie haben keine Rechtfertigung in realen, quantitativen Tendenzen. Außerdem waren die Erfolgsgeschichten der Vergangenheit meistens doppelt gepolt: Religiöse Akzeptanz fanden Juden und Katholiken beispielsweise parallel zu ihrem Aufstieg im Berufsleben und persönlichem Wohlstand; wie sich Ursache und Wirkung zueinander verhalten, muss hier jeweils im Detail sorgfältig untersucht werden. Aber diese Verknüpfung enthält auf jeden Fall eine hoffnungsvolle Botschaft für die religiösen «Neuankömmlinge» aus Asien und dem Orient, denn auf der einen Seite dieses Tandems (dem Aufstieg in Qualifikation,

Beruf und Erwerb) haben sie bereits einen erfolgreichen Weg zurückgelegt; ihr Wille, diesen Weg auch durch eine aktive, politische und kulturelle Partizipation fortzusetzen, ist unbestritten (Eck 2001, S. 65–68).

4. Entwicklungsperspektiven

Der amerikanische religiöse Pluralismus scheint – bei allen Vorbehalten und Einschränkungen – ein Erfolgsmodell zu sein. Diese Aussage soll nicht leugnen, dass viele der Erscheinungen, die dabei auftreten, aus einer Außenperspektive als wunderlich oder gar verstörend anmuten können. Man denke nur an die Aufladung der politischen Sprache mit religiösen Gehalten, an die religiöse Besetzung eines nationalistischen Sendungsbewusstseins oder an das hartnäckige Fortleben so vormoderner Ideologien wie des Millennialismus und des «Kreationismus» sowie an das Festhalten an einem alttestamentarischen Rache-Strafrecht inklusive Todesstrafe.

Die U.S.A., die sich nicht scheuen, ihrer Missbilligung der Verhältnisse in anderen Ländern auch schon einmal mit Waffengewalt Ausdruck zu verleihen, müssen es sich gefallen lassen, selbst gelegentlich an externen Kriterien gemessen zu werden. Dann mögen Symptome wie die oben genannten dazu führen, dass Zweifel an dem Gebrauch des Begriffs «Erfolgsmodell» aufkommen. Dieser legitime Weg wird hier aber ausdrücklich nicht beschritten. Erwartungen und Ideale, die für die U.S.A. selbst prägend waren, dienen als Maßstab, wenn wir zu dieser positiven Bilanz gelangen. Dies sind zunächst einmal die Erwartungen einer Immigrationsgesellschaft. Neuankömmlinge hatten es in der gesamten Geschichte der U.S.A. schwerer als Alteingesessene, ihrer Stimme im Konzert der Religionen Gehör zu verschaffen, aber über lange Zeit betrachtet ist die Fähigkeit dieser Gesellschaft, religiösen Pluralismus nach eingetretenem Wandel wieder neu zu tarieren, doch bemerkenswert.

Der zweite immanent übernommene Gesichtspunkt ist die Balance zwischen «Religion 1» und «Religion 2», so wie sie im ersten Kapitel dieses Buches diskutiert wurden. Diese Balance lässt sich verkürzt so zusammenfassen: Eine starke Bedeutung von allgemeiner Religiosität für das öffentliche Leben, die Alltagskultur und für das nationale Selbstverständnis koexistiert mit einer ebenso starken Abneigung dagegen, dass eine bestimmte Religion soviel Einfluss auf politische Prozesse gewinnt, dass Minderheitsmeinungen und Optionen individueller Lebensgestaltung dadurch eingeschränkt werden.

Legt man dieses Ideal zugrunde – uneingeschränkte Religionsausübung innerhalb der Gesetze zu ermöglichen, ohne einer einzelnen Religion zu erlauben, durch Instrumentalisierung staatlicher Institutionen übermächtig zu werden –, dann ist die Geschichte der U.S.A. abermals als Erfolgsstory zu werten. Politisierte Religion, Konflikte zwischen Glaubensrichtungen, Versuche der Dominanz und Ausgrenzung – all dies war zwar auch dieser Nation nie fremd; Pluralismus hat auch nie bedeutet, dass Einfluss und Ansehen gleichmäßig verteilt waren – und dennoch: Die Absicht des ersten Verfassungszusatzes, eine freiheitsraubende Staatsreligion zu verhindern, ist dauerhaft verwirklicht worden. Dies ist einerseits der quantitativen Verteilung geschuldet, die niemals einer einzigen Konfession ein dominantes Gewicht ermöglicht hat und die zudem durch demographischen Wandel, Abspaltungen und Neugründungen das religiöse Relief nie zur Erstarrung kommen ließ. Andererseits hat die Balance auch ihre institutionelle und mentale Verankerung.

Der Ausbau des Individualrechts auf Religionsfreiheit zur wirkungsmächtigen Klageposition vor Gerichten ist das wichtigste Beispiel für die institutionelle Dimension. Die daraus folgende starke Verrechtlichung der Grenzziehungsprobleme zwischen Religion und Politik wurde bereits beleuchtet. Sie hat nicht dazu geführt, dass ein für allemal gültige Markierungen festgelegt wurden – die Linien zwischen noch akzeptabler Färbung der Politik mit allgemeiner Religiosität und verfassungswidriger Überschreitung des Trennungsgebotes bleiben trotz (oder wegen!) fortlaufender Judikatur in Bewegung.

Dazu trägt auch der Mentalitätsaspekt bei. Die Bedeutung des ersten Verfassungszusatzes ist allein schon in der Beanspruchung der Justiz abzulesen; Individualrechts- und Minderheitsschutz genießen in der politischen Kultur der U.S.A. einen hohen Stellenwert (polemisch dazu: Rauch 1995, bes. S. 79 ff.).

Aber auch die Bedeutung von «Religion 2» als einendes Band für das öffentliche Leben hat sich in den Einstellungen der Amerikaner mit bemerkenswertem Zuspruch verankert: der Rekurs auf das Religiöse seitens politischer Institutionen wird in derselben Nation, die qua Verfassung die individuelle Wahl- und Entscheidungsfreiheit in diesem Bereich so stark betont, als nützliche Gepflogenheit hingenommen. Dies kann als permanente Schizophrenie angeprangert werden (so z. B. von Roelofs 1998, S. 231–238), aber auch eine etwas mildere Sicht ist wohl statthaft. Danach bildet sich auf der Subjektseite, also in den verbreiteten Einstellungen, dieselbe Balance zwischen «Religion 1» und «Religion 2» ab, die objektiv in den zu Gewohnheiten geronnenen Abläufen der U.S.-Politik anzutreffen ist. Dafür gibt es einige Anhaltspunkte. Sie gruppieren sich um unterschiedliche Reaktionen zur religiösen Färbung von Politik, wenn dieser Begriff in «polity», politics» und «policy» aufgegliedert wird. Im Zusammenhang mit den kirchlichen Positonen zur Irak-Intervention haben wir bereits ein Beispiel dafür kennengelernt, dass viele Amerikaner nicht gewillt sind, sich von den Repräsentanten einer Konfession (und sei es auch die eigene!) vorschreiben zu lassen, was der richtige Kurs bei der konkreten und aktuellen Lösung eines politischen Problems zu sein habe. Die Verknüpfung zwischen «Religion 1» und «policy» ist also denkbar lose – eine verbreitete Skepsis gegen Kirchen als politische Oberlehrer der Nation bestätigt das (Pew Forum 2001 a).

Gleichzeitig wird aber «Religion 2» als wesentliche, tragende Säule des politischen Gemeinwesens akzeptiert – jedenfalls von großen Teilen der Bevölkerung: Im Frühjahr 2002 meinten 58 % der Befragten, dass die Stärke der amerikanischen Nation im religiösen Glauben ihr Fundament habe; 67 % hielten gar die Bezeichnung der U.S.A. als «christliche Nation» für zutreffend (Pew Research Center 2002, S. 8). Diese Verknüpfung von «Religion 2» mit der «polity», den Strukturen und Werten des politischen Systems insgesamt, hat breite Unterstützung: Das erreichte Maß an Durchdringung erscheint einer Mehrheit regelmäßig noch nicht als ausreichend – sie wünscht bei Befragungen eine größere Rolle der Religion im öffentlichen Leben (Farkas u. a. 2001). Abermals: Dieser erwünschte generelle Einfluss religiöser Werte auf das gesellschaftliche Zusammenleben und das nationale Selbstverständnis darf nicht mit dem Wunsch verwechselt werden, konkrete politische Einzelentscheidungen sollten gemäß der Präferenzen bestimmter organisierter Konfessionen ausfallen. Diese Distanz der religiösen Orientierungen zur «policy»-Dimension der Politik wird noch deutlicher, wenn die «politics»-Dimension hinzugezogen wird. Damit assoziieren Amerikaner vor allem den politischen Wettbewerb: Parteien- und

Kandidatenkonkurrenz, Konflikte zwischen parteipolitisch unterschiedlich ausgerichteten Institutionen, Streit um die Gunst der öffentlichen Meinung, vor allem aber Wahlen und Wählerpräferenzen. Mit Blick auf die letztgenannten Aspekte herrscht unter Wahlforschern in den U.S.A. Übereinstimmung: Die religiösen Variablen (Zugehörigkeit zu bestimmten Konfessionen plus Grad des «commitments», also Stärke der Bindung und Aktivität) zählen zu den erklärungskräftigsten, wenn es darum geht, die dauerhafte Präferenz für eine der beiden großen Parteien vorherzusagen. In der Präsidentschaftswahl von 1992 erwiesen sie sich z. B. stärker als die ökonomischen Variablen (Kellstedt 1993, S. 298 f.) – das heißt: Eine starke religiöse Bindung, insbesondere evangelikaler Art, korrelierte stärker mit einer Stimmabgabe für George Bush sen. als Wohlstand und eine positive Einschätzung der Wirtschaftslage. Im Präsidentschaftswahlkampf 1996 wurde viel über die «gender gap» gesprochen (Frauen präferierten Clinton deutlich gegenüber Dole), nachträglich stellte sich aber heraus, dass die «religious gap» wichtiger war (Golay 1997, S. 257 f.): Protestanten präferierten in geringem Umfang Dole, Katholiken hingegen gaben in ganz überwiegendem Maße ihre Stimme für Clinton ab.

Wenn also religiöse Zugehörigkeiten bestimmte Loyalitäten formen, so geben sie Politikern eine gewisse Orientierungshilfe mit auf den Weg, wie und wo sie eine diffuse Zustimmung für sich und ihre Partei erwarten bzw. erzeugen können. Mehr verraten sie aber auch nicht: Religiöse Variablen sind chronisch unzuverlässig, wenn es gilt vorherzusagen, welche Unterstützung konkrete «policies» bei ausgesuchten Zielgruppen finden könnten (Jelen 1998 a). Darin spiegelt sich die Abneigung gegen spezifische Richtungsvorgaben durch Religionsgemeinschaften, aber auch deren innere Pluralität. Generell kann erwartet werden, dass die jeweils strenger und aktiver im Glauben verankerten Mitglieder der meisten Konfessionen eher konservativere Positionen bei vielen «policy-issues» beziehen, aber das gibt noch keinen Aufschluss darüber, wo sich die Konfessionen als Kollektiv zu diesen Streitfragen einfinden. Selbst bei einem so lang diskutierten Thema wie dem Schwangerschaftsabbruch, bei dem die inhaltliche Relevanz religiös angeleiteter Positionierung unstrittig ist, verlaufen die Lagergrenzen zwischen «pro life»- und «pro choice»-Positionen quer durch große Religionsgemeinschaften – so z. B. bei den Katholiken, «mainline»-Protestanten und Juden

(Mensch/Freeman 1993, S. 83 ff.). Bei vielen anderen Themen wird die religiöse Zuständigkeit gar nicht erst gesehen: Kirchliche Positionen etwa in der Wirtschafts- und Außenpolitik sind für die einfachen Gemeindemitglieder meist irrelevant.

Aus dieser Trennung von religiöser Relevanz in «politics»- und «policy»-Dimensionen folgt für beide Seiten eine Herausforderung: für die Religionsgemeinschaften in Gestalt eines Aggregationsproblems, für die politischen Eliten in Gestalt eines «Marketing»-Problems. Das Aggregationsproblem kommt in den Schwierigkeiten zum Ausdruck, die der religiöse Lobbyismus in Washington D.C. hat. Derartige Interessenvertretungsorganisationen sind dort in beträchtlichem Umfang aktiv, sie bleiben aber Außenseiter im üblichen Spiel der «deals» mit dem Kapitol und der Präsidialbürokratie. Sie können nicht mit den bekannten Tauschangeboten an Politiker herantreten – dem «quid pro quo» einer spezifischen Entscheidung in einer Detailfrage und der Unterstützung in künftigem Wettbewerb als Gegenleistung. Dem steht nicht nur die Trennung von Staat und Kirche normativ entgegen, sondern auch die mangelnde Verlässlichkeit der eigenen Teilorganisationen und Mitglieder. Religiöse Organisationen müssten sich hochstaplerisch verhalten, würden sie deren politisches Verhalten als vorhersagbares Drohpotential in die Waagschale werfen. Sie enthalten sich daher des klassischen «policy»-Lobbyismus und versuchen ihre Außenseiterstellung zum Vorteil zu wenden, indem sie nicht kurzfristige Kurskorrekturen und Interessenbedienung verlangen, sondern allgemeine moralische Bewertungen in den politischen Entscheidungsprozess einfließen lassen (Hofrennig 1995, S. 180f.). Religiöse Lobbyisten kommunizieren darum mehr aus Washington heraus als in die elitären Verhandlungszirkel hinein – sie versuchen Stimmungen in der Breite der Gemeindepopulationen zu erzeugen, die dann Politiker gewogen machen, bestimmte religiöse Empfindlichkeiten bei ihren Entscheidungen nicht zu verletzen (vgl. Hofrennig 1995, S. 147). Sie bringen also kein Verhandlungsmandat ein, sondern versuchen, außerhalb der Eliten durch Mitspielen im Geschäft der politischen Eliten ein solches Mandat erst zu erzeugen – wahrlich ein Eiertanz!

Natürlich gibt es Ausnahmen eines erfolgreichen religiösen Lobbyismus mit Bezug auf «policy-issues» – aber durch ihren Ausnahmecharakter bestätigen diese wieder das zuvor Gesagte. Die Organisationen der «christian right» erreichen legislative Erfolge, indem sie sich auf wenige, für ihre Anhänger essentielle Fragen (z. B. Geburtenregelung und Schwangerschaftsabbruch) konzentrieren; als Mobilisierungsstrategie verfolgen sie einen ökumenischen Anspruch: Sie sprechen nicht ganze Konfessionen mit all ihrer Heterogenität an, sondern appellieren an die Konservativen *innerhalb* der verschiedenen Gemeinschaften. Sie können auf ein Potential an Aktivisten verweisen, das schon einzelnen missliebigen Kongressabgeordneten mit zielgerichteten Kampagnen die Wiederwahl verdorben hat – sie halten also ein relevantes Drohszenario parat. Schließlich haben sie auf diesem Wege eine Reihe Repräsentanten und Senatoren auf sich verpflichtet, die ihnen als «Brückenköpfe» und «Türöffner» dienen. Dieses erfolgreiche Arrangement bleibt jedoch fragil, wie wir bereits sahen: Die Positionen der Aktivisten können sich bei der Verfolgung der ökumenischen Anspruchs störend auswirken – etwa, wenn fundamentalistische Protestanten ihren Vorurteilen über Katholiken oder Mormonen freien Lauf lassen.

Das zweite Beispiel eines erfolgreichen Lobbyismus ist das jüdische – in manchen Augen der wirkungsmächtigste Lobbyismus in Washington schlechthin (vgl. Corbett/Corbett 1999, S. 360 f.). Aber auch dieses Beispiel eignet sich nicht zur Verallgemeinerung: Es bezieht sich hauptsächlich auf das Wirken des «American Israel Public Affairs Committee», einer nicht-religiösen Organisation, die sich die Interessenwahrung Israels in der außenpolitischen Willensbildung und gegenüber der Öffentlichkeit zum Anliegen gemacht hat. Darin wird das Komitee zwar von religiösen Dachorganisationen (z. B. American Jewish Committee, American Jewish Congress) aktiv unterstützt, doch sind die Lobbyismusaktivitäten letztlich so gehalten, dass sie auch von den säkularsten Juden mitgetragen werden können. Der Erfolg ist auch darin begründet, dass die Israel-Lobby auf ihrem Betätigungsfeld ziemlich allein agiert. Sieht man einmal von den Exil-Kubanern ab, dann gibt es keine andere, relevante Wählergruppe, die sich die Außenpolitik gegenüber einem bestimmten Land zum Herzstück ihrer Lobbyismus-Aktivitäten auserkoren hat. Außenpolitische Themen gelten ohnehin als wenig wählerwirksam aus der Sicht von Senatoren und Repräsentanten; insofern stärkt allein schon das Fehlen konkurrierender Einflüsse die pro-israelische Interessenartikulation.

Christliche Organisationen haben seit einiger Zeit zwar auch die

Außenpolitik entdeckt – aber dabei bleiben sie unspezifisch in Bezug auf bestimmte Nationen. Zu solchen Aktivitäten gehören einerseits Kampagnen gegen die Einschränkung der Religionsfreiheit und gegen Christenverfolgungen insbesondere in islamischen und «realsozialistischen» Ländern (vgl. Hamilton 2000, S. 379 ff.). Diese Kampagnen passen wiederum in das Muster der zuvor beschriebenen Mobilisierung von Nicht-Eliten durch eine breite, moralisierende Ansprache – in diesem Fall kommen sie allerdings mehr «von unten» als aus der Hauptstadt. Sie begannen zunächst in evangelikalen Organisationen und wurden dann von protestantischen «main-line»-Gemeinden gegen das Zögern der Kirchenoberen unterstützend aufgegriffen (Hertzke 2001, S. 79–81). Wirksam werden diese Aktivitäten beispielsweise, wenn Handelsverträge mit Nationen anstehen, die unter dem Verdacht der Christenverfolgung stehen (z. B. China); im Kongress kann es dann gelegentlich zum offenen Konflikt zwischen dem christlich-konservativen und dem wirtschaftsliberalen Flügel der Republikanischen Partei kommen. Das Thema hat eine so breite Resonanz, dass auch die Demokraten in der Regel nicht abseits stehen wollen; für den außenpolitischen Lobbyismus der Juden bedeutet es keine Beeinträchtigung, da es die judeo-christliche Gemeinsamkeit betont, die schon in den Hochzeiten des Antikommunismus einen nationalen Politikkonsens untermauerte.

Die zweite Form außenpolitischer Interessenvertretung durch religiöse Organisationen ist die der Nichtregierungsorganisationen (NGOs), die international mit Hilfsprogrammen tätig sind (vgl. Natsios 2001). Viele von diesen Verbänden (wie z. B. «CARE») lassen ihren religiösen Ursprung nur noch schwer erkennen, andere – wie z. B. «World Vision» – sind ihren Wurzeln (hier: evangelikal) noch deutlich verpflichtet. Ihre Existenz ermöglicht es zum Teil überhaupt, manche Hilfsaktivitäten in der Dritten Welt durch einen tendenziell immer unwilligeren, republikanischen Kongress beschließen zu lassen. Ohne das Zutun von «World Vision» beispielsweise hätte Präsident Clinton keine Hilfsleistungen an das hungerleidende Nordkorea bewilligt bekommen (Natsios 2001, S. 196). Auch ihre Verbindungen mit Kirchen und Organisationen in den Empfängerländern machen diese NGOs zu geschätzten Partnern der Administration; der Preis, den sie (neben Transfers) dafür eintreiben – eine konservative Linie z. B. in Fragen der Familienplanung in der Dritten Welt –, wird gern bezahlt, solange die Administration selbst konservativ ausgerichtet ist. Darum ist es bereits fraglich, ob es sich hier noch um klassischen Lobbyismus handelt, da die Initiative zur Kooperation zumindest im gleichen Umfang auch von der Regierungsseite ausgeht.

Mit der Unterdrückung von Empfängnisverhütung und Geburtenregelung in der Dritten Welt tangieren wir eine Politik, die in den U.S.A. selbst Kontroversen auslöst. Ansonsten könnten diese Kooperationen aber als ein Beispiel für eine weitgehend gelungene Lösung des zuvor erwähnten «Marketing»-Problems der politischen Eliten gelten. Sie mobilisieren das aus dem Glauben gespeiste Engagement für eine weitgehend unstrittige philanthropische Aufgabe, die hilft, dem Gedanken einer «christlichen Nation» nach außen Sinngehalt zu verleihen, ohne die Aktivitäten sklavisch einer «Religion 1» unterzuordnen und damit eine Polarisierung gegenüber Anhängern anderer Glaubensrichtungen zu entfachen. Der Balanceakt für den erfolgreichen Politiker besteht darin, sich als Sachwalter einer nicht-kontroversen Religiosität in der Politik zu präsentieren, ohne dabei ein Zuviel an spezifischer konfessionsgebundener Religiosität einfließen zu lassen. Dieses Kunststück kann auf verschiedene Weise gelingen. Religion kann in einer möglichst unverbindlichen, generellen Weise angesprochen werden und auf politische Werthaltungen bezogen werden, die diffus genug sind, um ebenfalls eine breite, unverbindliche Akzeptanz zu finden. Ein Beispiel für diese Strategie haben wir im ersten Kapitel anhand des öffentlichen Protests von Politikern gegen das *Pledge-of-Allegiance*-Urteil illustriert.

Wenn sowohl das öffentliche Bekenntnis zum Patriotismus als auch zu einem generellen Glauben an Gott eine hohe Zustimmung bei der großen Bevölkerungsmehrheit genießen, dann ist die Verknüpfung von beiden eine risikolose Profilierung für Politiker. Der erwähnte Fall entwickelte darum ein beharrliches Eigenleben, das die Relevanz des Streitgegenstands in den Augen vieler Nicht-Amerikaner absurd übersteigt. Nachdem ein Appellationsgericht am 28. Februar 2003 bestätigt hatte, dass die *Pledge* mit Gottesbezug eine Verletzung des verfassungsgemäßen Trennungsprinzips sei, wenn sie als Pflichtveranstaltung an öffentlichen Schulen stattfinde, ging die Bush-Administration in Person ihres ultrakonservativen Justizministers Ashcroft in die Offensive. Sie stellte die Unterbindung einer zur nationalen Identität gehörenden Tradition als Rechtseinschränkung der in diesen Dingen «normal» empfindenden Bürger hin, so, als ob diese vor der winzigen Minderheit der Atheisten geschützt werden müssten (WP 01.03.2003 u. 01.05.2003). Das Justizministerium verlangte darum in einer Eingabe an die oberste Instanz, diese möge das Individualrecht der Amerikaner schützen, die *Pledge of Allegiance* mit religiöser Beteuerung aufzusagen, ein Recht, das außerhalb öffentlicher Schulen ohnehin unbegrenzt praktiziert werden kann. Der Ausgang des Rechtsstreits ist zum gegebenen Zeitpunkt (2003) noch nicht prognostizierbar.

Diese Strategie, Religion in Gestalt einer allgemeinen Gottesgläubigkeit der politischen Selbstdarstellung nutzbar zu machen, ist nur dann Erfolg versprechend, wenn das dabei anklingende Religionsverständnis so inklusiv bleibt wie der Patriotismus, mit dem es verknüpft wird. Während der Clinton-Administration wurden einige Versuche unternommen, diese Inklusivität bei einigen Einrichtungen zu betonen, die in diesem Graubereich von nationaler und religiöser Traditionsstiftung operieren: Die U.S.-Armee stellte erstmals einen muslimischen Militärgeistlichen ein und das Morgengebet des Kongresses durfte auch einmal nach hinduistischem Ritus gesprochen werden, was allerdings zu Protesten in der konservativ-christlichen Publizistik führte (Eck 2001, S. 25). Solche symbolischen Gesten wirken allerdings rasch recht schal, wenn die Politik, die in reale Verhältnisse eingreift, eher die Differenz zwischen den «Altetablierten» und den «Neuankömmlingen» akzentuiert. Die Clinton-Jahre brachten beispielsweise parallel zu den integrativen Inszenierungen Regierungsdekrete, die das Spenden für palästinensische Wohltätigkeitsorganisationen untersagten, und Gesetze, die zielgerichtet die Bürgerrechte von Muslimen aus dem arabischen Herkunftsgebiet einschränkten (Arrestierung und Deportationen ohne Begründungsnotwendigkeit etc.) (Haddad 2001, S. 98). Dieser Kurs ist durch die Bush-Administration in ihren Sicherheitsstrategien noch verschärft worden.

Unter solchen Umständen ist der Nutzen der symbolischen Beanspruchung von «Religion 2» aus Politikersicht nicht allzu hoch zu veranschlagen. Einerseits bestärkt die Verbindung von Patriotismus und dann doch judeo-christlich wahrgenommener Religiosität nur die schon Überzeugten in ihrer Haltung, jene aber, die sich durch andere Akte der Politik ausgegrenzt fühlen, und jene, die die Vermischung von Religion und Politik insgesamt ablehnen, werden Inszenierungen wie die um die *Pledge of Allegiance* als bigotte Heuchelei empfinden.

Nach dem symbolisch-inszenierenden Ansatz bedienen sich die Republikanische Partei und ihre Spitzenpolitiker daher jüngst zweier weiterer Strategien. Zum einen wird die stärkere Rolle der Religion in Politik und öffentlichem Leben nur indirekt durch Regierungshandeln gefördert und in erster Linie als Ergebnis individueller Wahlentscheidungen der Bürger verkauft. Zum anderen wird versucht, bei Religiosität jene alltagsrelevanten «Nebeneffekte» zu fördern, die auch über Konfessionsgrenzen hinweg und selbst bei nichtreligiösen Menschen Zustimmung finden.

Letzteres hat in der Bush-Administration seinen Niederschlag gefunden in Gestalt der «Faith Based Initiative». Sie stellt den Versuch dar, den am wenigsten kontroversen Charakter organisierter Religion in den Dienst der Gesellschaftspolitik zu stellen – nämlich ihr Wirken zugunsten philanthropischer und sozialer Zwecke (vgl. Oldopp/Prätorius 2002). Eine oberflächliche Kritik sieht in dieser Initiative des Weißen Hauses lediglich den Versuch, dem staatlichen Sozialabbau durch das Einspannen religiöser Mildtätigkeit etwas die Schärfe zu nehmen. Zumindest die offizielle Rechtfertigung ist jedoch etwas komplexer. Sie reklamiert, dass es nicht darum gehe, die Religiösen als Lückenbüßer zu mobilisieren, sondern dass sie an die Stelle des Staates treten sollen, weil sie *Besseres* leisten.

Hier treffen gleich mehrere Annahmen eines konservativ-christlichen Weltbildes zusammen. Zunächst und vor allem ist die Überzeugung zu nennen, soziale Probleme seien in erster Linie *moralische* Probleme. Eine solche Sichtweise auf soziale Notlagen ist in den U.S.A. tief verankert. Repräsentativbefragungen zeigen regelmäßig, dass im Vergleich zu anderen hochindustrialisierten Demokratien Amerikaner die Verantwortung für Armut in überdurchschnittlichem Maße bei den Armen selbst suchen, nicht bei den Umständen oder der Gesellschaft (im Vergleich zu Großbritannien z. B. Ladd 1999, S. 127). Dieses Einstellungssyndrom kann als eine Quelle sozialer Kälte gedeutet werden, doch dies muss nicht zwangsläufig so sein. Die Wendung der moralischen Sichtweise in eine Aufforderung zur Hilfe ist das Kernanliegen des «compassionate conservativism», einer Selbstbeschreibung, mit der George W. Bush in den Wahlkampf gezogen war. Diese wiederum war stark angeleitet durch halbwissenschaftliche Bücher von Marvin Olasky, der einige Jahre lang als der wichtigste intellektuelle Einfluss auf den damaligen Gouverneur von Texas galt. Was nützt es, so Olasky, mit öffentlichen Programmen Mietwohnungsblöcke hochzuziehen, wenn Wohnungslosigkeit bei Menschen ein Verhaltensproblem und nicht pure Knappheit von Wohnraum ist (Olasky 1992, S. 210)? Wenn Menschen psychisch labil und moralisch desorientiert sind, brauchen sie eher Hilfe in diesen Bereichen, aber die offizielle Sozialpolitik des Staates habe aus falsch verstandenem Säkularismus immer weiter sich dieser Pflicht, Menschen anzuleiten, entzogen. Auch die Wohlfahrtsverbände reduzierten sich ab dem frühen zwanzigsten Jahrhundert immer mehr auf das bloße Geldeinsammeln und Verteilen von materieller Hilfe (Olasky 1992, S. 127). Dies alles sei mit der Freizügigkeit der sechziger Jahre noch viel schlimmer geworden, als moralische Bindungslosigkeit und Beliebigkeit mit persönlicher Autonomie verwechselt worden seien. Indem die Sozialfürsorge nur noch die Freiheit und die Rechtsansprüche des Beziehers gewürdigt habe, nicht aber seine Verpflichtungen gegen sich selbst, die Familienangehörigen und die Gemeinschaft, habe der Staat zu sexueller Promiskuität und zum Verfall familiärer Bindungen beigetragen, die für arme Menschen noch verheerendere Konsequenzen hatten als für die freigeistigen Eliten (vgl. Olasky 1992, S. 188).

Mit der erwünschten Umkehr zurück zu mehr spiritueller Stärkung und moralischer Anleitung wollen die «mitfühlenden» Konservativen freilich nicht den Staat betrauen, den sie von säkularen Intellektuellen, Expertokraten und Bürokraten beherrscht sehen. Hier ist in ihren Augen nahezu ausschließlich die organisierte Religion gefordert – und zwar in diesem überkonfessionellen Sinne. Zu diesem Zweck werden gerne und ausführlich Forschungsergebnisse zitiert, die Korrelationen herstellen zwischen Religiosität und allen erdenklichen Indikatoren des Wohlergehens – von der Stabilität der Familien bis zur physischen Gesundheit, von der Einbindung in Nachbarschafts- und Freundeskreise bis zur beruflichen Zufriedenheit (z. B. Fagan 1996). Für die Hilfsbedürftigen wird daraus die Forderung abgeleitet, über religiöse Werte zur Stabilisierung von Sozialbeziehungen und Persönlichkeitsaspekten zu gelangen. Der positive Beitrag der Religion wird aber auch auf der Seite der Helfenden verortet. Der wichtigste Effekt in dieser Hinsicht ist der – durchaus objektivierbare – Einfluss auf die Bereitschaft zum freiwilligen Engagement.

Die U.S.A. werden häufig als eine «nation of joiners» beschrieben. In der Tat ist der Anteil der Erwachsenen, die mindestens einer freiwilligen Organisation angehören, mit 82 % höher als in allen vergleichbaren Demokratien mit Ausnahme der Niederlande (Ladd 1999, S. 133). Den Spitzenplatz nehmen die Amerikaner bei der Zugehörigkeit zu freiwilligen religiösen Organisationen ein: 47 % der Befragten bestätigten im Zeitraum 1990 bis 1993 eine solche Mitgliedschaft (Vergleichszahl für Deutschland: 16 %. Ladd 1999, S. 134). Die allgemein akzeptierte Deutung dieser Besonderheit sagt: Da in den U.S.A. die Religionszugehörigkeit selbst als voluntaristischer Akt gedeutet wird, also als *Beitritt* aus freiwilligem Entschluss, verbindet sich signifikante Religiosität mit der Bereitschaft, weitere Beitrittsentscheidungen zu treffen. Die Neigung, sich organisiert zu betätigen, entspringt zudem nicht dem Bedürfnis nach Abkapselung in den eigenen Zirkeln; gerade bei Mitgliedschaft in religiösen Organisationen ist in diversen Ländern festgestellt worden, dass sie mit einem erhöhten Vertrauensvorschuss gegenüber der Gesellschaft im Ganzen einhergeht (Stolle 2001, S. 234) – solche Menschen gehen auch auf Fremde zu und glauben daran, dass Interaktion auch zur Lösung von Problemen führen kann. Diese Beobachtung wurde übrigens auch bei fundamentalistisch-christlichen Organisationen bestätigt. Diese standen bislang eher unter dem Verdacht, eine weltabgewandte, sektiererische Eigenbrödelei zu fördern – tatsächlich aber verbindet sich selbst in diesem Milieu religiöses Engagement mit einer leicht erhöhten Wahrscheinlichkeit, sich auch in säkularen Vereinen und bei gesellschaftlichen Aktivitäten zu betätigen (Uslaner 2002).

Die Bush-Administration hat gleich nach ihrem Amtsantritt 2001 ein ambitioniertes Programm vorgelegt, das aus dem skizzierten Potential schöpfen soll. Allerdings ist George W. Bush auf diesem Gebiet nicht der Erste. Bereits unter seinem Vorgänger Bill Clinton kam es zu mehreren Gesetzgebungsakten, die an die Trennung zwischen staatlichen und religiösen Aktivitäten in der Gesellschaftspolitik rührten (Hamilton 2000, S. 372 ff.). Ein Gesetzesbündel in diesem Sinne waren die «charitabel choice»-Regelungen des Jahres 1996. Sie erleichterten die Mittelvergabe aus dem Bundeshaushalt an Wohltätigkeitsorganisationen religiösen Ursprungs. Bis dahin waren strategische Unterstützungen begrenzt auf Organisationen, die zwar einst aus Religionsgemeinschaften heraus gegründet worden waren, die aber hauptsächlich Programme abwickelten, die von säkularen Sozialträgern nahezu ununterscheidbar waren (z. B. «Catholic Charities», «Lutheran Social Services»). Mit «charitable choice» wurde ein offener Wettbewerb eingeführt. Auch offen religiöse Organisationen (wie Kirchengemeinden, Jugendgruppen etc.) durften sich nun in Konkurrenz mit säkularen Anbietern um Regierungsgelder bewerben, so lange diese Mittel nicht für «missionierende» Aufgaben, sondern getrennt von religiösen Inhalten für Tätigkeiten im öffentlichen Interesse eingesetzt wurden. Damit war die staatliche Förderung freilich bereits auf eine schiefe Ebene gebracht worden, denn der Vorzug der religiösen Organisationen wurde ja gerade darin gesehen, dass sie ihre Mitglieder aus dem Glauben heraus mobilisieren konnten. Wie sollte dann verhindert werden, dass derartige Laienhelfer ihre religiösen Überzeugungen in die Hilfsdienste hineintragen?

Die Antwort darauf ist: Es konnte nicht verhindert werden – und mit der Radikalisierung dieser Politik unter George W. Bush sollte es auch nicht mehr verhindert werden. Die entschiedenen Verfechter dieses Weges räumten nicht nur ein, dass es schwierig ist, einer kirchlich geprägten Hilfseinrichtung völlige Abstinenz bei der Vermittlung ihrer Leistungen hinsichtlich der Beimischung religiöser Gehalte aufzuerlegen, sie forderten vielmehr, gar nicht mehr nach einer solch scharfen Trennung zu streben. Diesem Ansatz geht es nicht darum, dass religiöse Organisation mit finanzieller Unterstützung des Staates dasselbe anbieten dürfen wie säkulare Sozialeinrichtungen – stattdessen sollen sie das erbringen, wodurch sie angeblich besser und wirkungsvoller bei der Bewältigung sozialer Notlagen sind: die Vermischung von Hilfe und religiöser Inspiration, die dem Hilfsbedürftigen erst den «moralischen Kompass» gibt, um seiner Notlage unter eigener, tätiger Mitwirkung zu entkommen (Sider/Unruh 2001, S. 271).

Wie verhält sich das aber zu dem Verfassungsgebot, wonach der Bundesgesetzgeber sich der «Etablierung» einer Religion zu enthalten hat? Dieses untersagt bekanntlich nicht nur die Verordnung einer Staatskirche durch Gesetz, sondern auch die Förderung einer spezifischen, konfessionsgebundenen Unterweisung aus staatlichen Budgets. Die Fürsprecher einer «charitable choice»-Politik halten eine doppelte Antwort auf diese besorgte Frage bereit. Einerseits sei das Verbot des ersten Verfassungszusatzes so zu verstehen, dass es religiöse Wahlfreiheit zu gewährleisten habe; die Anforderung sei lediglich, dass die Regierung nicht bestimmte Glaubensrichtungen bevorzuge und benachteilige, nicht zu einem bestimmten Glauben oder Nicht-Glauben ermutige und nicht in die Vielfalt der Glaubensangebote begünstigend eingreife (Monsma 2003, S. 17). Genau dies aber habe die Sozialpolitik der Vergangenheit getan. Indem sie nur nicht-religiöse Nonprofit-Organisationen und sozialwissenschaftlich orientierte Hilfsprogramme gefördert habe, sei in Wahrheit stets eine Glaubensrichtung begünstigt worden: der «säkulare Humanismus» (in den Augen konservativer Christen die freundliche Umschreibung für eine Mischung aus Atheismus und liberaler Gesellschaftspolitik; vgl. Hasson 1997).

Nach dieser Auffassung schafft eine Förderung religiöser Sozialprogramme erst die Pluralität der Auswahlmöglichkeiten, die der erste Verfassungszusatz schützen wollte. Voraussetzung ist allerdings, dass tatsächlich Wahlchancen bestehen. Die «charitable choice»-Politik unter Clinton und die «Faith Based Initiative» unter George W. Bush legten darum in ihren öffentlichen Verlautbarungen jeweils großen Wert auf die Bereitstellung geförderter Alternativen: Wer Hilfe entgegennimmt, bei der ihm gleichzeitig religiöse Unterweisung angeboten wird, soll dies nur freiwillig tun und gleichzeitig ein entsprechendes Hilfsangebot in seiner Reichweite finden, das ohne religiöse Komponente auskommt und ebenfalls staatlich gefördert wird. (Da aber der Fördertopf des Staates insgesamt nicht wächst, ist eine verschärfte Konkurrenz der «Non-Profits» bis hin zur Verdrängung unausweichlich; Lynn 2002.)

Damit soll der Kritik, religiöse Indoktrination staatlich zu subventionieren, begegnet und somit auch verfassungsgerichtlicher Anfechtung vorgebeugt werden.

Diese Freiheitssicherung beim Hilfsempfänger ist aber nur in der Theorie eine klare Konstruktion. Bei den religiösen Wohlfahrtsorganisationen ist es durchaus umstritten, ob Wahlmöglichkeiten nur zwischen verschiedenen Anbietern ermöglicht werden sollen oder ob auch eine Wahlfreiheit innerhalb eines Leistungsprogramms statthaft sein soll – als Chance, sich helfen zu lassen, ohne dabei Bibeltexte anhören zu müssen. Wer glaubt, dass es die Bibel und nicht die dazu gewährte Wohnungsfürsorge oder Armenspeisung ist, die eigentliche Hilfe bietet, wird eine solche selektive Inanspruchnahme ablehnen (Rogers 2001, S. 325).

Das Problem hat aber auch eine Entsprechung auf der Seite der Hilfsempfänger: Da es gerade um Menschen in sozialen Notlagen geht, darf füglich bezweifelt werden, ob diese immer die Wahlfreiheit ausüben können, die ihnen die Architekten politischer Programme offenbar unterstellen. Am drastischsten verdeutlicht das eine Initiative, die von George W. Bush und seinen Beratern als Glanzstück glaubensgeprägter Sozialpolitik hingestellt wird: die «Prison Fellowships» (Sherman 2003, S. 21). Sie wurden gegründet und propagiert durch Chuck Colson, der als Nixon-Mitarbeiter und Watergate-Mittäter selbst zum Strafgefangenen wurde (Colson 2001). Das christlich-fundamentalistisch ausgerichtete Programm leistet Gefangenenbetreuung, die zwar auch praktische Lebenshilfe enthält, aber in erster Linie auf die persönlichkeitsbildende Kraft von Gebet und Bibelstudium vertraut. Da es von Bundesstaaten und Anstaltsleitungen unterstützt wird, kann es seinen Teilnehmern bemerkenswerte Vergünstigungen in den Vollzugsbedingungen und positive Reintegrationsprognosen anbieten – es ködert also Menschen, die wenig Wahlmöglichkeiten haben, und stützt sich dabei auf kooperierende staatliche Entscheidungsträger. Dieser Umstand allein schon hat – unabhängig von der Frage finanzieller Förderung – Zweifel an der Verfassungsmäßigkeit dieser Aktivitäten aufkommen lassen, da eine staatliche Zwangsinstanz gegebenenfalls Vollzugsentscheidungen religiösen Bewertungen nachordnet (WP 13.03.2003).

Ein weiteres Problem ist das der «accountability» (Kennedy 2003, S. 14 f.): Wenn das vom Volk gewählte Gesetzgebungsorgan Steuergelder an nicht-staatliche Organisationen weiterreicht, dann muss es eine Rechenschaftspflicht über die Verwendung der Mittel gemäß dem Zweck des Gesetzes geben. Die Bush-Administration unterstellt, dass das Auswahlkriterium für die Mittelvergabe und demgemäß der Kontrollmaßstab ausschließlich der sozialpolitische Erfolg, nicht die weltanschauliche Wohlgefälligkeit sein soll. Woran aber soll dieser «Erfolg» gemessen werden? Der pausbäckigen Selbstgewissheit der Politik entspricht auf Seiten jener, die an der Front sozialer Dienstleistungen arbeiten, keine gleiche Kriteriensicherheit (vgl. Oldopp/Prätorius 2002, S. 30 f. u. 39 f.). Die so geschmähte «sozial-bürokratische» Hilfeleistung der alten Art hatte dafür noch einigermaßen verlässliche Bewertungsinstanzen in Gestalt der Fachverbände der Sozialberufe und der Hochschulen, die hier ausbilden. Die wissenschaftliche Qualitätsprüfung sozialer Arbeit und Hilfeleistung wird aber unterhöhlt, wenn die Erfolgskriterien der Religiösen volle Akzeptanz erfahren, da diese meist nur nachvollziehbar sind, wenn man die Grundaussagen des jeweiligen Glaubens mit übernimmt.

Schon die Clinton-Administration hatte einen solch gefährlichen Weg eingeschlagen, als sie – sehr zum Entsetzen der Schulmedizin – «Christian Science» in die Vergütungskataloge der staatlichen Krankenversicherungsträger aufnahm. Trotz eines richterlichen Verbots setzte sie diese Praxis per Verwaltungsweisung fort (Hamilton 2000, S. 374). Der universale, nachprüfbare Anspruch weltanschaulich ungebundener Wissenschaftlichkeit wird so unterlaufen; «neutrale» Professionalität auf der Ebene der alltäglichen Berufspraxis ist dann in einer noch schwächeren Position – die sozialen Berufsverbände gehören daher zu den heftigsten Kritikern der «Faith Based Initiative» (Glazer 2001, S. 381 u. 385). Deren Widerstand wird nicht nur durch die Furcht um Arbeitsplätze genährt, die der Übertragung sozialpolitischer Aufgaben an religiöse Laienhelfer zum Opfer fallen könnten. Sie erfahren eine Einschränkung ihrer professionellen Qualifikationen und Standards auch bereits an fortbestehenden Arbeitsplätzen, denn die «charitable choice»-Gesetzgebung erlaubt religiösen Organisationen, Personalentscheidungen gemäß ihrer Glaubensprinzipien zu treffen, auch wenn sie Staatsgelder erhalten. Das kann bis zu einer Überprüfung privatester Lebensumstände führen: Homosexuelle Sozialarbeiter oder geschiedene Kindergärtnerinnen müssen um ihren Job fürchten, wenn sie entsprechend konservative Arbeitgeber haben. Solche Erfahrungen nähren den Verdacht, dass die Bush-Administration die Einschaltung religiöser Organisationen für ein allgemeines gesellschaftliches «roll back» nutzen will. Gewissermaßen als «Trojanisches Pferd» sollen sie verwirklichen, was die unmittelbare Staatsverwaltung (noch?) nicht leisten kann: Leistungen nur noch mit der gleichzeitigen Anleitung zu einem «richtigen» Leben nach konservativ-christlichen Grundsätzen zu gewähren. Gemeinsam mit der Neutralität wissenschaftlicher Verfahren und professioneller Kompetenz stünde dann auch die Neutralität der durch Rechtsansprüche gesicherten Staatsleistungen auf dem Spiel.

Die Fairness gebietet es, die umgekehrte Sichtweise nicht zu unterschlagen. Was nämlich vielen Liberalen als eine zu weitgehende Machtübertragung an religiöse Organisationen erscheint, nimmt sich in den Augen mancher religiöser Repräsentanten als ein zu weitgehendes Eindringen des Staates in die eigene Sphäre aus. Diese Skepsis schlägt sich zunächst einmal in ganz praktischen Erwägungen nieder: Viele religiöse Träger (darunter vor allem kleinere) verzichten auf staatliche Fördermittel, weil sie den Papierkrieg sowie die nachfolgende Rechnungslegung und Erfolgskontrolle scheuen (Pipes/Ebaugh 2002, Monsma 2003, S. 17).

Generell ist im evangelikalen und fundamentalistischen Spektrum eine größere Zurückhaltung in Bezug auf Staatsförderung festzustellen als bei «mainline»-Protestanten, bei Juden und in schwarzen Kirchen (Sider/Unruh 2001, S. 271). Dies mag Gründe in der Tradition haben: Der «social gospel» hat in evangelikalen Kirchen noch nicht die Wurzeln, die er in anderen Konfessionen aufweist. Es steckt aber auch eine Befürchtung bezüglich religiöser Beliebigkeit dahinter. So hat Pat Robertson davor gewarnt, dass mit Staatsgeldern dann auch Hare-Krishna-Jünger und Scientologen sich auf dem sozialtherapeutischen Markt profilieren würden (WP 22.02.2001). Skepsis tritt allerdings nicht allein bei der christlichen Rechten auf. Aus katholischer Sicht hat Fred Glennon vor der Gefahr gewarnt, dass Staat und Kirchen, wenn sie ihre Aktivitäten zu sehr vermischen, sich aus den jeweils eigenen Verantwortlichkeiten stehlen, weil jede Seite sich zu sehr auf die andere verlässt. Für die Kirchen kann die staatliche Unterstützung von der eigenen Motivation zur Hilfe, nämlich Opferbereitschaft und Liebesgebot, ablenken und die Sozialleistungen «veranstaatlichen»; für den Staat ist umgekehrt eine zu weitgehende Übernahme der persönlichkeitszentrierten, moralischen Sicht auf soziale Probleme gefährlich: Sie kann ihn von der Pflicht entlasten, zunächst einmal *Bedingungen* zu schaffen, in denen moralisch wünschenswertes Verhalten auch tatsächlich materiell hinreichend honoriert wird (Glennon 2000, S. 836f. u. 841).

Die Vermischung erscheint Kirchenführern auch aus vergleichender Sicht bedenklich: Länder, die eine intensive Kooperation von Staat und Kirche im Sozialbereich kennen (wie z.B. Deutschland und die Niederlande) sind heute mit weitaus schlechter besuchten Gottesdiensten konfrontiert als die U.S.A., wo beide Institutionen traditionell auf größerer Distanz zueinander blieben (Press 2001). Nehmen wir zu dieser Skepsis noch die Kritik aus Bürgerrechtssicht hinzu, die hauptsächlich an den religiösen Job-Anforderungen ansetzt und zu einer noch unabgeschlossenen Serie von Rechtsstreitigkeiten geführt hat, dann wird klar, dass die Bush-Strategie ihre grundlegenden Absichten einstweilen noch nicht verwirklicht hat. Diese Absichten sind die oben bereits skizzierten: Religion als «Produktivkraft» für das politische System zu nutzen, ohne den polarisierenden Effekt von eng ausgerichteter Religiosität in die Wählerschaft zu tragen. Die leitende Annahme dabei ist, dass religiös motiviertes Engagement für die Gemeinschaft und für sozial Schwache sich auch auf das allgemeine Gefühl des Vertrauens und der Einbindung in die Gesellschaft positiv auswirkt. Auch nicht-religiöse Institutionen könnten dadurch an Zustimmung, Teilhabe und Legitimität gewinnen. Zudem würde die Beanspruchung der Religion nicht einmal säkular Eingestellte verärgern, weil sie in einem konsensfähigen, gemeinnützigen Bereich stattfindet, der auch konfessionelle Aktivitäten als «Religion 2» durchgehen lassen kann.

All diese Erwartungen erweisen sich am konkreten Beispiel als etwas zu hoffnungsvoll. Das religiöse Lager drängt sich keineswegs einhellig um die Fördertöpfe; die Hoffnung, durch freiwilliges Engagement der Sozialpolitik zusätzliches Potential zuleiten zu können, ist schwer abzuschätzen. Ein gegenteiliger Effekt – das Engagement erlahmt, wenn die eigene Gemeinde staatlich subventioniert wird – kann zumindest nicht a priori ausgeschlossen werden. Auch die Polarisierung konnte nicht vermieden werden: Der öffentliche Streit um die religiöse Infiltration sozialer Programme, um die Rechte der Empfänger und Mitarbeiter und um die Leistungsfähigkeit glaubensgestützter Sozialpolitik ist beträchtlich. Da zudem auch die Verfassungsfragen bezüglich des Trennungsgebots noch ungeklärt sind, hat der U.S.-Kongress einen Teilrückzug angetreten. Die Gesetzgebung, die im Frühjahr 2003 zustande kam, etablierte allenfalls einen Torso der ursprünglichen «Faith Based Initiative» (WP 23.04.2003). Nachdem die verfassungsrechtlichen Bedenken in beiden Kammern größer waren als erwartet, hatte das Weiße Haus im Jahr 2002 zunächst das Parlament damit brüskiert, dass es versuchte, seine Politik mit Verwaltungsdirektiven an diesem vorbei zu lancieren. Der Senat verabschiedete schließlich im April 2003 ein Gesetz, das den Ansatz entscheidend modifizierte: Nun stand nicht mehr die direkte Mittelvergabe durch den Staat an die religiösen Träger im Zentrum, sondern die Ausweitung steuerlicher Begünstigung; Privaten wurden größere und pauschalere Möglichkeiten eingeräumt,

Spenden an religiöse Wohlfahrtsträger von der Steuer abzusetzen (NYT 10.04.2003).

Durch die entgangene Steuereinnahme finanziert der Staat bei diesem Verfahren die Unterstützung indirekt mit, doch überlässt er die Entscheidung, welche Organisation wieviel Mittel erhält, seinen Bürgern. Aus diesem Grund birgt dieser Weg nach allgemeiner Auffassung weniger verfassungsrechtlichen Zündstoff. Er zählt gemeinsam mit dem im 1. Kapitel bereits angesprochenen «voucher»-Verfahren zu den Strategien des dritten Ansatzes, Religion dem politischen Marketing nutzbar zu machen. Dieser Ansatz begünstigt Religiosität schlechthin, ohne in den verfassungswidrigen Gefahrenbereich einer Unterstützung durch autoritative, staatliche Entscheidung zu schlittern. Wenn Eltern für die Schulwahl, Arbeitslose für Fortbildungseinrichtungen und Drogenabhängige für Therapieangebote mit Gutscheinen ausgestattet werden, dann kann ihre Nutzung eines religiösen Programms nicht als direkter Staatseingriff zugunsten desselben gedeutet werden, solange die Wahlmöglichkeit zwischen staatlichen und privaten, säkularen und *diversen* religiösen Anbietern wirklich offensteht. Aber auch dann bleiben noch genug Probleme: Bei Drogenabhängigen beispielsweise kann – ähnlich wie bei den Adressaten der «Prison Fellowships» – bezweifelt werden, ob sie wirklich freie und souveräne Entscheidungen treffen können. Auch wenn bei Strafgefangenen günstige Bewährungsprognosen von hinreichender Kooperation in einem religiösen Betreuungsprojekt abhängig sind, kommen Zweifel auf, ob das «Angebot» dem Klienten ganz ohne die Beimischung von staatlich begründeten Machtinstrumenten unterbreitet wird.

In einer weiteren wichtigen Hinsicht kommt selbst die «voucher»-Strategie der Förderung religiöser Einrichtungen nicht ohne Staatsintervention aus: bei der Qualitätssicherung. Die angebliche Überlegenheit religiös inspirierter Hilfe in allen erdenklichen Problemlagen wird zwar von Politikern mit einschlägigen Präferenzen in gebetsmühlenartiger Wiederholung behauptet, doch gibt es kaum empirische Untersuchungen, die dies belegen (Glazer 2001, bes. S. 382f.; Oldopp/Prätorius 2002, S. 32f.; WP 25.05.2003). Gerade wenn aber das Engagement sozial Schwachen nutzen soll, müssen diese vorsorglich vor fehlgeleitetem Laienenthusiasmus und vor Scharlatanen geschützt werden. Staatliche Instanzen müssen also darüber befinden, welche Anbieter es verdienen, dass bei ihnen Gutscheine eingelöst werden können – diese Beurteilungsmacht kann wiederum als begünstigender und benachteiligender Eingriff in den religiösen Pluralismus aufgefasst werden. «Vouchers» garantieren somit nicht, dass der ewige Rechtsstreit um die Anwendung des ersten Verfassungszusatzes in diesem Politikbereich ein Ende findet.

In diesem Kontext sollte auch nicht vergessen werden, dass es beim Trennungsgebot nicht allein um den Schutz der religiösen Praxis vor staatlicher Einmischung geht; die Verfassungsväter waren hinreichend von der Aufklärung geprägt, um auch den umgekehrten Effekt zu erstreben: Die öffentlichen Diskurse, die Bildung des Volkes und die Regelungen der Institutionen sollten vor allem von einem Geiste geleitet sein, der vor allgemein nachprüfbaren Vernunftkriterien bestehen kann. Diese universale Rationalität und Erfahrungsorientierung, die die U.S.A. zu einer der Führungsnationen in einer weltumspannenden Wissenschaftszivilisation gemacht haben, verträgt sich nicht damit, dass nur geglaubte Anschauungen gleichberechtigt neben jenen gefördert werden, die in der akademischen Zunft als bewährtes Wissen gelten.

Genau dieser Rückfall in Beliebigkeit und Parochialismus droht den U.S.A. aber, wenn «Christian Science» als gleichberechtigte Heilkunde neben der naturwissenschaftlichen Medizin vergütet werden kann oder wenn im Schulunterricht die biblische Schöpfungslehre als gleichwertiger Ansatz zur Artenentstehung neben der Evolutionstheorie unterrichtet werden darf. Eine Gesellschaft, die dies als normal erachtet, nimmt sich im Spektrum der demokratischen Industrienationen tendenziell ebenso bizarr aus wie ein Justizsystem, das im 21. Jahrhundert noch die Todesstrafe für eine gerechtfertigte Sanktionsform hält. Das Beispiel der Förderung von Schulen in religiöser Trägerschaft nährt den Verdacht, dass dieser Rückzug in die Parochialität einer der Haupteffekte der «voucher»-Politik sein wird – und dass dies von der Bush-Administration billigend in Kauf genommen wird. Das wichtigste Versprechen, dass mit «vouchers» Kinder benachteiligter, innerstädtischer Schichten Zugang zu den besseren Bildungsangeboten von Privat- und Konfessionsschulen finden könnten, harrt noch einer wissenschaftlichen Überprüfung. Einige Erfahrungen in New York zeigten jüngst, dass in individuellen Bildungsverläufen keine signifikanten Verbesserungen nachweisbar sind (NYT 07.05.2003). Eltern und Kinder in großstädtischen Armutsgebieten haben häufig nicht die Mobilitätsmöglichkeiten, um auf das Angebot der entsprechenden schulischen Alternativen zurückzugreifen. Diese Möglichkeiten haben aber jene religiös geprägten weißen Mittelschichten, die am öffentlichen Schulwesen die Dominanz des säkular-naturwissenschaftlichen Weltbildes beklagen. Sie sind keine provinziellen Hinterwäldler mehr: Die «Kreationisten» haben heute bereits eine starke Repräsentanz unter den prosperierenden Schichten suburbaner Wohnlagen (WP 05.10.1999). Dort befinden sich auch ihre Kirchen, und da konfessionelle Schulen sich oft an die Infrastruktur zugehöriger Gemeinden anfügen, werden mit deren Förderung möglicherweise segregierte Schulstrukturen einer neuen Art verfestigt (RNS 20.06.2001). Die Anhänger der Schöpfungslehre kämpfen nämlich an zwei Fronten: Einerseits versuchen sie über die Gesetzgebung und Beeinflussung von Schulbeiräten dem Kreationismus seinen Platz im Lehrplan des öffentlichen Schulwesens zu sichern (RNS 14.02.2002, 01.05.2002), andererseits suchen sie die Chancen zu verbessern, Schulen ganz nach ihrem Geschmack zu finden. Die Stabilisierung des Konfessionsschulwesens durch den Zuschuss öffentlicher Mittel könnte diese Versorgung – gewissermaßen wohnortnah – verbessern.

Eltern, die diesem Pfad folgen, ignorieren eine der Grundfunktionen, die Bildung einst zu einer öffentlichen Aufgabe gemacht hatte: einen kollektiven, generalisierten Wissensbestand für die Republik zu schaffen, eine «civic infrastructure» an voraussetzbaren kognitiven und normativen Grundorientierungen, auf deren Fundament eine konflikthaltige, öffentliche Debatte zu konsensfähigen Verallgemeinerungen führen kann (vgl. Kennedy 2001). Ein solches Ideal wird aufgekündigt, wenn Eltern ihre Kinder systematisch der Begegnung mit Ideen außerhalb der eigenen, verengten Glaubensgrundsätze entziehen – eine Begegnung, die das öffentliche Schulwesen immerhin bei all seinen Mängeln noch arrangieren konnte. Sicherlich unterrichten die meisten Konfessionsschulen den überwiegenden Fächerkanon parallel zum öffentlichen Lehrplan, doch bei einigen kritischen Komponenten (wie dem Kreationismus) kann die Abweichung eine beachtliche Relevanz erreichen.

Manchen Eltern ist dieser Rückzug ins Parochiale noch nicht radikal genug. Sie sind Teil des «home schooling»-Phänomens (Cox 2003), das erheblichen Zulauf gerade von Erziehungsberechtigten mit ausgeprägten religiösen Überzeugungen findet. Die Zahl jener Eltern, die ihre Kinder ganz dem Schulwesen entziehen und sich für kompetent halten, allein und nach eigenen Grundsätzen diese auf das Leben vorbereiten zu können, ist stetig gestiegen: Die Zahl der so erzogenen Kinder wird gegenwärtig auf ca. 1,5 Millionen geschätzt, dreimal mehr als noch ein Jahrzehnt zuvor (WP 10.05.2001). Ein neuer Zustrom zum «home schooling» wird jüngst aus dem Kreis muslimischer Eltern beobachtet (CSM 14.01.2003): Hier wiederholt sich offenbar unter veränderten Vorzeichen eine Erfahrung, die in der Vergangenheit vor allem christliche Fundamentalisten für sich reklamiert hatten: Die Institutionen und das Bildungsangebot des Staates werden als säkularer Affront gegen die eigenen Werte empfunden; Komponenten der erlebten ethnischen Feindseligkeit mögen verschärfend hinzukommen.

Wer sich einer so elementaren Einrichtung wie dem öffentlichen Schulwesen verweigert, weil er/sie mit sich und den eigenen religiösen Empfindungen allein gelassen werden möchte, radikalisiert aber im Grunde nur eine Haltung, die in der U.S.-Kultur eine ansonsten hoch geachtete Tradition besitzt: Die Wertschätzung der Religion ist aufs engste verwoben mit einem Kult des Privaten. Dieser verbindet sich gut mit dem Siegeszug des Kapitalismus in den U.S.A., der sich auf Garantien der den Erwerb absichernden Eigentumsprinzipien, der Familie und der gegen höhere Autoritäten abgeschirmten Persönlichkeitsrechte stützte. In diese Rechtssphäre war auch die individuelle *Entscheidung* zugunsten der einen oder anderen Religion eingeordnet: «Aber wohin man immer das Religiöse stellt, es zeigt überall seine absorbierende, verabsolutierende Wirkung, und wenn das Religiöse das Private ist, so ist infolgedessen auch umgekehrt das Private religiös geheiligt.» (Schmitt 1984, S. 48) In dieser männlich-paternalistischen Vorstellungswelt praktiziert der freie Bürger in gleicher Weise die Souveränität als Rechtssubjekt, wenn er ökonomische Transaktionen eingeht, wenn er seine Autorität als Familienoberhaupt gegen Einflüsse von außen abschirmt und wenn er für sich und «die Seinen» die passende religiöse Zugehörigkeit wählt. Diese «negative» Freiheitskonzeption – als Freiheit des Privaten – wird freilich ergänzt durch einen «positiven» Aspekt: die Freiheit zur Assoziation. Das Ideal der Privatautonomie enthält nämlich keineswegs das Gebot, dass man der Zugehörigkeit zu religiösen Gemeinschaften ganz entsagen möge – es stellt dieser Zugehörigkeit lediglich die eigenständige Gewissensentscheidung voran. Außerdem unterstreicht es, dass religiös sein gut für den Einzelnen ist. Nicht das Wohlergehen der Institution, einer heiligen Kirche beispielsweise, sondern das künftige Seelenheil, das gute Leben im Diesseits und die innere, spirituelle Erfahrung rechtfertigen primär die gemeinsame religiöse Praxis.

Assoziatives Streben zum Zwecke subjektiver Bedürfnisgerechtigkeit folgt einer Handlungsleitlinie, die den Erfordernissen einer Immigrationsgesellschaft gut angepasst ist. Dies gilt um so mehr, als die U.S.A. nicht nur eine Immigrationsgesellschaft, sondern während der ersten Jahrhunderte ihrer Geschichte auch stets eine Migrationsgesellschaft waren, in der große Bevölkerungsteile sich einer enormen geographischen Mobilität unterwarfen. Der Neuankömmling, der nicht in feste Strukturen einer heimatlichen Sozialordnung eingebunden ist, will von den Vorteilen einer ihm genehmen Gemeinde überzeugt sein – er hat beim Eintreffen in größeren Städten die Möglichkeit der Wahl zwischen verschiedenen Kirchen derselben oder ähnlicher Glaubensrichtungen. Der wichtigste Vorteil, den Kirchengemeinden auf diese Weise gewähren konnten, war die Bestärkung einer Rollenerwartung, die in den Leitbildern eines paternalistisch geordneten Familienlebens und den Persönlichkeitsidealen der weißen Mittelklasse verankert war. Kirchen übernahmen die Funktion, die in weniger mobilen Gesellschaften oft den Großeltern zukommt (Warner 1998, S. 127): Sie untermauerten die Normen, die von der Eltern- an die Kindergeneration weitergegeben wurden, indem sie ein zusätzliches Angebot an Erziehung und Alltagsorganisation supplementär zur Kleinfamilie lieferten. Wer häufig seine Umgebungen wechseln muss, wird dankbar für Einrichtungen sein, die Grundprinzipien der eigenen Lebensführung zeremoniell und explizit bestätigen und dadurch die Tradierung dieser Prinzipien erleichtern.

Die Religionsgemeinschaften sind also ein Auffangnetz gegen den drohenden Orientierungsverlust in einer hochmobilen Gesellschaft, und sie werden, wie wir sahen, in dieser Funktion vergleichend bewertet. Dass Religion in den U.S.A. in so hohem Maße «Privatsache» ist, widerspricht also keineswegs der Praxis der Assoziation – nur, dass diese nicht in Form eines automatischen Einfügens in vorgegebene Strukturen erfolgt, sondern deutliche Züge einer persönlichen Suche von Gemeinschaft trägt. Dieses konstante Wesensmerkmal amerikanischer Religiosität hat weit verzweigte Konsequenzen, von denen viele schon im voranstehenden

Text angeklungen sind. Darum können hier einige Stichworte genügen.

Die vorgegebene Religionsstruktur der mit der politischen Ordnung verflochtenen europäischen Anstaltskirchen hat in früheren Jahrhunderten zu erbittertem konfessionellem Streit beigetragen. Heute löst sie in den meisten dieser Länder eher Gelassenheit aus: Dass dieser Mensch in die katholische Kirche hineingeboren wurde und jener in eine protestantische, nehmen viele Europäer als so unabänderlich hin wie das Wetter – und letztlich dann als unmaßgeblich. Es gibt natürlich Orte in Europa, auf die diese Pauschalisierung nicht zutrifft, und es gibt viele Amerikaner, die eine solche Gelassenheit teilen. Andererseits aber können Menschen, die ihre Religionszugehörigkeit als freiwillige Gewissensentscheidung begreifen, geneigt sein, ihre Entscheidung als die unbedingt richtige oder durch Offenbarung inspirierte zu überhöhen. Daraus erwächst dann der Wunsch, auch anderen Menschen diesen heilbringenden Weg zu eröffnen. Dass bei den «religiösen Privatmenschen» der U.S.A. darum ein Hang zum Bekehren und Missionieren weitverbreitet ist, darf dann auch nicht verwundern.

Der Zuschnitt des Religiösen auf das Individuum und seine Rechte hat, wie schon im ersten Kapitel dargelegt, das Thema «Religion und Politik» stark justitialisiert. Der *Supreme Court* hat dabei in fortwährender Rechtsprechung die Religionsfreiheit der hier skizzierten Tradition angepasst, indem er sie vornehmlich als *Wahl*freiheit interpretierte. Ein Kritiker dieser Judikatur (Sandel 1996, S. 66 f.) hat darauf aufmerksam gemacht, dass dies vor allem die freie Religionsausübung derer schützt, die sich bei ihrer Wahl auf das Spektrum der schon vorherrschenden Alltagsroutinen und kulturellen Normen des dominanten «american way of life» beschränken. Wer aber in Distanz zu diesem lebt, müsste eher auf die Konzeption der Religionsfreiheit als Gewissensfreiheit vertrauen. Nicht das, was man nach Abwägung der Optionen in freier Entscheidung praktizieren *will*, ist dann das Schutzgut, sondern das, was man in eingeschränkter Willensfreiheit glaubt praktizieren zu müssen. Diese Gewissensfreiheit wäre eine Freiheit, die den Bedürfnissen kultisch Rauschmittel konsumierender Rastafarians, Steuern boykottierender, pazifistischer Quäker oder schächtender Muslime weitaus eher entspräche. Ein solches Verständnis hat es schwer innerhalb und außerhalb der Rechtsprechung – das nährt den Verdacht, dass auch die juristische Konstruktion von Religion als persönlichem Wahlhandeln die Allianz von «judeo-christlicher» Dominanzkultur und ökonomisch geprägtem Individualismus gegen «nichtwestliche» Abweichung festigen soll.

Die Zentrierung auf das Individuum kann aber auch jenen Konfessionen abträglich sein, die sich zum etablierten Kernbereich des religiösen Pluralismus rechnen dürfen. Die zuvor erwähnte *Suche* nach Orientierung und Gemeinschaft kann nämlich auch dazu führen, dass die Bindungen zu *allen* Anbietern auf diesem Felde nachlassen. Diese Gefahr ist in einer anderen, bereits erwähnten Tradition amerikanischer Religiosität angelegt: der Wertschätzung von Glauben als Quelle persönlicher Spiritualität und Glückserfahrung. Der Philosoph und Psychologe William James hatte schon im Jahre 1902 seinen Landsleuten diesen Hang zu einer «mind cure»-Auffassung von Religion attestiert (James 1987, S. 89f.). Diese Attitüde preist Religiosität vor allem als positive Gestimmtheit, Ich-Stärke und Hoffnung auf Selbstverbesserung, sie eskaliert bis hin zu einem in gesellschaftlichen Erwartungen verankerten «Zwang zum Optimismus» (James 1987, S. 92). In den Augen von Arnold Gehlen war dies die typisch amerikanische Ersetzung institutioneller Religion durch eine allgemeine Gefühlsduselei, die in allen Menschen das Potential zur Verbesserung von innen heraus zelebriert (Gehlen 1986, S. 131f.). Sowohl James als auch Gehlen hätten sich wohl in ihren Diagnosen bestätigt gesehen, hätten sie das Erfolgsbuch des Jahres 1952 – *The Power of Positive Thinking* von Norman Vincent Peale – gelesen. Darin wurde popularisierend eine «feel good»-Theologie des «self improvement» auf den Punkt gebracht: Durch Glauben statte sich der Mensch mit einer zukunftsoffenen, vertrauensfähigen «can do»-Einstellung aus, die ihn zu Unternehmensgeist und Selbstwertgefühl beflügle. Diese Botschaft wurde zeitgeistgemäß mit scharf antikommunistischen Tönen vorgetragen und hatte somit einen expliziten Bezug zur Gesellschaftsordnung (Butler/Wacker/Balmer 2003, S. 366f.), ihr Hauptinteresse lag dennoch bei der Privatperson.

Sie begründete eine Tradition, die bis heute in unzähligen Publikationen mit «self help»-Thematik fortlebt: Wenn die Hauptleistung von Religion darin gesehen wird, dass der Glaubende ein positiveres Verhältnis zu sich selbst gewinnt, dann bewegt sich die Religion von Institution und Ritus weg und hin zur Sphäre des *Thera-*

peutischen. Die Verknüpfung des Religiösen mit dem Versprechen physischer und psychischer Heilung hat in den U.S.A. zwar auch eine reiche Tradition an kollektiven Zusammenschlüssen, organisierten Glaubenslehren (wie «Christian Science») und kultischen Sekten hervorgebracht (vgl. als Überblick: Taylor 1999); das Kernanliegen ist jedoch nicht kollektiv: Es ist die *Selbst*verwirklichung und *Selbst*verbesserung. Für mobile Menschen ist das eine plausible Ausrichtung, denn sie führen mit der eigenen Psyche den Schnittpunkt der religiösen Praxis stets mit sich, auch wenn sie die Kirchen, deren Verkündigungen sie einstmals Glauben schenkten, wechseln.

Wenn diese Einstellungen tatsächlich weiter auf dem Vormarsch sind (was viele Religionssoziologen behaupten), dann könnte das für etliche religiöse Institutionen und organisierte Gemeinschaften auf schlechte Zukunftsaussichten hindeuten. Sie könnten zu unverbindlich wählbaren Anbietern auf dem Markt des «self improvements» degradiert werden, denen im Gegenzug keine langfristige Loyalität ihrer «Nutzer» mehr entgegengebracht wird. Es scheint, dass viele traditionelle Kirchen diese Gefahr erkannt haben und nun versuchen, durch eine eigene Angebotspalette die Nachfrage ihrer Mitglieder so weit zu befriedigen, dass diese nicht in die Versuchung geraten, sich andernorts umzuschauen. Protestantische «mainline»-Kirchen stellen in dieser Hinsicht die Avantgarde dar: Unter ihren Gemeindemitgliedern ist die Unterscheidung zwischen «spirituality» und «religion» gedankliches Gemeingut. Ersteres wird als breiteres, auf das subjektive Erleben konzentriertes Bedürfnis interpretiert, das zweite als institutionalisierte Praxis. Beide Aspekte überlappen sich in der Wahrnehmung erheblich, doch es gibt auch Unterscheidungen.

Zwar sehen sich die meisten Amerikaner sowohl als «spirituell» als auch als «religiös» an, bei den Protestanten ist aber eine klare Akzentsetzung vorhanden (Marler/Hadaway 2002, S. 295 u. 297 f.). Spiritualität als «innerer Kompass» ist ein Ertrag, den reine Zugehörigkeit zu einer Kirche und Teilnahme an den Riten allein nicht erbringen kann. Das sehen besonders Menschen, die einerseits unter großem Zeitdruck stehen (und daher selten ihren Alltag an die Rhythmen kirchlicher Wochenorganisation anpassen können) und andererseits den individualistischen Persönlichkeitsidealen der Wirtschaftsgesellschaft frönen: In einer Befragung bezeichneten sich 36 % der amerikanischen Wirtschaftsmanager als «spirituell», aber nicht gleichzeitig als «religiös» (CSM 01.08.2002). Solche Menschen können versucht sein, andere Anbieter für ihre Spiritualität zu nutzen, die flexiblere Offerten bei geringerer Loyalitätserwartung präsentieren: Bücher, Video- und Audiokassetten, Therapeuten, Selbsthilfezirkel, «Inspirationsveranstaltungen» mit Star-Rednern.

Dieser Auffächerung des «spirituellen Marktplatzes» (Roof 1999) versuchen manche Kirchen offensiv zu begegnen, indem sie ihr Angebot diversifizieren; sie expandieren zu umfassenden Freizeit- und Begegnungsstätten für die gesamte Familie, mit Erziehungs- und Kinderbetreuungsangeboten, psychotherapeutischer Beratung, diversen Gesprächszirkeln und ähnlichen Angeboten der Persönlichkeitsbildung (z. B.: Balmer 1996, S. 139 f.). Das kann dann gelegentlich bis zu einem moderaten «Synkretismus» außerhalb der offiziellen Gottesdienste führen: Selbst katholische Kirchen lassen in Gruppen die Beschäftigung mit «östlicher Weisheit», Mystik- oder «pentecostal»-Formen und weiteren Modeerscheinungen der Selbsterfahrungskonjunktur zu (vgl. Porterfield 2001, S. 40 f.; Cimino 2001, S. 18 f.).

Die neueste Ausprägung dieser Tendenz sind «mega churches». Sie sind zwar keineswegs synkretistisch orientiert, sondern meist solide in evangelikaler oder «pentecostal» Glaubenslehre verankert, doch präsentieren sie sich als unabhängig von spezifischen Konfessionen (Schimke 2002). Dafür gehen sie über das reine Predigen weit hinaus; meist in Vorstädten und nahe bei «Shopping Malls» angesiedelt, bieten sie wie diese eine komplexe Produktpalette. Große Hallen für Gottesdienste und «events» mit bis zu 16 000 Teilnehmern verbinden sich mit Einkaufsmöglichkeiten, kleinen Versammlungsräumen, Betreuungseinrichtungen, Fitness-Studios und reichlich Parkplätzen. So wird der zeitlich gestressten, suburbanen Familie ein religiöses «Auftanken» nach dem Prinzip des «one stop shopping» erlaubt, ohne dass sie sich auf die Pflege von Beziehungen mit anderen Gemeindemitgliedern einlassen, Ehrenämter übernehmen oder Partizipationserwartungen genügen muss. «Mega churches» sind in den Augen vieler Kritiker die sinnfälligsten Vorboten einer «post-denominationalen» Epoche in der U.S.-Religionsgeschichte. Andere, gern zitierte Anzeichen sind «New Age»-Ideologien, die einen Kult um das Selbst betreiben, strikt organisationsfeindlich sind, keine kirchlichen Autoritäten und verbindlichen Texte kennen und die Anhänger meist nur in flüchtigen und fluktuierenden Zirkeln ansprechen

(Tucker 2002). Ein weiterer Indikator ist die Zunahme des Anteils jener Amerikaner, die – obgleich subjektiv religiös oder spirituell – keine konfessionelle Präferenz mehr für sich reklamieren: Von 7 % in 1991 stieg dieser Anteil auf 14 % in 1998 (Hout/Fischer 2002).

Wie fast alle Worte mit der Komponente «post» enthält auch diese Kennzeichnung ebenso viel Modisches wie das Gekennzeichnete. Doch die Phänomene einer gelockerten Loyalität zu überkommenen, organisierten Konfessionen sind nicht zu übersehen. Gerade der jüngeren Generation der Christen wird in den Medien häufig die Einstellung zum «church shopping» bzw. eine nachlassende, religiöse «brand loyality» nachgesagt (MST 29.03.2003, USAT 15.04.2003). Der Gebrauch von Begriffen aus dem Konsumbereich ist verräterisch. Die Entwicklung scheint in eine Richtung zu treiben, in der die Jahrhunderte alte Spannung zwischen Individual- und Gemeinschaftsprinzip in der U.S.-Religionsgeschichte radikal in die erste Richtung verlagert wird. Die Suche nach Lebenssinn ist immer noch eine immense Antriebskraft, doch sie wird wie ein Bumerang zum Individuum zurückgeworfen (Stivers 1994, S. 66 f. u. 103 f.). Dieses ist nun der Integrationspunkt und muss nach der Erfahrung der Ganzheit streben, was eine wuchernde therapeutische Scharlatanerie freisetzt, die sich mal religiös, mal säkular-wissenschaftlich gebärdet. Da die Sicherheit suchenden «new paradigm»-Christen (Miller 1998) die Ganzheit in sich selbst herstellen und nicht mehr in einer gemeinsamen Praxis mit anderen errichten und zelebrieren wollen, behandeln sie die organisierte Religion, in die sie gleichwohl eintreten, nach Cafeteria-Prinzipien. Striktere Glaubensrichtungen (wie Evangelikale) können, da sie mehr soziale und ideologische Homogenitätserfahrungen offerieren, mit dem Phänomen einstweilen noch besser umgehen als «mainline»-Kirchen mit ihrer ohnehin schon gelockerten Bindung (Roof 1998, S. 220). Andererseits haben sie aber durch ihren enthusiastischen Rückgriff auf Vermittlungswege, die den Gläubigen in einer vereinzelten Konsumentenhaltung belassen (wie TV-Predigten und «mega churches»), selbst eine Voraussetzung für einen weiteren Rückzug aus dem traditionellen Gemeindeleben geschaffen. Kurzfristige Popularität könnte sich hier einmal langfristig rächen.

Das könnte dann auch eine schlechte Kunde für jene Bestrebungen sein, die zuvor in diesem Kapitel diskutiert wurden: für die drei Strategien, Religiosität in einer unkontroversen Weise als Wasser auf die Mühlen der Politik zu leiten. Von diesen drei Wegen setzen der zweite und der dritte Religion als organisierte Aktivität und als stabile Institution voraus: wenn keine Laienhilfe und keine Spendenbereitschaft, keine Organisationsfähigkeit von hauptamtlichen Repräsentanten mehr hinreichend mobilisiert werden kann, dann kann auch Religion nicht mehr als Garant «sozialer Infrastruktur» funktionieren. Dann wird es irgendwann müßig, über die Förderung religiöser Philanthropie durch «charitable choice» oder die Stärkung von Konfessionsschulen über «vouchers» erhitzte Debatten zu führen, da das strittige Angebot keine quantitative Herausforderung mehr darstellt.

Natürlich sind dies zukunftsgerichtete Spekulationen, die allenfalls als Ausblick und Denkanstoß ihre Berechtigung haben. Es sollte nicht vergessen werden, dass es in der Religionsgeschichte der U.S.A. schon etliche Kehrtwendungen gegeben hat, dass der Grad des Gemeinschaftsstrebens durchaus davon betroffen war und dass die U.S.A. eines vor allem anderen sind: eine sehr heterogene Gesellschaft. Der Individualismus mag in einem Bevölkerungssegment voranschreiten, in einem anderen aber durch Gegentendenzen (z.B. durch ethnische Solidaritäten) gemildert werden. Die angerissenen Phänomene belegen letztlich keine umfassende Säkularisation im Sinne einer Abwendung von Religion. Als institutionalisierte Veranstaltung mag sie nach neuen Formen suchen; die subjektiven Antriebe für diese Suche bleiben in der U.S.-Bevölkerung weiterhin ungemein stark. Da aber die Formen, Organisationen und Gehalte tatsächlich etwas fließend und manchmal gar austauschbar erscheinen, mag das gegenwärtige Bestreben konservativer Politiker, Religion vor allem über den ersten der charakterisierten Wege zu instrumentalisieren, trotz der oben diskutierten Grenzen sogar nachvollziehbar sein. Die diffusesten, allgemeinsten Identitäten sind heute die verlässlichsten; sie möglichst pauschal und symbolisch auszusprechen erscheint einigermassen risikofrei. Die Zustimmung möglichst vieler Amerikaner zu finden, indem man ihnen versichert, dass sie die vortrefflichste aller Nationen bilden und dass diese Vortrefflichkeit dem Glauben an Gott entspringt, erscheint angemessen gegenüber einer Gesellschaft, der Religion einerseits immens wichtig ist, die aber andererseits mit einer ständig wachsenden Verwirrung durch die sich wandelnden Erscheinungsformen von Religiosität konfrontiert wird.

Verzeichnis der Web-Zugänge

Im Text werden häufig Web-Seiten amerikanischer Periodika und Informationsdienste zitiert. Um den Text nicht durch lange Adressen zu überfrachten, beschränkte ich mich auf Kürzel und Datumsangaben. Die meisten dieser web-sites haben Archive. Die entsprechenden Artikel können – solange verfügbar – dort über das Datum oder mit englischen Suchbegriffen zum Kontext der Zitation aufgerufen werden. Beachten Sie bitte, dass in den U.S.A. das Datum in der Regel zweistellig in der Reihenfolge Monat/Tag/Jahr eingegeben wird:
also für 3. Oktober 1999: 10/03/99.

AP=	Associated Press, über:	news-yahoo.com/news
BG=	Boston Globe:	www.boston.com
CSM=	Christian Science Monitor:	www.csmonitor.com
Gallup=	The Gallup Organization:	www.gallup.com
LAT=	Los Angeles Times:	www.latimes.com
MST=	Minneapolis Star Tribune:	www.startribune.com
Newsday =	Newsday (Long Island):	www.newsday.com
NNS=	Newhouse News Service:	www.newhouse.com
NYT=	New York Times:	www.nytimes.com
PNT=	Phoenix New Times:	www.phoenixnewtimes.com
USAT=	USA Today:	www.usatoday.com
RNS=	Religion News Service, über:	www.pewforum.org
SFC=	San Francisco Chronicle:	www.sfgate.com
SLT=	The Salt Lake Tribune:	www.sltrib.com
WT=	Washington Times:	www.washtimes.com
WP=	Washington Post:	www.washingtonpost.com

Literatur

Abanes, Richard, 1998: End-Time Visions. The Road to Armageddon? New York/London.

Allen, L. Dean, 2002: Rise Up, O Men of God. The Men and Religion Forward Movement and Promise Keepers. Macon, Georgia.

Arendt, Hannah, 1974: Über die Revolution. München.

Auerbach, Jerold S., 2001: Are We One? Jewish Identity in the United States and Israel. New Brunswick, N.J./London.

Baer, Hans A./Singer, Merrill, 2002: African American Religion. Varieties of Protest and Accomodation. Second Edition. Knoxville, Tn.

Bailyn, Bernard, 1967: The Ideological Origins of the American Revolution. Cambridge, Mass./London.

Baker, Nancy V., 2002: The law: the impact of antiterrorism policies on separation of powers: Assessing John Ashcroft's role. In: Presidential Studies Quarterly, Vol. 32, No. 4, S. 765–778.

Balmer, Randall, 1996: Grant Us Courage. Travels Along the Mainline of American Protestantism. New York/Oxford.

Balmer, Randall/Winner, Lauren F., 2002: Protestantism in America. New York.

Baumgartner, Frederic J., 1999: Longing for the End. A History of Millennialism in Western Civilization. New York.

Bell, Daniel, 1980: The Winding Passage. Essays and Sociological Journeys 1960–1980. Cambridge, Mass.

Blank, Jonah, 1998: The Muslim mainstream. Islam is growing fast in America, and its members defy stereotypes. In: U.S. News & World Report, Vol. 125, No. 3, S. 22–25.

Bloch, Jon P., 2001: The New and Improved Clint Eastwood: Change and Persistence in Promise Keepers Self-Help Literature. In: Rhys H. Williams (Hrsg.): Promise Keepers and the New Masculinity. Private Lives and Public Morality. Lanham/Boulder/New York/Oxford, S. 11–31.

Burns, James MacGregor, 1983: The Vineyard of Liberty. New York.

Burris, Val, 2001: Small Business, Status Politics, and the Social Base of New Christian Right Activism. In: Critical Sociology, Vol. 27, No. 1, S. 29–55.

Butler, Jon/Wacker, Grant/Balmer, Randall, 2003: Religion in American Life. A Short History. Oxford/New York.

Caldwell, Christopher, 1998: The Southern Captivity of the GOP. In: The Atlantic Monthly, Vol. 281, No. 6, S. 55–72.

Calhoun-Brown, Allison, 1998: The Politics of Black Evangelicals. What Hinders Diversity in the Christian Right? In: American Politics Quarterly, Vol. 26, No. 1. S, 81–109.

Cimino, Richard, 2001: Trusting the Spirit. Renewal and Reform in American Religion. San Francisco.

Colson, Charles, 2001: Justice That Restores. Wheaton, Ill.

Conkin, Paul K., 1974: Self-Evident Truths. Being a Discourse on the Origins & Development of the First Principles of American Government – Popular Sovereignty, Natural Rights and Balance & Separation of Powers. Bloomington/London.

Corbett, Michael/Corbett, Julia Mitchell, 1999: Politics and Religion in the United States. New York/London.

Coreno, Thaddeus, 2002: Fundamentalism as a Class Culture. In: Sociology of Religion, Vol. 63, No. 3, S. 335–360.

Cox, Harvey, 1995: Fire from Heaven. The Rise of Pentecostal Spirituality and the Reshaping of Religion in the Twenty-first Century. Reading, Mass.

Cox, Rachel S., 2003: Home Schooling Debate. Is the movement undermining public education? In: CQ Researcher, Vol. 13, No. 2, S. 25–48.

Dahl, Robert A., 2001: How Democratic Is the American Constitution? New Haven/London.

Danzger, M. Herbert, 1998: The Impact of Dominant Versus Minority Status on Religious Conversion Processes: Comparisons of Jews Returning to Traditional Judaism in Israel, the United States and the Soviet Union. In: Anson Shupe/Bronislaw Misztal (Hrsg.): Religion, Mobilization, and Social Action. Westport, Conn./London, S. 176–182.

Diamond, Sara, 1998: Not by Politics Alone. The Enduring Influence of the Christian Right. New York/London.

Dillon, Michele, 1999: Catholic Identity. Balancing Reason, Faith, and Power. Cambridge.

Dolan, Jay P., 2002: In Search of an American Catholicism. A History of Religion and Culture in Tension. Oxford/New York.

Dorff, Elliot N., 2000: The King's Torah: The Role of Judaism in Shaping Jew's Input in National Policy. In: R. Bruce Douglass/Joshua Mitchell (Hrsg.): A Nation under God? Essays on the Future of Religion in American Public Life. Lanham/Boulder/New York/Oxford, S. 203–221.

Dreisbach, Daniel L., 2000: Thomas Jefferson, a Mammoth Cheese, and the «Wall of Separation Between Church and State». In: James H. Hutson (Hrsg.): Religion and the New Republic. Faith in the Founding of America. Lanham/Boulder/New York/Oxford, S. 65–114.

Durham, Martin, 2000: The Christian Right, the far right and the boundaries of American conservatism. Manchester/New York.

Eck, Diana L., 2001: A New Religious America. How A «Christian Country» Has Become the World's Most Religiously Diverse Nation. New York.

Edsall, Thomas Byrne/Edsall, Mary D., 1992: Chain Reaction. The Impact of Race, Rights, and Taxes on American Politics. With a New Afterword. New York/London.

Eisenstadt, Samuel N., 1979: Tradition, Wandel und Modernität. Frankfurt/M.

Elazar, Daniel J., 1998: Covenant and Constitutionalism. The Great Frontier and the Matrix of Federal Democracy. The Covenant Tradition in Politics Vol. III. New Brunswick/ London.

Elazar, Daniel J., 2000a: From Biblical Covenant to Modern Federalism: The Federal Theology Bridge. In: Daniel J. Elazar/John Kincaid (Hrsg.): The Covenant Connection. From Federal Theology to Modern Federalism. Lanham, Md./ Oxford, S. 1–13.

Elazar, Daniel J., 2000b: Federalism and Covenant. In: Daniel J. Elazar/ John Kincaid (Hrsg.): The Covenant Connection. From Federal Theology to Modern Federalism. Lanham/Boulder/New York/Oxford, S. 246–257.

Everett, William Johnson, 1997: Religion, Federalism, and the Struggle for Public Life. Cases from Germany, India, and America. New York/Oxford.

Fagan, Patrick F., 1996: Why Religion Matters: The Impact of Religious Practice on Social Stability. The Heritage Foundation-Backgrounder No. 1064. Januar 25. Washington D.C.

Farkas, Steve/Johnson, Jean/Foleno, Tony with Duffett, Ann and Foley, Patrick, 2001: For Goodness' Sake. Why So Many Want Religion to Play a Greater Role in American Life. A Report from Public Agenda. New York.

Feingold, Henry L., 2002: Zion in America. The Jewish Experience from Colonial Times to the Present. (Reprint from Edition: New York 1982). Mineola, N.Y.

Feldman, Egal, 2001: Catholics and Jews in Twentieth-Century America. Urbana/Chicago.

Fowler, Robert Booth/Hertzke, Allen D., 1995: Religion and Politics in America. Faith, Culture, and Strategic Choices. Boulder, Col.

Fowler, Robert Booth/Hertzke, Allen D./Olson, Laura R., 1999: Religion and Politics in America. Faith, Culture, and Strategic Choices. Second Edition. Boulder, Col.

Gallup Jr., George, 2002: The Gallup Poll Public Opinion 2001. Wilmington, Del.

Gehlen, Arnold, 1986: Moral und Hypermoral. Eine pluralistische Ethik. 5. Auflage. Wiesbaden.

Gillis, Chester, 1999: Roman Catholicism in America. New York.

Ginsberg, Benjamin, 1993: The Fatal Embrace. Jews and the State. Chicago/London.

Glazer, Nathan, 1989: American Judaism. Second Edition, Revised with a New Introduction. Chicago/London.

Glazer, Sarah, 2001: Faith-Based Initiatives. Is U.S. funding of religious groups constitutional? In: CQ Researcher, Vol. 11, No. 17, S. 377–400.

Glendon, Mary Ann, 1994: A Nation Under Lawyers. How the Crisis in the Legal Profession is Transforming American Society. Cambridge, Mass.

Glennon, Fred, 2000: Blessed Be the Ties That Bind? The Challenge of Charitable Choice to Moral Obligations. In: Journal of Church and State, Vol. 42, No. 4, S. 825–843.

Golay, Michael, 1997: Where America Stands. Foreword by Julia Woodruff. New York.

Gottlieb, Roger S., 2002: Joining Hands. Politics and Religion Together for Social Change. Cambridge, Mass.

Graziano, Frank, 1999: The Millennial New World. Oxford/New York.

Greely, Andrew M., 1991: American Exceptionalism: The Religious Phenomenon. In: Byron E. Schafer (Hrsg.): Is America Different? A New Look at American Exceptionalism. Oxford, S. 94–115.

Greely, Andrew M., 2001: The Future of Religion in America. In: Society, Vol. 38, No. 3, S. 32–37.

Greider, William, 2003: The right's grand ambition: Rolling back the 20th century. In: The Nation, Vol. 276, Issue 18, S. 11–19.

Haddad, Yvonne Yazbeek, 2001: Muslims in U.S. Politics: Recognized and Integrated, or Seduced and Abandoned? In: SAIS Review, Vol. 21, No. 2, S. 91–102.

Halsell, Grace, 1988: A Christian Love for Israel. In: Anson Shupe/Jeffrey K. Hadden (Hrsg.): The Politics of Religion and Social Change. Religion and the Political Order, Vol. II, New York, S. 259–269.

Hamburger, Philip, 2002: Separation of Church and State. Cambridge, Mass./London.

Hamilton, Marci A., 2000: Religion and the Law in the Clinton Era: An Anti-Madisonian Legacy. In: Law and Contemporary Problems, Vol. 63, No. 1 & 2, S. 359–389.

Hancock, Ralph C., 1991: The Uses and Hazards of Christianity in Tocqueville's Attempt to Save Democratic Souls. In: Ken Masugi (Hrsg.): Interpreting Tocqueville's Democracy in America. Savage, Md., S. 348–393.

Hardisty, Jean, 1999: Mobilizing Resentment. Conservative Resurgence from the John Birch Society to the Promise Keepers. Foreword by Wilma Mankiller. Boston.

Harris, Harriet A., 1998: Fundamentalism and Evangelicals. Oxford.

Hasson, Kevin J., 1997: God and the Man at the Supreme Court. Rethinking

Religion in Public Life. The Russel Kirk Memorial Lectures. No. 599. The Heritage Foundation. New York.

Heineman, Kenneth J., 1998: God Is a Conservative. Religion, Politics, and Morality in Contemporary America. New York/London.

Hertzke, Allen D., 2001: The Political Sociology of the Crusade against Religious Persecution. In: Elliott Abrams (Hrsg.): The Influence of Faith. Religious Groups and U.S. Foreign Policy. Lanham/Boulder/New York/Oxford, S. 69–92.

Hewitson, James, 2000: United States, Eighteenth Century. In: Richard A. Landes (Hrsg.): Encyclopedia of Millennialism and Millennial Movements. (Religion and Society / A Berkshire Reference Work). New York/London, S. 416–419.

Hofrennig, Daniel J. B., 1995: In Washington But Not Of It. The Prophetic Politics of Religious Lobbyists. Philadelphia, Pa.

Hollinger, David A., 1997: Jewish Intellectuals and the De-Christianization of American Public Culture in the Twentieth Century. In: Harry S. Stout/D. G. Hart (Hrsg.): New Directions in American Religious History. Oxford/New York, S. 462–484.

Hout, Michael/Fischer, Claude S., 2002: Why More Americans Have No Religious Preference: Politics and Generations. In: American Sociological Review, Vol. 67, No. 2, S. 165–190.

Hunter, James Davison, 1991: Culture Wars. The Struggle to Define America. New York.

Hutcheson Jr., Richard G., 1989: God in the White House. How Religion Has Changed the Modern Presidency. New York/London.

James, William, 1987: Writings 1902–1910. New York.

Jefferson, Thomas, 1990: Public and Private Papers. With an introduction by Tom Wicker. New York.

Jelen, Ted G., 1998a: Research in Religion and Mass Political Behavior in the United States. Looking Both Ways After Two Decades of Scholarship. In: American Politics Quarterly, Vol. 26, No. 1, S. 110–134.

Jelen, Ted G., 1998b: In Defense of Religious Minimalism. In: Mary C. Segers/Ted G. Jelen: A Wall of Separation? Debating the Public Role of Religion. Introduction by Clarke E. Cochran. Lanham/Boulder/New York/Oxford, S. 3–51.

Jelen, Ted G./Smidt, Corwin E./Wilcox, Clyde, 1993: The Political Effects of the Born-Again Phenomenon. In: David C. Leege/Lyman A. Kellstedt (Hrsg.): Rediscovering the Religious Factor in American Politics. Armonk/N.Y. u. London, S. 199–215.

Jenkins, Philip, 2003: The New Anti-Catholicism. The Last Acceptable Prejudice. Oxford/New York.

Johnson, Stephen D., 2001: Who Supports the Promise Keepers? In: Rhys H. Williams (Hrsg.): Promise Keepers and the New Masculinity. Private

Lives and Public Morality, Lanham/Boulder/New York/Oxford, S. 93–104.

Jost, Kenneth, 2002: School Vouchers Showdown. How will the Supreme Court rule? In: CQ Researcher, Vol. 12, No. 6, S. 121–144.

Katz, David S./Popkin, Richard H., 1999: Messianic Revolution. Radical Religious Politics to the End of the Second Millenium. New York.

Kaufman, Jonathan, 1989: Broken Alliance. The Turbulent Times Between Blacks and Jews in America. With a New Epilogue by the Author. New York.

Kellstedt, Lyman A., 1993: Religion, the Neglected Varriable: An Agenda for Future Research on Religion and Political Behavior. In: David C. Leage/Lyman A. Kellstedt (Hrsg.): Rediscovering the Religious Factor in American Politics. Armonk, N.Y./London, S. 273–303.

Kelley, Dean M., 1972: Why Conservative Churches Are Growing. A Study in Sociology of Religion. New York/Evanston/San Francisco/London.

Kelly, George Armstrong, 1984: Politics and Religious Consciousness in America. New Brunswick/London.

Kennedy, Sheila Suess, 2001: Privatizing Education: The Politics of Vouchers. In: «Kappan» (PhiDeltaKappa), Vol. 82, No. 6, S. 450–456.

Kennedy, Sheila Suess, 2003: Privatization and Prayer. The Challenge of Charitable Choice. In: The American Review of Public Administration, Vol. 33, No. 1, S. 5–19.

Kohut, Andrew/Green, John C./Keeter, Scott/Toth, Robert C., 2000: The Diminishing Divide. Religion's Changing Role in American Politics. Washington D.C.

Kramnick, Isaac/Moore, R. Laurence, 1997: The Godless Constitution. The Case Against Religious Correctness. New York/London.

Krapohl, Robert H./Lippy, Charles H., 1999: The Evangelicals. A Historical, Thematic, and Biographical Guide. Westport, Conn./London.

Kreutzberger, Wolfgang, 1992: Das Gottesvolk in der Wildnis. Vom Ursprung des politischen Messianismus in den USA. In: Leviathan, 20. Jg., Heft 2, S. 252–267.

Ladd, Everett Carll, 1999: The Ladd Report. New York.

Lamy, Philip, 1996: Millennium Rage. Survivalists, White Supremacists, and the Doomsday Prophecy. New York.

Laserwitz, Bernard/Winter, J. Alan/Dashefsky, Arnold/Tabory, Ephraim, 1998: Jewish Choices. American Jewish Denominationalism. Albany.

Lazare, Daniel, 1996: The Frozen Republic. How the Constitution Is Paralyzing Democracy. New York/San Diego/London.

Lienesch, Michael, 1988: New Order of the Ages. Time, the Constitution, and the Making of Modern American Political Thought. Princeton, N.J.

Lindner, Eileen W. (Hrsg.), 2001: Yearbook of American & Canadian Churches 2001. Nashville, Tn.

Lippy, Charles H., 2000: Pluralism Comes of Age. American Religious Culture in the Twentieth Century. Armonk, N.Y./London.

Locke, John, 1975: Ein Brief über Toleranz. Übersetzt, eingeleitet und in Anmerkungen erläutert von Julius Ebbinghaus. Hamburg.

Lynn Jr., Lawrence E., 2002: Social services and the state: The public appropriation of private charity. In: The Social Service Review, Vol. 76, No. 1, S. 58–82.

Mackie, John Leslie, 1982: The Miracle of Theism. Arguments for and against the Existence of God. Oxford.

Marler, Penny Long/Hadaway, C. Kirk, 2002: «Being Religious» or «Being Spiritual» in America: A Zero-Sum Proposition? In: Journal for the Scientific Study of Religion, Vol. 41, No. 2, S. 289–300.

Melton, J. Gordon, 1999: Encyclopedia of American Religions. Sixth Edition. Detroit/London.

Mensch, Elizabeth/Freeman, Alan, 1993: The Politics of Virtue. Is Abortion Debatable? Durham/London.

Miller, Donald E., 1998: Postdenominational Christianity in the Twenty-First Century. In: The Annals of the American Academy of Political and Social Sciences, No. 558, S. 196–210.

Moen, Matthew C., 1998: The New Christian Right in the Twenty-First Century. In: Anson Shupe/Bronislaw Misztal (Hrsg.): Religion, Mobilization, and Social Action. Westport, Conn./London, S. 183–196.

Mommsen, Wolfgang, 1974: Max Weber. Gesellschaft, Politik und Geschichte. Frankfurt/M.

Monsma, Stephen M., 2003: Nonprofit and Faith-Based Welfare-to-Work Programs. In: Society, Vol. 40, No. 2, S. 13–18.

Natsios, Andrew S., 2001: Faith-Based NGOs and U.S. Foreign Policy. In: Elliott Abrams (Hrsg.): The Influence of Faith. Religious Groups and U.S. Foreign Policy. Lanham/Boulder/New York/Oxford, S. 189–200.

Noll, Mark A., 2000: Evangelicals in the American Founding and Evangelicals Political Mobilization Today. In: James H. Hutson (Hrsg.): Religion and the New Republic. Faith in the Founding of America. Lanham/Boulder/New York/Oxford, S. 137–158.

Noll, Mark A., 2001: American Evangelical Christianity. An Introduction. Oxford/Malden, Mass.

Noll, Mark A., 2002: The Work We Have To Do. A History of Protestants in America. Oxford/New York.

Nutting, Brian/Stern, H. Amy (Hrsg.), 2001: CQ's Politics in America 2002. The 107th Congress. By Congressional Quarterly's Staff. Washington D.C.

Olasky, Marvin, 1992: The Tragedy of American Compassion. Preface by Charles Murray. Washington D.C.

Oldopp, Birgit/Prätorius, Rainer, 2002: «Faith Based Initiative»: Ein Neuansatz in der U.S.- Sozialpolitik und seine Hintergründe. In: Zeitschrift für Sozialreform, 48. Jg., Heft 1, S. 28–52.

Ornstein, Norman J./Mann, Thomas E./Malbin, Michael J., 2002: Vital Statistics on Congress 2001–2002. Washington D.C.

Perry, Ralph Barton, 1944: Puritanism and Democracy. New York.

The *Pew Forum* on Religion and Public Life/The Pew Research Center For The People and The Press: 2001 a: Report: Faith-Based Funding Backed, But Church-State Doubts Abound. Washington D.C.

The *Pew Forum* on Religion and Public Life, 2001 b: Lift Every Voice. A Report on Religion in American Public Life. Washington D.C.

The *Pew Forum* on Religion and Public Life / The Pew Research Center For The People and The Press, 2001 c: Post 9–11 Attitudes: Religion More Prominent, Muslim Americans More Accepted. Washington D.C.

The Pew Research Center for The People and The Press/The Pew Forum on Religion and Public Life, 2002: American's Struggle With Religion's Role at Home and Abroad. Washington D.C.

The Pew Research Center for The People and The Press/The Pew Forum on Religion and Public Life, 2003: Different Faiths, Different Messages. Americans Hearing About Iraq From the Pulpit, But Religious Faith Not Defining Opinions. Washington D.C.

Pipes, Paula F./Ebaugh, Helen Rose, 2002: Faith Based Coalitions, Social Services, and Government Funding. In: Sociology of Religion, Vol. 63, No. 1, S. 49–68.

Porterfield, Amanda, 2001: The Transformation of American Religion. The Story of a Late-Twentieth-Century Awakening. Oxford/New York.

Prätorius, Rainer, 1997: Die USA. Politischer Prozeß und soziale Probleme. Opladen.

Prätorius, Rainer, 1999: «Annuit coeptis»: Religion und Politik in den USA. In: Österreichische Zeitschrift für Politikwissenschaft, 28. Jg., Heft 4, S. 391–404.

Prätorius, Rainer, 2001: Die Neue Linke – Ein Fehlstart? Ein Rückblick auf das Port Huron Statement. In: Thomas Noetzel/Andrea Gourd (Hrsg.): Zukunft der Demokratie in Deutschland. Festschrift für Hans Karl Rupp. Opladen, S. 309–322.

Press, Eyal, 2001: Lead Us Not in Temptation. In: The American Prospect, Vol. 12, No. 6, web version.

Rauch, Jonathan, 1995: Demosclerosis. The Silent Killer of American Government. New York.

Reichley, James A., 2002: Faith in Politics. Washington D.C.

Roelofs, H. Mark, 1998: The Poverty of American Politics. A Theoretical Interpretation. Second Edition. Philadelphia.

Rogers, Melissa, 2001: The Breaking Points: When Consensus Becomes Conflict. In: E. J. Dionne Jr./Ming Hsu Chen (Hrsg.): Sacred Places, Civic

Purposes. Should Government Help Faith Based Charity? Washington D.C., S. 321–326.

Roof, Wade Clark, 1998: Modernity, the Religious, and the Spiritual. In: The Annals of the American Academy of Political and Social Sciences, No. 558, S. 211–224.

Roof, Wade Clark, 1999: Spiritual Marketplace. Baby Boomers and the Remaking of American Religion. Princeton/Oxford.

Roof, Wade Clark/McKinney, William, 1987: American Mainline Religion. Its Changing Shape and Future. New Brunswick/London.

Rozell, Mark J., 2002: The Christian Right in the 2000 GOP Presidential Campaign. In: Mary C. Segers (Hrsg.): Piety, Politics, and Pluralism. Religion, the Courts, and the 2000 Election. Lanham/Boulder/New York/Oxford, S. 57–74.

Ryan, Alan, 1984: Property and Political Theory. Oxford/New York.

Sandel, Michael J., 1996: Democracy's Discontent. America in Search of a Public Philosophy. Cambridge, Mass./London.

Schimke, David, 2002: The Mall Where You Talk to God. In: CityPages, Vol. 23, Issue 1145 (web-version: 11/13/2002: www.citypages.com).

Schmitt, Carl, 1984: Römischer Katholizismus und politische Form. Neuausgabe der 2. Aufl. von 1925. Stuttgart.

Segers, Mary C., 2000: Where Are We Now? «The Catholic Moment» in American Politics. In: R. Bruce Douglass/Joshua Mitchell (Hrsg.): A Nation under God? Essays on the Future of Religion in American Public Life. Lanham/Boulder/New York/Oxford, S. 111–133.

Segers, Mary C., 2002: Catholics and the 2000 Presidential Election: Bob Jones University and the Catholic Vote. In: Dies. (Hrsg.): Piety, Politics, and Pluralism. Religion, the Courts, and the 2000 Election. Lanham/Boulder/New York/Oxford, S. 75–89.

Sherman, Amy L., 2003: Faith in Communities: A Solid Investment. In: Society, Vol. 40, No. 2, S. 19–26.

Sider, Ronald J./Unruh, Heidi Rolland, 2001: Evangelism and Church-State Partnership. In: Journal of Church and State, Vol. 43, No. 2, S. 268–295.

Silk, Mark, 1988: Spiritual Politics. Religion and America Since World War II. New York/London/Toronto/Sydney/Tokyo.

Sombart, Werner, 1988: Der Bourgeois. Zur Geistesgeschichte des modernen Wirtschaftsmenschen. Reinbek bei Hamburg (Erstdruck: Berlin 1913).

Stivers, Richard, 1994: The Culture of Cynicism. American Morality in Decline. Cambridge, Mass./Oxford.

Stolle, Dietlind, 2001: Clubs and Congregations. The Benefits of Joining an Association. In: Karen S. Cook (Hrsg.): Trust in Society (Volume II in the Russell Sage Foundation on Trust). New York, S. 202–244.

Swift, Donald C., 1998: Religion and the American Experience. A Social and Cultural History, 1765–1997. Armonk, New York/London.

Taylor, Eugene, 1999: Shadow Culture. Psychology and Spirituality in America. Washington D.C.

Taylor, Charles, 2002: Varieties of Religion Today. William James Revisited. Cambridge, Mass./London.

Thuesen, Peter J., 2002: The Logic of Mainline Churchliness. Historical Background since the Reformation. In: Robert Wuthnow/John H. Evans (Hrsg.): The Quiet Hand of God. Faith-Based Activism and the Public Role of Mainline Protestantism. Berkeley/ Los Angeles/London, S. 27–53.

Tiryakian, Edward A., 1993: American Religious Exceptionalism: A Reconsideration. In: The Annals of the American Academy of Political and Social Sciences, Vol. 527, S. 40–54.

Tocqueville, Alexis de, 1976: Über die Demokratie in Amerika. Beide Teile in einem Band, hrsg. von Jacob P. Mayer u. a. München.

Troeltsch, Ernst, 1912/1994: Die Soziallehren der christlichen Kirchen und Gruppen. Neudruck der Ausgabe Tübingen 1912. Tübingen.

Tucker, James, 2002: New Age Religion and the Cult of the Self. In: Society, Vol. 39, No. 2, S. 44–51.

U.S. Census Bureau, 2001: Statistical Abstracts of the United States. 121st Edition. The National Data Book. Washington D.C.

Uslaner, Eric M., 2002: Religion and Civic Engagement in Canada and the United States. In: Journal for the Scientific Study of Religion, Vol. 41, No. 2, S. 239–254.

Viorst, Milton, 2002: What Shall I Do With This People? Jews and the Fractious Politics of Judaism. New York.

Wadsworth, Nancy D., 1997: Reconciliation Politics: Conservative Evangelicals and the New Race Discourse. In: Politics & Society, Vol. 25, No. 3, S. 341–376.

Wahlen, Robert K., 2000: Postmillennialism. In: Richard A. Landes (Hrsg.): Encyclopedia of Millennialism and Millenial Movements. (Religion and Society/A Berkshire Reference Work), New York/London, S. 326–329.

Warner, R. Stephen, 1998: Religion and Migration in the United States. In: Social Compass, Vol. 45, No. 1, S. 123–134.

Watt, David Harrington, 2002: Bible-Carrying Christians. Conservative Protestants and Social Power. Oxford.

Weber, Max, 1920/1988: Gesammelte Aufsätze zur Religionssoziologie I. (Nachdruck) Tübingen.

Weber, Max, 1969: Die protestantische Ethik I. Eine Aufsatzsammlung, hrsg. von Johannes Winckelmann. München/Hamburg.

Wilcox, Clyde, 1995: The Latest American Revolution? The 1994 Elections and Their Implications for Governance. New York.

Wilcox, Clyde/Goldberg, Rachel, 2002: Public Opinion on Church-State Issues in a Changing Environment. In: Journal for the Scientific Study of Religion, Vol. 41, No. 2, S. 369–376.

Wildavsky, Aaron, 1984: The Nursing Father. Moses as a Political Leader. University, Alabama.

Williams, Peter W., 2002: America's Religions. From Their Origins to the Twenty-First Century. Urbana/Chicago.

Williams, Robert, 1998: Political Scandals in the USA. Edinburgh.

Wills, Gary, 2003: With God on His Side. In: The New York Times Magazine, March 30. (web version).

Witte Jr., John, 2000: «A Most Mild and Equitable Establishment of Religion». John Adams and the Massachusetts Experiments. In: James H. Hutson (Hrsg.): Religion and the New Republic. Faith in the Founding of America. Lanham/Boulder/New York/Oxford, S. 3–40.

Wolfe, Alan, 2001: Moral Freedom. The Impossible Idea That Defines the Way We Live Now. New York/London.

Wood, Gordon S., 1997: Religion and the American Revolution. In: Harry S. Stout/D.G. Hart (Hrsg.): New Directions in American Religious History. Oxford/New York, S. 173–205.

Wuthnow, Robert, 1994: Religion and Economic Life. In: Neil Smelser/Richard Swedberg (Hrsg.): The Handbook of Economic Sociology. Princeton, N.Y./New York, S. 620–646.

Wuthnow, Robert/Evans, John H., 2002: Introduction. In: Robert Wuthnow/John H. Evans (Hrsg.): The Quiet Hand of God. Faith-Based Activism and the Public Role of Mainline Protestantism. Berkeley/Los Angeles/London, S. 1–24.

Zogby, John, 2002: In Sh'allah. Meet America's Muslim community. In: The Public Perspective, Vol. 13, No. 4, S. 17–23.

Personenregister

Politik und Geschichte Amerikas
in der Beck'schen Reihe

Stephan Bierling
Geschichte der amerikanischen Außenpolitik
Von 1917 bis zur Gegenwart
2003. 272 Seiten mit 4 Tabellen. Paperback, Band 1509

Urs Bitterli
Die Entdeckung Amerikas
Von Kolumbus bis Alexander von Humboldt
Erste Auflage in der Beck'schen Reihe 1999. 544 Seiten mit 48 Karten.
Paperback, Band 1322

Hans-Dieter Gelfert
Typisch amerikanisch
Wie die Amerikaner wurden, was sie sind
2. Auflage. 2003. 194 Seiten mit 25 Abbildungen. Paperback, Band 1502

Emil Hübner
Das politische System der USA
Eine Einführung
5., aktualisierte Auflage. 2003. 199 Seiten mit 1 Karte und 8 Tabellen.
Paperback, Band 395

Jürgen Martschukat
Die Geschichte der Todesstrafe in Nordamerika
Von der Kolonialzeit bis zur Gegenwart
2002. 224 Seiten mit 4 Abbildungen. Paperback, Band 1471

Julius Redling
Kleines USA-Lexikon
Wissenswertes über Land und Leute
2., neubearbeitete und erweiterte Auflage. 1995. 254 Seiten mit 11 Karten
und Übersichten, Band 826
Reihe «Länder»

Verlag C.H. Beck München

Politik und Geschichte in der Beck'schen Reihe

Ernst-Otto Czempiel
Weltpolitik im Umbruch
Die Pax Americana, der Terrorismus und die Zukunft
der internationalen Beziehungen
Eine Publikation aus der Hessischen Stiftung Friedens- und
Konfliktforschung, Frankfurt am Main
4. Auflage. 2003. 230 Seiten. Paperback, Band 1503

Marc Frey
Geschichte des Vietnamkriegs
Die Tragödie in Asien und das Ende des amerikanischen Traums
6. Auflage. 2002. 256 Seiten mit 2 Karten. Paperback, Band 1278

Claus Leggewie
Die Globalisierung und ihre Gegner
2003. 206 Seiten. Paperback, Band 1487

Werner Link
Die Neuordnung der Weltpolitik
Grundprobleme globaler Politik an der Schwelle zum 21. Jahrhundert
3., durchgesehene und um ein Nachwort erweiterte Auflage.
2001. 202 Seiten mit 2 Karten und 9 Tabellen. Paperback, Band 1277

Bernard Wasserstein
Israel und Palästina
Warum kämpfen sie und wie können sie aufhören?
2003. Etwa 192 Seiten mit 30 Karten und Schaubildern.
Paperback, Band 1561

Hans-Ulrich Wehler
Konflikte zu Beginn des 21. Jahrhunderts
Essays
2003. Etwa 244 Seiten. Paperback, Band 1551

Verlag C.H. Beck München